Karl Neumann
Strukturwandel und Strukturpolitik

Kersten

Theorie und Praxis der Gewerkschaften

Themenkreis Wirtschaftspolitik 2

Karl Neumann

Strukturwandel und Strukturpolitik

Wirtschaftlicher und gesellschaftlicher
Wandel und Möglichkeiten und Grenzen
der Strukturpolitik

Europäische Verlagsanstalt

Köln · Frankfurt am Main
ISBN 3 434 10084 9
Satz: SRM Zündorf, Köln
Druck: Elektra, Niedernhausen
Printed in Germany 1976

Inhalt

Vorbemerkung

In einem ersten Arbeitsheft haben wir uns unter dem Titel »Konjunktur und Konjunkturpolitik« mit den aus Konjunkturschwankungen resultierenden Instabilitäten kapitalistisch-marktwirtschaftlicher Systeme und den politischen Möglichkeiten und Grenzen ihrer Verhinderung auseinandergesetzt. Neben diesen konjunkturellen Problemen und z.T. sich gegenseitig verschärfend, bedrohen strukturelle Veränderungen die Position der arbeitenden Menschen.

Darum wollen wir für diesen Problembereich eine weitere Arbeitsunterlage für die Teilnehmer der wirtschafts- und sozialpolitischen Lehrgänge an den DGB-Bundesschulen schaffen. Dieses Arbeitsheft soll, wie die Arbeitshefte für die anderen Themenbereiche, als Begleitmaterial den in Unterrichtsgesprächen und Arbeitsgruppen behandelnden Stoff vertiefen und z.T. neben anderen Materialien der Gruppenarbeit dienen. In erster Linie soll es aber zur eigenen Lektüre anregen. Darum haben wir auch versucht, den Stoff möglichst verständlich auszuarbeiten, auf Zitate jedoch bewußt nicht verzichtet. Zitate sind immer dann verwendet, wenn mit ihnen eine ganz bestimmte wissenschaftliche oder politische Position verdeutlicht werden sollte. Um das Auffinden der Zitate zu ermöglichen, ist in einer Klammer z.B. (12, S. 17) die laufende Nummer und die Seitenzahl des Buches oder Aufsatzes im Literaturverzeichnis (»Verarbeitete Literatur«) genannt.

Da wir bei der Ausarbeitung des Arbeitsheftes vorwiegend auf schon vorliegende Literatur zurückgegriffen haben, sind alle Schriften, deren Inhalt in das Arbeitsheft eingeschlossen ist, unter dem Titel »Verarbeitete Literatur« aufgeführt. Wir empfehlen die Lektüre der besonders kenntlich gemachten Titel der weiterführenden Literatur. Der Inhalt dieses Arbeitsheftes enthält für den »Fachmann« nichts wesentlich Neues.

Unsere Aufgabe sahen wir darin, die Auswahl und Aufbereitung des Stoffes so vorzunehmen, daß die für die abhängig Beschäftigten wichtigen Fragen aufgegriffen und ihren Interessen entsprechend beantwortet werden können.

Erfreut wären wir, wenn das Arbeitsheft über die gewerkschaftliche Bildungsarbeit hinaus bei Teilnehmern und Dozenten der Erwachsenen-Bildung oder auch im Rahmen der »Arbeits- und Wirtschaftslehre« der Schulen Verwendung finden würde.
Meinem Kollegen Jürgen Krack, der das Manuskript kritisch gelesen hat, verdanke ich wesentliche formale und inhaltliche Verbesserungen.
Dem Rationalisierungskuratorium der Deutschen Wirtschaft (RKW) danken wir für die Förderung dieses Projektes.

Springe, im Juli 1975

A. Wirtschaftlicher und gesellschaftlicher Wandel als Kennzeichen wachsender Wirtschaft

Neben konjunkturellen Störungen, die Instabilitäten bewirken, sind kapitalistisch-marktwirtschaftlich organisierte Gesellschaften durch Strukturwandel gekennzeichnet. Der Wachstumsprozeß würde keine wirtschaftlichen, sozialen und politischen Probleme aufwerfen, wenn die Bedarfsstruktur parallel (gleichmäßig) zur Produktionsstruktur wachsen würde. Weil jedoch durch »Technischen Fortschritt« in Produktion und Verwaltung versucht wird, die Produktivkräfte ertragreicher einzusetzen, kommt es zwischen Betrieben, Branchen, Sektoren und Regionen zu Strukturwandlungen, die Änderungen der volkswirtschaftlichen Nachfrage bewirken und dann durch diese noch verstärkt werden. Dieser sich wechselseitig beeinflussende Prozeß des ständigen Wandels der Bedarfs- und Produktionsstruktur, der auch auf die Beschäftigungs- und Berufsstruktur wirkt, ist ein permanenter Angriff auf die soziale Position der arbeitenden Menschen.

Wurde im Zusammenhang mit den kurzfristigen Wirtschaftsschwankungen von Konjunkturkrisen gesprochen, taucht in jüngster Zeit verstärkt mit den zunehmenden Schwierigkeiten um Arbeitsplätze in verschiedenen Branchen und Regionen der Begriff Strukturkrise auf. Stärker als in den Abschwungphasen früherer Konjunkturzyklen macht sich seit 1973 eine »gespaltene Konjunktur«, eine branchenweise Differenzierung der Konjunktur bemerkbar. Einige Branchen florieren nach wie vor gut, andere sind in beträchtliche Schwierigkeiten geraten mit folgenreichen Problemen. Insbesondere die Bauwirtschaft und die Autoindustrie einschließlich deren Zulieferer sind davon betroffen. Die Lagerbestände sind hoch, man spricht von »Auto- und Wohnungshalden«, die Überkapazitäten werden durch Produktionseinschränkung, Kurzarbeit und Personalabbau sowie Konkurse, durch Kapitalvernichtung sichtbar.

Wie gerechtfertigt es ist, von Strukturkrisen zu sprechen, läßt sich an den Folgen der Automobilkrise veranschaulichen. Selbst wenn man nicht dazu neigt, sie als Branchenkrise zu bezeichnen, kann die wirtschaftliche Bedeutung eines Unternehmens in bestimmten Regionen, wie die VW-Werke zeigen, es rechtfertigen, von einer Krise zu sprechen. Denn die Auswirkungen einer Krise in einem solchen Unternehmen

lassen sich nicht isolieren, ganze Regionen und andere Branchen werden in Mitleidenschaft gezogen. Durch Entlassungen, Kurzarbeit und durch vorsichtigere Kaufentscheidungen der verunsicherten Beschäftigten selbst geht die Nachfrage in allen anderen Bereichen zurück, was verbunden ist mit weiterer Produktionseinschränkung, Absatzeinbußen, weniger Beschäftigung, noch weniger Einkommen und noch weniger Nachfrage usw. Die Folgen sind sektorale und regionale Arbeitslosigkeit, von denen besonders hart ausländische, ältere und vergleichsweise immobile Arbeitnehmer betroffen werden mit allen wirtschaftlichen, sozialen, psychologischen und politischen Problemen. Kurzarbeit ist ausgeprägt bei gewerblichen Arbeitern, spielt aber auch bei Angestellten eine zunehmende Rolle. Die daraus resultierenden Kosten sind volkswirtschaftlich beträchtlich.
Abhängigkeiten und Verflechtungen anderer Betriebe, wie Handwerksbetriebe und Einzelhandel, werden sichtbar und verschärfen die Probleme. Jetzt rächt es sich, zugelassen zu haben, daß große Werke wie VW politisch in der Lage waren, andere Industrieansiedlungen zu verhindern und Monostrukturen aufzubauen. Wirtschaftliche Abhängigkeiten zwischen Unternehmen und Gemeinden werden in Form von Steuerausfällen augenfällig. Nicht immer erscheint Strukturwandel als Strukturkrise, jedoch problemlos entwickelt sich eine wachsende Wirtschaft unter kapitalistisch-marktwirtschaftlichen Bedingungen nicht.
Die Faktoren, die den wirtschaftlichen Wandel beeinflussen und die noch genauer zu beschreiben sind, treten in Zeitraum und Stärke unterschiedlich auf. Sie wirken somit wesentlich destabilisierend (zerstörend) und lösen Umstellungen aus. Das Problem, vor dem wir stehen, ist, daß Wirtschaftswachstum notwendig ist, wenn das Sozialprodukt steigen soll oder anders ausgedrückt: Wirtschaftswachstum ist eine Voraussetzung für Lebensstandardsteigerung und Verbesserung der Lebensbedingungen, andererseits aber verursacht es einschneidende Wirkungen auf den einzelnen, auf Wirtschaft und Gesellschaft; d.h., das Ziel Wohlstandssteigerung kann das Ziel soziale Sicherheit gefährden.

I. ZUM BEGRIFF »STRUKTUR« UND »STRUKTURWANDEL«

Bevor wir im einzelnen auf die Faktoren und Wirkungen struktureller Veränderungen eingehen, sollten kurz einige Überlegungen zu den Begriffen »Struktur« und »Strukturwandel« angestellt werden.

Vorliegenden Lehrbüchern können wir nur sehr unklare und dabei höchst unterschiedliche Erklärungen zu beiden Begriffen entnehmen, und theoretische Aufsätze beklagen diese Tatsache als sehr grundsätzliches Problem der Wirtschaftswissenschaft und auch der Wirtschaftspolitik.
Im allgemeinen werden heute die beiden Begriffe wie folgt interpretiert:

Unter *Struktur* wird der Aufbau, das Gefüge, die innere Gliederung einer Gesellschaft, ihrer Institutionen und Organisationen verstanden.

Unter *Strukturwandel* einer Volkswirtschaft wäre danach also eine Änderung des inneren Gefüges, des Aufbaues zu verstehen. Das Verhältnis der Teile zum Ganzen ändert sich, die Proportionen (Größenverhältnisse) verschieben sich.
Aus diesem Verständnis ergeben sich »Strukturtatbestände«, von denen beispielhaft einige genannt werden sollen:

– das Verhältnis der »Produktionsfaktoren« Arbeit, Kapital und Boden und die Veränderung ihrer Kombination durch »Technischen Fortschritt«;
– das Verhältnis zwischen den großen Sektoren Landwirtschaft, Industrie und Dienstleistungen und Verschiebungen zwischen den Branchen in diesen Bereichen (sektorale Wirtschaftsstruktur);
– das Verhältnis der Wirtschaftsgebiete zur Gesamtwirtschaft, die Verschiebung der räumlichen Produktionsschwerpunkte national und international, d.h., das Verhältnis industrieller Verdichtungsgebiete und ländlicher Räume (regionale Struktur);
– Größe und Größenstreuung der Unternehmen im Gesamtgefüge der Wirtschaft.

Veränderungen in diesen beispielhaft aufgeführten Strukturverhältnissen werden als »Strukturwandel« bezeichnet und im wesentlichen auf zwei sich gegenseitig verstärkende Wachstumsfaktoren zurückgeführt:

1. der technisch-organisatorische Wandel, gleichgültig, ob es sich um die Einführung neuer Produktionsverfahren, die Entwicklung neuartiger Produkte oder um beides zugleich handelt, in jedem Fall wird dadurch die Produktionsstruktur verändert und
2. verändert sich dadurch auch die Bedarfs-(Verwendungs-)struktur und damit die Nachfragestruktur nach Gütern und Dienstleistungen. Sie haben ihrerseits wieder Auswirkungen auf die Produktionsstruktur und begünstigen oder erzwingen einen höheren Kapitaleinsatz und technisch-organisatorische Änderungen, die sich ihrerseits wiederum als Bedarfsverschiebungen regional und sektoral auswirken. Hierauf wird noch genauer eingegangen werden.

Wenn wir auch im weiteren die allgemein üblichen Begriffe »Struktur« und »Strukturwandel« und damit auch ihre oben vorgestellte Interpretation übernehmen, so tun wir dies doch nicht ohne einige kritische Anmerkungen.
Es ist insbesondere zu fragen, ob mit dem herrschenden Verständnis von »Struktur« tatsächlich der Zustand einer Volkswirtschaft angemessen dargelegt werden kann.
Die Dynamik von Wirtschaft und Gesellschaft kann der Strukturbegriff nicht erfassen, weil er sich nur auf die Darstellung eines Status quo bezieht, selbst also statisch ist. Strukturaussagen sind sozusagen immer nur Momentaufnahmen von einer Wirtschaft/Gesellschaft – zudem durch ein beliebiges, künstlich geschaffenes Raster.
Weiter sind die Aussagen des herrschenden Strukturbegriffes rein quantitativ. Innerhalb der ausgewählten Strukturtatbestände wird lediglich gezählt und gemessen. Volkswirtschaften, ja Wirtschaftssysteme, unterscheiden sich dann nur quantitativ: nach den Kilometern ihrer Verkehrswege, der Höhe des Bruttosozialprodukts, dem Anteil der Sektoren, dem Tonnenausstoß der Stahlproduktion usw. Nichts kann ausgesagt werden über die qualitative Seite der wirtschaftlichen Leistung, nichts über die Bedingungen, den Aufwand, die sozialen Kosten ihrer Erbringung. Nichts ist auch zu erfahren über den Verteilungszustand und über die Lebensverhältnisse in dem vorgestellten Wirtschaftsraum.
Der Strukturbegriff bleibt vor allem unbefriedigend, weil die »Strukturen«, die Strukturtatbestände beschreibend, auf der Erscheinungsebene angesiedelt sind. Nach den Grundbedingungen, der »Grundstruktur«, auf der die jeweiligen anderen Strukturen erst aufbauen, wird nicht gefragt. Die Frage, warum und wieso sich bestimmte Strukturen ergeben, die Frage nach den Ursachen, dem Wesen der bestehenden Strukturen wird ausgeklammert.
Der grundsätzliche Interessengegensatz dieser Gesellschaft fällt bei diesem Strukturbegriff unter den Tisch, von ihm wird geradezu abgelenkt: »Wir sitzen alle in einem Boot!« Hier klingt das so: »Wir hier in dieser Region, in diesem Sektor, in dieser Branche, haben alle die gleichen Interessen, wir müssen jetzt zusammenhalten, gleichgültig, ob wir Arbeitnehmer oder Unternehmer sind!«
Vor diesem Hintergrund erscheint uns auch der Begriff »Strukturwandel« fragwürdig. Er verschleiert die gesellschaftliche Wirklichkeit, indem er eine »Naturwüchsigkeit« von wirtschaftlicher und gesellschaftlicher Entwicklung suggeriert (einreden will), also von den hinter ökonomischen Prozessen stehenden Interessen abhebt. Damit geraten die wirklichen

Entscheidungsebenen für diese ökonomischen Prozesse aus dem Blickfeld, und wir werden später sehen, welche Probleme sich gerade hieraus für die Strukturpolitik ergeben.

II. FAKTOREN DES WIRTSCHAFTLICHEN WACHSTUMS

Soll der Lebensstandard nicht nur gleich bleiben, sondern wird eine Verbesserung der Lebensbedingungen angestrebt, muß die wirtschaftliche Leistung »wachsen«. Bisher wurde eine Zunahme des realen (Preissteigerungen ausgeschaltet) Bruttosozialproduktes (das Produktionsergebnis an Gütern und Dienstleistungen einer Volkswirtschaft in einer bestimmten Periode, in der Regel das Kalenderjahr) als wirtschaftliches Wachstum bezeichnet. Soll über den Versorgungsgrad der Menschen in einer Gesellschaft etwas ausgesagt werden, so kann die Errechnung des Sozialproduktes pro Kopf der Bevölkerung oder der an der Produktion Beteiligten herangezogen werden. Von »intensivem Wachstum« wird heute gesprochen, wenn das Sozialprodukt pro Kopf der Bevölkerung steigt. Bei der Zunahme des auf pro Kopf der Bevölkerung bezogenen Bruttosozialproduktes, einem Durchschnitt, wird unterstellt, daß sich damit auch die Versorgungslage für den einzelnen verbessert. Eine Erhöhung des Bruttosozialproduktes im ganzen (auch als »extensives Wachstum« bezeichnet) wird gleichgesetzt mit mehr Gütern und Leistungen der Volkswirtschaft und bedeutet somit nicht unbedingt mehr Wohlstand für den einzelnen. Bei einer Vermehrung der Bevölkerung kann sogar trotz Anstieg des Sozialproduktes eine schlechtere Versorgungslage für die Menschen eintreten. Wirtschaftliches Wachstum ist so gesehen im weiteren Sinne gleichbedeutend mit der Steigerung des Sozialproduktes, jedoch im engeren Sinne kann nur von einer Vermehrung des Wohlstandes gesprochen werden, wenn sich das Einkommen des einzelnen erhöht.
Wenn jedoch unter dem Begriff Wohlstand mehr als das Ausmaß, in dem man über wirtschaftliche Güter verfügen kann, verstanden werden soll, reicht diese Definition nicht aus. Sie zielt lediglich auf die quantitative Seite der Gütererzeugung und Leistungserstellung.
Sie ist auch deshalb nicht unumstritten, weil ein wirtschaftliches Wachstum in Form eines höheren Sozialproduktes im Hinblick auf die Vermehrung des Wohlstandes so lange für den einzelnen recht wenig besagt, so lange nicht differenziert dargestellt wird, wie sich im einzelnen

das Sozialprodukt zusammensetzt und wie es verteilt ist. Bezieht man die immateriellen Bedingungen (über güterwirtschaftlich hinaus), wie z.B. Freizeit, mit ein, kann ein Wachstum des Sozialproduktes dann nicht mit Wohlstandssteigerung gleichgesetzt werden, wenn die Güterproduktion erhöht wird z.B. durch die Verlängerung der Arbeitszeit. Im folgenden werden wir zunächst mit der bisher auch in der Bundesrepublik üblichen Definition »wirtschaftliches Wachstum« gleich »Steigerung des realen Bruttosozialproduktes« gleich »Wohlstandssteigerung« operieren, um weiter unten die kritische Diskussion, die hierzu eingesetzt hat, noch einmal aufzugreifen.

Die Entwicklung einer Volkswirtschaft hängt von der Kombination verschiedener Faktoren ab. Eine Vergrößerung oder qualitative Verbesserung des Sozialproduktes, also wirtschaftliches Wachstum, läßt sich entweder über einen vermehrten Einsatz von Produktionsfaktoren und/oder über deren effizientere (ertragreichere) Verwendung im Produktionsprozeß erreichen. Die entscheidende Rolle kommt dem menschlichen »Produktionsfaktor« Arbeit zu, der durch den Einsatz der Produktionsmittel, unter der herrschenden Wirtschaftsweise: dem Kapital und der Nutzung des Bodens (als Anbauland, als Standort für Konsum und Produktion, Rohstoffquelle, Energie- und Verkehrsträger, landschaftliche Schönheit und klimatische Bedingungen) die wirtschaftlichen Werte schafft.

Sieht man von den Möglichkeiten einer Verbesserung der Kombination der Produktionsfaktoren ab, ist eine Zunahme des Bruttosozialproduktes, falls die vorhandenen Arbeitskräfte beschäftigt sind, nur durch zusätzliche Arbeit möglich.

Dies kann geschehen

- durch Erhöhung der durchschnittlichen Arbeitsleistung und -zeit pro Kopf der schon Beschäftigten;
- durch Eingliederung der bis dahin »passiven Bevölkerungsteile« (z.B. Heraufsetzung des Rentenalters, Hausfrauen, Verkürzung der Schulzeit);
- oder es müssen Arbeitskräfte aus dem Ausland eingesetzt werden.

Ein Großteil des wirtschaftlichen Wachstums in den westeuropäischen Ländern ist seit Beginn der sechziger Jahre auf den Einsatz ausländischer Arbeitskräfte zurückzuführen. Eine Beschäftigung mit den verschiedenen Maßnahmen zur Vermehrung des Arbeitseinsatzes soll hier nicht erfolgen, es genügt uns der Hinweis, daß die erbrachte Arbeitsleistung für die Produktion und somit für wirtschaftliches Wachstum der bestimmende Faktor ist.

Der andere für das Produktionsergebnis bestimmende Faktor, der hier zu nennen ist, sind die Produktionsmittel, das Kapital. Eine Ausweitung des

Produktionsapparates ist durch Investitionen möglich, die über die Erhaltung des Kapitalstockes (Ersatzinvestitionen) hinausgehen. Diese vermehrte Ausstattung mit Kapital vergrößert die Kapazitäten (Produktionsvermögen) und ermöglicht ein größeres Produktionsvolumen (Menge der produzierten Güter). Jede reale Kapitalbildung (Investitionen) bedeutet jedoch letztlich, daß kurzfristig der bisherige Verbrauch von Konsumgütern zugunsten der Herstellung von Investitionsgütern eingeschränkt werden muß.

Neben den Erweiterungsinvestitionen, die die Kapazität vergrößern oder Möglichkeiten zur Produktion schaffen, die vorher nicht bestanden (»extensives Wachstum«), müssen die Rationalisierungsinvestitionen genannt werden. Solche Investitionen sollen die Produktionsleistung verbessern oder vorteilhafter gestalten.

Sie ersetzen Anlagen, die zwar technisch nutzbar sind, die aber durch wirtschaftlichere Verfahren abgelöst werden können. Die Anlagen arbeiten durch die Nutzung des »Technischen Fortschritts« rationeller, darum: Rationalisierungsinvestition (»intensives Wachstum«).

Die Finanzierung von Investitionen ist möglich über

- zusätzliches freiwilliges Sparen;
- erzwungenes Sparen, bei öffentlichen Investitionen über Steuern, bei privaten Investitionen über den Preis (Selbstfinanzierung oder Kreditausweitung des Bankensystems);
- Kapitalimport, d.h., hier wird über außenwirtschaftliche Beziehungen die Produktionskapazität anderer Volkswirtschaften genutzt.

III. STRUKTURWANDEL IN DER WIRTSCHAFT

In einer durch den Einsatz von »Technischem Fortschritt« wachsenden Wirtschaft gibt es keinen Bereich, der nicht von dessen Auswirkungen betroffen wäre. Der sich vollziehende Wandel kann an einer Vielzahl von ausgewählten Einzelbeispielen beschrieben werden. Solche Beschreibungen sind wertvoll und werden an einigen Stellen auch vorgenommen, jedoch geht es zunächst um generelle Merkmale und Tendenzen. Die Analyse komplexer (umfassender) Sachverhalte und ihrer langfristigen Veränderungen gilt es zunächst darzustellen.

1. Sektoraler Strukturwandel

Die Wirtschaft kann, wie es in der Literatur gern geschieht, in drei Produktionsbereiche (Sektoren) eingeteilt werden, die unterschiedliche Entwicklungsrichtungen und -geschwindigkeiten aufweisen. Sie wird (von C. Clark, J. Fourastié) in

- einen primären Sektor (Landwirtschaft, Forstwirtschaft);
- einen sekundären Sektor (Bergbau, Energiewirtschaft, verarbeitendes Gewerbe, Baugewerbe);
- und einen tertiären Sektor (Handel, Verkehr und Nachrichtenübermittlung, Banken und Versicherungsgewerbe, Wohnungsvermittlung, Staat, private Haushalte und sonstige Dienstleistungen) aufgeteilt.

Ein erstes Bild vom Ausmaß des Strukturwandels in unserer Wirtschaft seit 1950 vermittelt die Grafik »Strukturwandel in der Wirtschaft«. Sie zeigt, daß die Industrie, das »produzierende Gewerbe«, ihren relativen (verhältnismäßigen) Beitrag zum Bruttoinlandsprodukt erhöht hat und daß der Beitrag der Landwirtschaft und auch der der anderen Bereiche infolge ihres geringeren Wachstums zurückgegangen ist. Der Wirtschaftsbereich »Dienstleistungen« hat sich in diesem Zeitraum prozentual gesehen kaum verändert.

An dieser Entwicklung wird sich bis 1980 auch nichts ändern, wie aus der Tabelle »Wirtschaftsstruktur in Vergangenheit und Zukunft« und

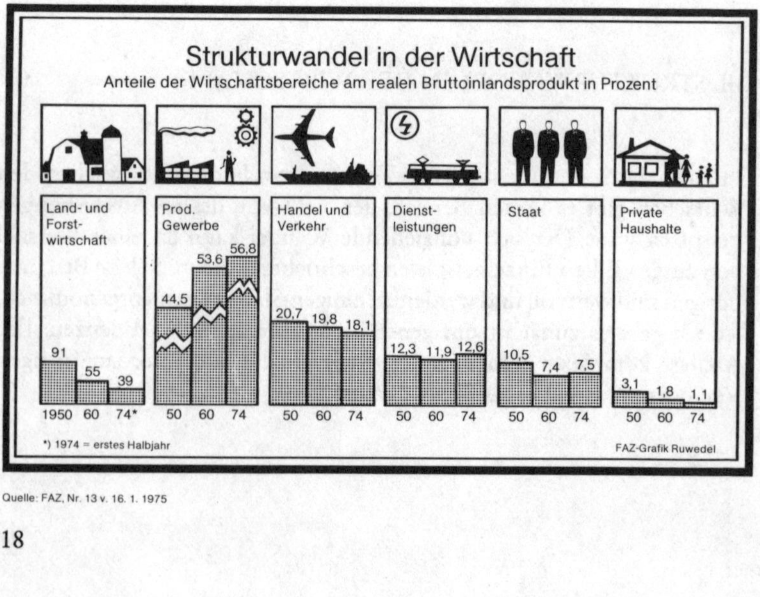

Quelle: FAZ, Nr. 13 v. 16. 1. 1975

dem Schaubild »Anteil der Sektoren am Bruttoinlandsprodukt« hervorgeht. Hiernach nimmt das »Produzierende Gewerbe« (sekundärer Sektor) bis auf 60% zu und die Land- und Forstwirtschaft (primärer Sektor) fällt auf 4% und die restlichen Wirtschaftsbereiche (tertiärer Sektor) gehen auf 36% zurück.

Wirtschaftsstruktur der Bundesrepublik[1] in Vergangenheit und Zukunft (Anteile in %)

Ökonomische Größen und Sektoren	1950	1960	1968	1980[3]
I. Beitrag zum Bruttoinlandsprodukt[2]:				
Primärer Sektor	10,3	6,3	5,3	4,0
Sekundärer Sektor	47,3	55,6	57,3	60,0
Tertiärer Sektor	42,4	38,1	37,4	36,0

Primärer Sektor:	Land- und Forstwirtschaft
Sekundärer Sektor:	Energiewirtschaft und Bergbau, verarbeitendes Gewerbe, Baugewerbe
Tertiärer Sektor:	Restliche Wirtschaftsbereiche

1) Bundesgebiet, ab 1960 einschl. Saarland und Berlin (West).
2) In Preisen von 1954.
3) Schätzung.

Quelle: Statistisches Bundesamt; Ifo-Institut für Wirtschaftsforschung

Anteil der Sektoren am Bruttoinlandsprodukt

1) In konstanten Preisen; Bundesgebiet, ab 1960 einschl. Saarland und West-Berlin.
2) Eigene Schätzung.
Quelle: Statistisches Bundesamt; Ifo-Institut für Wirtschaftsforschung.
IFO-INSTITUT für Wirtschaftsforschung München

	Gesamte Industrie	davon Bergbau	Grundstoff-industrien	Investitions-güter-industrien	Verbrauchs-güter-industrien	Nahrungs- und Genußmittel-industrien
			a) in Millionen DM			
1950	80395	4573	22450	18348	20138	14875
1960[1]	253675	10487	78483	84000	46430	34275
1960[1]	266373	11373	81585	87678	48459	37277
1965	374612	10606	108161	132714	69718	53413
1966	388029	10099	111592	138865	72355	55299
1967	380659	9473	111178	133020	69012	57976
1968[2]	405599	9565	122041	141806	73118	59070
1969	470537	10080	141145	173772	82724	62815
1970	528867	11669	156255	203498	90056	67390
1971	563033	12105	159284	221074	97977	72593
1972	596014	12210	166947	233278	106481	77099
1973	669077	13192	195684	259525	115036	85641
			b) in %			
1950	100	5,7	27,9	22,8	25,1	18,5
1960[1]	100	4,1	30,9	33,1	18,3	13,5
1960[1]	100	4,3	30,6	32,9	18,2	14,0
1965	100	2,8	28,9	35,4	18,3	14,2
1966	100	2,6	28,8	35,7	18,6	14,3
1967	100	2,5	29,2	35,0	18,1	15,2
1968	100	2,4	30,1	35,0	18,0	14,6
1969	100	2,1	30,0	36,9	17,6	13,4
1970	100	2,2	29,5	38,5	17,0	12,8
1971	100	2,1	28,2	41,3	17,4	12,9
1972	100	2,0	28,0	39,1	17,9	12,9
1973	100	2,0	29,2	38,8	17,2	12,8

1) Bis 1960 ohne, ab 1960 einschließlich Saarland und Berlin (West) · 2) Ab 1968 ohne Umsatz-(Mehrwert-)Steuer.

Quelle: basisdaten –Zahlen zur sozioökonomischen Entwicklung der BRD – Seite 147

Die Verschiebungen zwischen den primären, sekundären und tertiären Sektoren (intersektoral) sagen noch nichts über Veränderungen innerhalb dieser drei Sektoren (intrasektoral) aus. Über einen längeren Zeitraum betrachtet, wird sichtbar, daß bestimmte Branchen prozentual (relativ) an Bedeutung gewinnen, andere dagegen stark an Gewicht verlieren.
Veranschaulichen läßt sich dies zunächst recht gut an der Entwicklung des Industrieumsatzes wichtiger Industriebereiche seit 1950.
Der Anteil der Grundstoffindustrie am gesamten Industrieumsatz blieb mit ca. 30% seit 1960 weitgehend konstant. Deutlich gestiegen ist der Anteil der Investitionsgüterindustrie bis 1971, seitdem ist ein leichtes Sinken festzustellen auf 38,8% 1973. Der Anteil der Nahrungs- und Genußmittelindustrie und der Anteil der Verbrauchsgüterindustrie blieb seit 1960 nahezu konstant. Stark gesunken ist der Anteil des Bergbaus, er betrug 1973 lediglich 2,0 %.
Noch anschaulicher kann der intrasektorale (innerhalb der Sektoren oder: zwischen den Branchen) Strukturwandel an dem Schaubild, das der Sachverständigenrat in seinem Jahresgutachten 1965/66 angefertigt hat, verdeutlicht werden. Es zeigt, daß die chemische Industrie, die Elektroindustrie, der Straßenfahrzeugbau, die Mineralölverarbeitung und die Kunststoffverarbeitung außerordentlich stark an Bedeutung gewonnen haben. Dies sind die Branchen, die als Wachstumsindustrien bezeichnet werden. Dagegen haben die Textil- und Schuhindustrie, die Ledererzeugung und -verarbeitung und der Bergbau an Bedeutung verloren.
Die relative Veränderung der Produktionsstruktur macht das folgende Schaubild deutlich:

RELATIVE VERÄNDERUNG DER PRODUKTIONSSTRUKTUR
1964 GEGENÜBER 1950
Veränderung der Nettoproduktion nach ausgewählten Industriegruppen bzw. -zweigen in vH

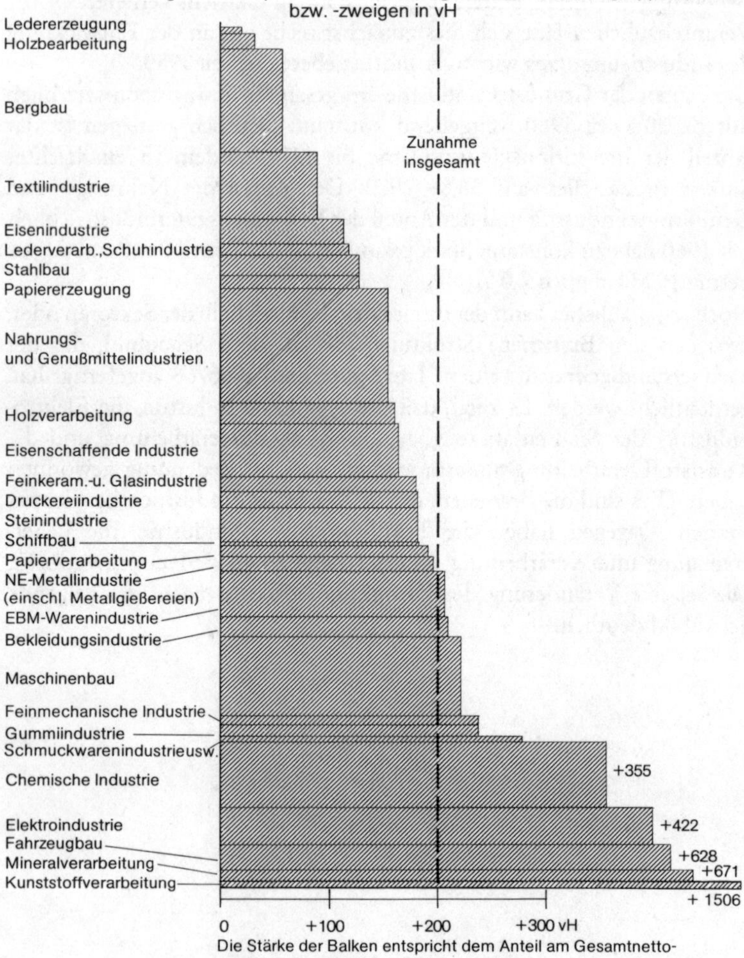

Die Stärke der Balken entspricht dem Anteil am Gesamtnettoproduktionswert 1950 in Preisen von 1958
Ohne Saarland und Berlin; berechnet aus Unterlagen der Industriestatistik. Werte 1964 für diesen Gebietsstand eigene Schätzung.
Quelle: Jahresgutachten 1965/66, S. 130

Die Daten des Schaubildes reichen leider nur bis 1964. Daß jedoch der Trend des ständigen Wandels anhält, veranschaulichen die Veränderungen der Branchenstruktur seit 1960. Die Entwicklung des »Nettoproduktionsvolumens der Industrie« läßt sich an Daten ausgewählter Branchen, die jüngst vom Ministerium für Wirtschaft veröffentlicht wurden, nachweisen.
Hiernach haben innerhalb der Industrie die zum Teil sehr unterschiedlichen Wachstumsraten einzelner Branchen zu ausgeprägten Strukturänderungen geführt. Die Anteile am gesamten Nettoproduktionsvolumen der Industrie

sanken von 1960 bis 1972	
beim Kohlenbergbau	von 5,9% auf 2,4%
bei der Stahlindustrie	von 5,7% auf 4,2%
beim Maschinenbau	von 11,3% auf 9,1%
bei der Textilindustrie	von 5,2% auf 4,4%
bei der Ledererzeugung	von 0,3% auf 0,1%
und stiegen	
bei der chemischen Industrie	von 8,3% auf 14,2%
bei der Mineralölverarbeitung	von 1,9% auf 3,3%
bei der elektrotechnischen Industrie	von 8,3% auf 10,7%
beim Fahrzeugbau	von 6,0% auf 7,0%
bei der kunststoffverarbeitenden Industrie	von 0,8% auf 2,4%

Die anteilsmäßig rückläufigen Bereiche sind jedoch – bis auf wenige Ausnahmen – nicht als absolut, sondern als prozentual (relativ) schrumpfende Industriezweige anzusehen. In der Regel ist auch bei ihnen die Produktion im Zeitablauf gestiegen, wobei das Wachstum allerdings mehr oder weniger stark unterdurchschnittlich war. Einen absoluten Rückgang in ihrer Entwicklung haben z.B. der Kohlenbergbau, der Eisenerzbergbau, die Schuhindustrie und die ledererzeugende Industrie zu verzeichnen.

2. Veränderungen in der Beschäftigtenstruktur

Mit den Veränderungen in der Produktionsstruktur gehen Wandlungen in der Beschäftigungsstruktur einher. Durch die von Branche zu Branche wechselnde Intensität (Stärke) des »Technischen Fortschritts«, d.h., durch die unterschiedlichen Möglichkeiten der Rationalisierung, kommt es zu einer differenzierten (unterschiedlichen) Entwicklung der Arbeitsproduktivität (das Produktionsergebnis im Verhältnis zur eingesetzten Arbeit) in den einzelnen Wirtschaftszweigen. In den Branchen mit überdurchschnittlicher Produktivität, z.B. beim »Verarbeitenden Gewerbe«, kann mit weniger Arbeitskräften mehr produziert werden, und in Branchen mit unterdurchschnittlicher Produktivität, z.B. »Dienstleistungen«, benötigt man zu ihrer Ausweitung relativ mehr Beschäftigte, weil hier offenbar in geringerem Maße Rationalisierungen möglich sind.

Verfolgt man die Veränderung der Beschäftigtenstruktur seit 1950, zeigen sich starke Verschiebungen. An der Grafik läßt sich ablesen, daß in der Land- und Forstwirtschaft 1950 noch rund ein Viertel der Erwerbstätigen, dagegen 1974 nur noch 6,5% beschäftigt waren. Umgekehrt verlief die Entwicklung bei »Dienstleistungen, Staat, private Haushalte«; waren hier 1950 16,6% erwerbstätig, waren es 1974 schon 27%. Dagegen entwickelte sich der Anteil der Erwerbstätigen im »Produzierenden Gewerbe« und beim »Handel und Verkehr« leicht steigend.

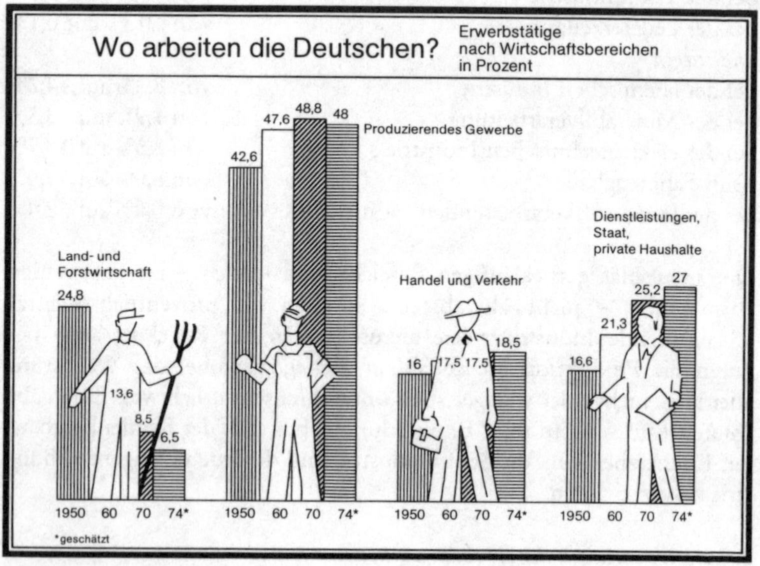

Quelle: FAZ Nr. 302 vom 31.12.1974

Noch tiefgreifender sind die Veränderungen, beobachtet man sie über einen längeren Zeitraum. Nach der Tabelle »Anteile der Sektoren an den Erwerbstätigen in v.H. für Deutschland, 1800 bis 1972«, waren in der Land- und Forstwirtschaft im Jahre 1800 noch 80 v.H. aller Erwerbstätigen beschäftigt. Doch kontinuierlich ist hier die Zahl der Beschäftigten zurückgegangen, 1973 waren in der Land- und Forstwirtschaft nur noch 6,8% beschäftigt. Das »Warenproduzierende Gewerbe« (Sekundärer Sektor) zog immer mehr Menschen an sich, 1800 waren hier erst 15% in Arbeit, jedoch ihr Anteil nahm ständig zu und pendelte sich ab 1969 zwischen 48% und 49% ein, 1973 waren es 48,3%. Eine noch stärkere Zunahme weisen Handel, Verkehr, Dienstleistungen, also die »Sonstigen Wirtschaftsbereiche« (Tertiärer Sektor) auf. Im Jahre 1800 waren hier erst 5% erwerbstätig, dagegen 1973 44,8 v.H.

Anteile der Sektoren an den Erwerbstätigen in vH für Deutschland, 1800 bis 1972

Jahr	Land- und Forst- wirtschaft (Primärer Sektor)	Warenprodu- zierendes Gewerbe (Sekundärer Sektor)	Handel und Verkehr	Dienst- leistungen u. Sonstiges	Tertiärer Sektor insgesamt
			Deutsches Reich		
1800	80	15			5
1882	42,2	35,6			22,2
1895	36,6	38,9			24,9
1907	33,9	39,9			26,2
1925	30,3	42,3			27,4
1933	28,8	40,5			30,7
1939	25,0	40,8			34,2
			Bundesrepublik Deutschland		
1950	23,2	42,3	15,6	18,9	34,5
1961	13,5	48,3	17,4	20,8	38,2
1965	11,1	49,0	17,8	22,1	39,9
1967	10,3	47,9	18,1	23,7	41,8
1968	9,7	47,6	17,8	24,8	42,6
1969	9,1	48,5	17,6	24,8	42,4
1970	8,5	48,8	17,5	25,2	42,7
1971	7,9	48,8	17,7	25,6	43,3
1972	7,4	48,5	18,0	26,1	44,1

Quelle: 1800 bis 1967: K. M. Bolte u.a., a.a.O., Tabelle 22, S. 112. 1968 bis 1971: Jahresgutachten 1973 des Sachverständigenrates zur Begutachtung der gesamtwirtschaftlichen Entwicklung, Bundestagsdrucksache 7/1273, Bonn, 22.11.1973, Tabelle 15*, S. 207 (in: 13, S. 315)

Nach Fourastié, einem französischen Sozialwissenschaftler, läßt sich die Entwicklung jeder Volkswirtschaft vom ursprünglichen agrarischen Zustand über die Industrialisierungsphase bis zu einem zukünftigen wirtschaftlich stark dominierenden »Tertiären Sektor« durch typische Entwicklungslinien der drei Sektoren beschreiben.
Der prozentuale Anteil der Erwerbstätigen eines Landes würde sich hiernach wie in der Grafik dargestellt entwickeln.

Die Entwicklung des Anteils des primären (I), sekundären (II) und tertiären Sektors (III) an den Erwerbstätigen in v. H. nach Fourastié.

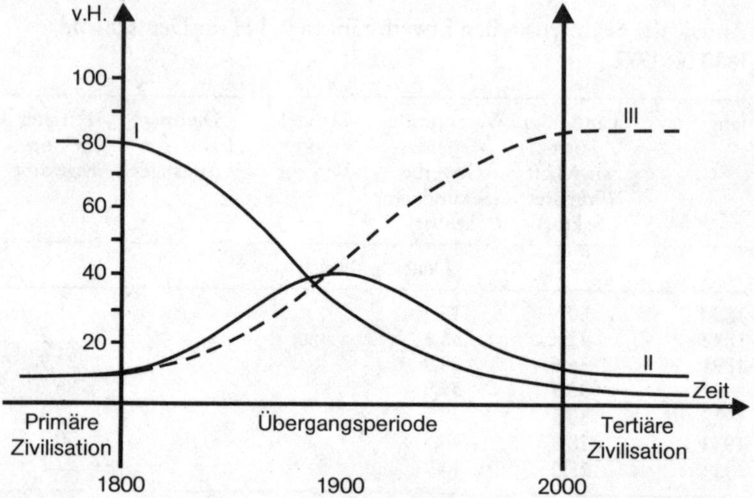

Quelle: K.M. Bolte u.a., Beruf und Gesellschaft in Deutschland, Beiträge zur Sozialkunde, Reihe B, H. 8, Opladen 1970, Schaubilder 8 und 9, S. 126. (in: 13, S. 315).

Fourastiés Theorie besagt, daß der Erwerbstätigenanteil im »Primären Sektor« (Land- und Forstwirtschaft) kontinuierlich abnimmt und sich auf einem äußerst niedrigen Niveau stabilisiert. Andererseits wird der Anteil der Erwerbstätigen im »Tertiären Sektor« (Dienstleistungen) fortlaufend ansteigen und sich schließlich bei 80% aller Erwerbstätigen einpendeln. Der Anteil der Beschäftigten im »Sekundären Sektor« (Industrie und Handwerk) weitet sich aus und wird nach dieser Expansionsphase auf den Ausgangsstand zurückfallen.

Für die Vergangenheit läßt sich die Theorie von Fourastié auch empirisch (aus Beobachtung) belegen. Ob in der Zukunft die von Fourastié vorgezeichnete Prognose eintritt, ist nicht auszuschließen (vgl. die folgende Tabelle) und deutet sich in den USA (vgl. Tabelle) auch schon an. Hier hat der »Sekundäre Sektor« schon sein Maximum überschritten und die Bundesrepublik stände danach kurz davor.

Anteile der Sektoren an den Erwerbstätigen in vH:
BRD, Frankreich, Italien 1962–1971, USA 1960–1970

	Primärer Sektor	Sekundärer Sektor	Tertiärer Sektor
BRD			
1962	12,8	49,5	37,7
1971	8,4	50,1	41,5
Frankreich			
1962	20,6	38,5	40,9
1971	13,4	38,6	48,0
Italien			
1962	29,4	39,5	31,2
1971	19,6	43,8	36,5
USA			
1960	8,0	32,3	59,7
1970	4,2	31,0	64,8

Quelle: U. Hammer, G. Pommerening, Der Wandel in der Beschäftigtenstruktur. Ein internationaler Vergleich, in: Wirtschaftsdienst, H. 2/1974, S. 91–95, hier: Tabelle 1, S. 92 (für BRD, Frankreich, Italien); Jahresgutachten des Sachverständigenrates zur Begutachtung der gesamtwirtschaftlichen Entwicklung, Bundesratsdrucksache 612/72, Bonn, 1.12.1972, Tabelle 3, S. 16 (für USA), (in: 13, S. 315)

Die Entwicklung für die Bundesrepublik wird vom Ifo-Institut bis 1980 so eingeschätzt, daß die Erwerbstätigen, wie die Tabelle und Grafik zeigt, im »Primären Sektor« bis auf 7% sinken und im »Sekundären« und »Tertiären Sektor« bis auf 50% bzw. 43% aller Erwerbstätigen steigen.

Wirtschaftsstruktur der Bundesrepublik[1] in Vergangenheit und Zukunft (Anteile in %)

Ökonomische Größen und Sektoren	1950	1960	1968	1980[2]
Erwerbstätige:				
Primärer Sektor	26,0	13,8	10,4	7,0
Sekundärer Sektor	41,7	49,0	48,2	50,0
Tertiärer Sektor	32,3	37,2	41,4	43,0

Primärer Sektor:	Land- und Forstwirtschaft
Sekundärer Sektor:	Energiewirtschaft und Bergbau, verarbeitendes Gewerbe, Baugewerbe
Tertiärer Sektor:	Restliche Wirtschaftsbereiche

1) Bundesgebiet, ab 1960 einschl. Saarland und Berlin (West)
2) Schätzung.

Quelle: Statistisches Bundesamt; Ifo-Institut für Wirtschaftsforschung.

Erwerbstätige

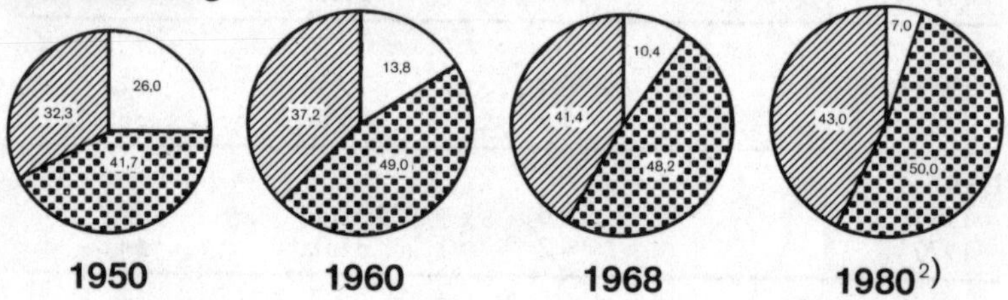

Zu ähnlichen Ergebnissen kommt auch die Prognos AG, ein Wirtschaftsforschungsinstitut mit Sitz in Basel. Die Daten dieses Instituts, in der folgenden Grafik verarbeitet, veranschaulichen den Trend noch plastischer.
Noch extremer als die Verschiebungen der Beschäftigung in den drei Sektoren verliefen die Veränderungen in den Branchen. Das Prognos-Institut hat in verschiedenen Gutachten diese Entwicklungen untersucht und in die Zukunft projiziert (weitergeführt). Die Grafik zeigt den außerordentlich starken Wandel der Beschäftigung seit 1962 in den Branchen. Die extreme Ausweitung der Beschäftigten in der kunststoffverarbeitenden Industrie, der elektronischen und chemischen Industrie. Aber auch der starke Beschäftigungsrückgang im Bergbau, der Textilindustrie und anderen Branchen.

Erwerbstätigkeit in der BRD nach Wirtschaftsbereichen von 1950–1980

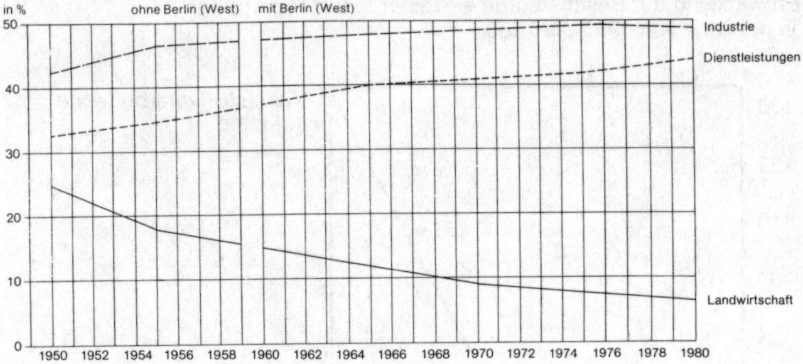

Erwerbstätige in der BRD nach Wirtschaftsbereichen von 1950–1980

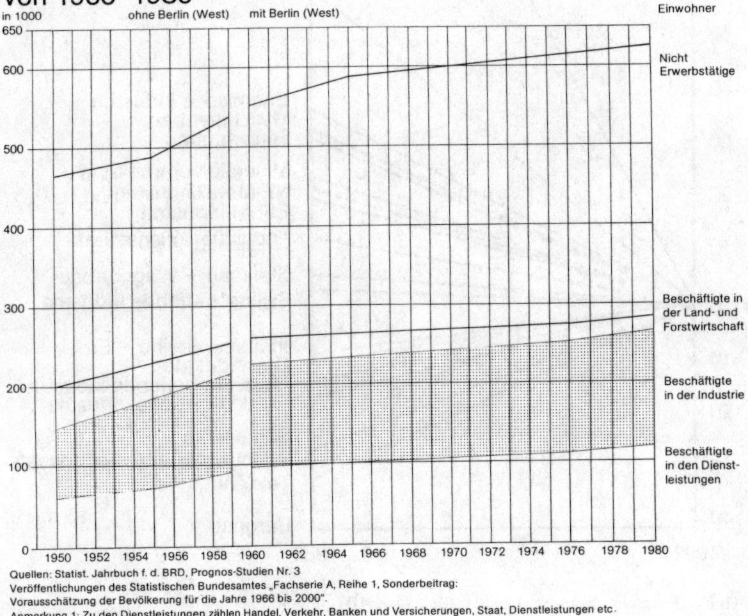

Quellen: Statist. Jahrbuch f. d. BRD, Prognos-Studien Nr. 3
Veröffentlichungen des Statistischen Bundesamtes „Fachserie A, Reihe 1, Sonderbeitrag: Vorausschätzung der Bevölkerung für die Jahre 1966 bis 2000".
Anmerkung 1: Zu den Dienstleistungen zählen Handel, Verkehr, Banken und Versicherungen, Staat, Dienstleistungen etc.
Anmerkung 2: Saarland und Berlin (West) wurden erst ab 1960 in die Betrachtung einbezogen.
In: (61, 1970/71, S. 40)

Entwicklung der Beschäftigten einzelner Industriegruppen in der BRD von 1962 bis 1980

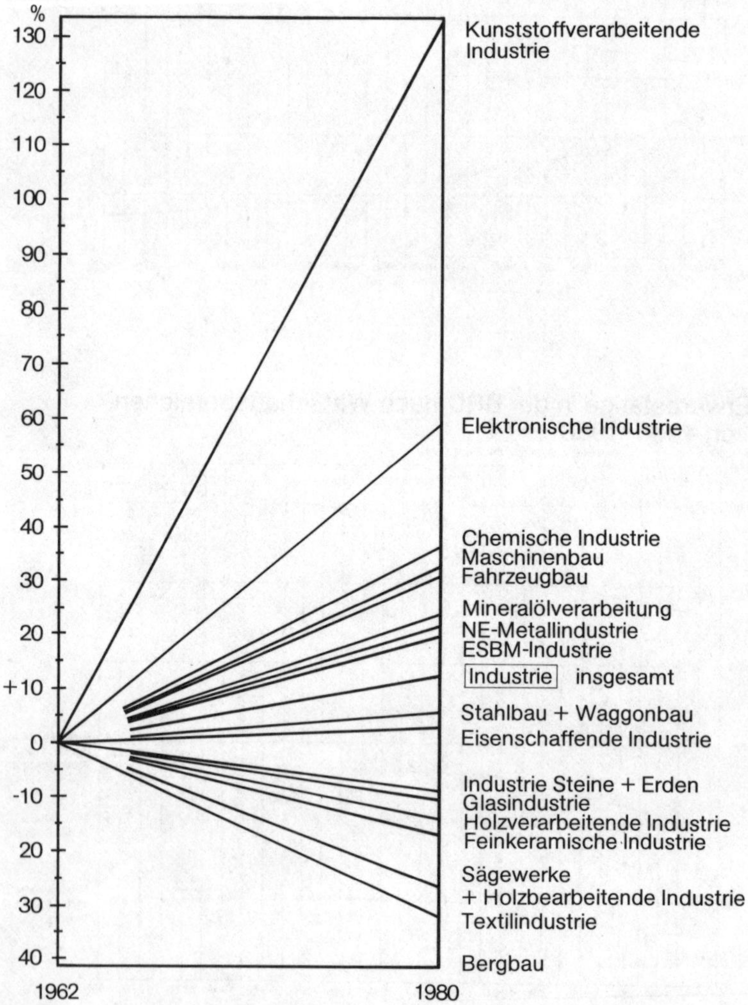

Quelle: Prognos-Studie Nr. 3, in (61, 1970/71, S. 41)

Sieht man die Entwicklung der Beschäftigungs- und Produktionsstruktur nicht isoliert voneinander, sondern verfolgt beide Trends, läßt sich für die Wirtschaftssektoren folgendes sagen: Im »Primären Sektor« (Land- und Forstwirtschaft) produzierten 1950 noch rund ein Viertel der Erwerbstätigen, ca. 5 Mio. Menschen 10 Mrd. DM (10,2%) des Produktionsergebnisses (des Bruttoinlandsproduktes). Trotz enormer Beschäftigungsabnahme erfolgte absolut eine steigende Produktion. Denn 1973 erzielten rd. 1,8 Mio. (6,8%) Menschen eine Produktion von 27 Mrd. DM (2,9% des Bruttoinlandsproduktes). Im »Sekundären Sektor« (Warenproduzierendes Gewerbe) produzierten 1950 rd. 8,7 Mio. (42,6%) Menschen 48,7 Mrd. DM. 1973 waren hier 12,8 Mio. (48,3%) beschäftigt, die Waren im Wert von 484,7 Mrd. DM (51,7%) erwirtschafteten. Im Verhältnis zum »Primären Sektor«, dort nahm die Beschäftigung ab, aber auch zum »Sekundären Sektor«, dort stieg die Beschäftigung, war im »Tertiären Sektor« eine starke Zunahme der Beschäftigung bei relativem (verhältnismäßigem) Rückgang des Anteils am Sozialprodukt zu beobachten. Waren es 1950 erst rd. 6,7 Mio. (32,7%) Menschen, die ein Ergebnis von 39,4 Mrd. DM (40,2%) erzielten, konnten 1963 rd. 11,9 Mio. (44,8%) einen Anteil am Bruttoinlandsprodukt von 426,2 Mrd. DM (45,3%) erwirtschaften. Es ist damit zu rechnen, daß sich diese Entwicklung fortsetzt.

3. Regionaler Strukturwandel

War unser Augenmerk bisher auf den sektoralen Strukturwandel gerichtet, d.h., welche Veränderungen in den Wirtschaftssektoren und Branchen zu beobachten waren, so ist im folgenden noch auf den regionalen Strukturwandel einzugehen. Auch die Regionalstruktur der Bundesrepublik verändert sich laufend.

Aus regionaler Sicht interessiert zunächst die Bevölkerungsdichte. Im Durchschnitt des Bundesgebietes lebten 1971 pro qkm Fläche 247 Einwohner (1949: 189 Einwohner pro qkm). Seit Bestehen der Bundesrepublik hat die Bevölkerungsdichte damit um rund 25% zugenommen. Die regionalen Meßzahlen, die vor allem die Unterschiede der Bevölkerungsdichte in Stadt und Land deutlich werden lassen, liegen zwischen Extremwerten von mehr als 4000 Einwohner/qkm in den Städten Düsseldorf und München und wenig mehr als 40 Einwohner/qkm im Landkreis Lüchow/Dannenberg.

Im besonderen Maße konzentriert sich der Ballungsprozeß auf die 24 Verdichtungsräume, in denen gegenwärtig auf rund 7% der Fläche des Bundesgebietes etwa 45% der Gesamtbevölkerung leben.

Bevölkerung und Bevölkerungsdichte am 1. Januar 1970 in den 24 Verdichtungsräumen
(Abgrenzung gemäß Beschluß der Ministerkonferenz für Raumordnung vom 21. November 1968)

Verdichtungsraum	Bevölkerung am 1. Januar 1970[1] 1 000	Einwohner je qkm	Veränderung E/qkm 1961–1970
Rhein-Ruhr	10 527	1 624	83
Rhein-Main	2 467	1 261	160
Hamburg	2 089	2 013	64
Stuttgart	2 109	1 218	150
München	1 591	2 591	518
Rhein-Neckar	1 129	1 116	104
Nürnberg	819	2 172	191
Hannover	727	2 345	87
Bremen	717	1 526	126
Saar	661	1 107	22
Aachen	491	1 320	70
Bielefeld–Herford	478	1 019	113
Augsburg	338	1 397	141
Karlsruhe	330	1 398	123
Kiel	315	2 032	32
Braunschweig	301	2 246	–38
Kassel	276	1 227	120
Lübeck	259	1 116	38
Koblenz–Neuwied	261	1 008	66
Münster	226	2 283	303
Osnabrück	193	1 222	108
Freiburg	181	1 724	248
Siegen	178	718	81
Bremerhaven	159	1 486	84
insgesamt	26 822	1 521	117

1) Ergebnisse der Bevölkerungsfortschreibung auf der Basis der Volkszählung vom 6. Juni 1961
Quelle: Raumordnungsbericht 1972 der Bundesregierung

Von 1961 bis 1970 stieg die durchschnittliche Bevölkerungsdichte in diesen Ballungsräumen um 117 auf 1521 Einwohner je qkm, wobei der Raum München (Stadt und Umland) mit einer Steigerung um 518 auf 2591 Einwohner pro qkm an der Spitze lag. In dieser Entwicklung kommt die anhaltend hohe Anziehungskraft dieser Gebiete zum Ausdruck. Die Anziehungskraft der Ballungsräume resultiert aus den besseren Beschäftigungsmöglichkeiten. Die Beschäftigungsquote je 1000 Einwohner betrug im Durchschnitt der »Verdichtungsgebiete« 469, dagegen in den

»zurückgebliebenen Gebieten« im Durchschnitt 285. Geht man von den am extremsten auseinanderliegenden Gebieten aus, so war das Verhältnis Beschäftigte/1000 Einwohner in Hannover mit 566, Nürnberg mit 564 und Rhein/Main mit 533 sehr hoch und in den »zurückgebliebenen Gebieten« wie Schleswig-Holstein mit 261 und Niedersachsen mit 266 extrem niedrig, wie die Vergleichszahlen in den Statistiken zeigen.

Einwohner, Beschäftigte 1961/1970 und Lohn- und Gehaltsummen 1961/1969 in den zurückgebliebenen Gebieten

Zurückgebliebene Gebiete in	1961			1970					
	Einwohner	Beschäftigte	Beschäftigte/1000 Einwohner	Einwohner	Beschäftigte	Beschäftigte/1000 Einwohner	± % Veränderung	Lohn- und Gehaltssumme 1969 in 1000 DM	Lohn- und Gehaltssumme je Beschäftigten in DM
Schleswig-Holstein	1 161 231	302 742	261	1 274 801	337 938	265	+ *1,5*	2 876 046	8 511
Niedersachsen	2 794 594	741 985	266	2 996 993	852 970	285	+ *7,1*	7 031 842	8 244
Nordrhein-Westfalen	460 511	131 457	285	506 515	138 401	273	− *4,2*	1 180 394	8 529
Hessen	729 667	197 840	271	771 048	216 186	280	+ *3,3*	1 679 192	7 767
Rheinland-Pfalz	1 283 775	352 232	274	1 369 098	393 423	287	+ *4,7*	3 211 517	8 163
Baden-Württemberg	172 617	49 035	284	188 138	58 736	312	+ *9,9*	449 880	7 659
Bayern	3 146 154	877 940	279	3 314 946	973 084	294	+ *5,4*	7 231 680	7 432
Saarland	419 920	127 255	303	443 613	127 215	287	− *5,3*	1 151 762	9 054
insgesamt	10 168 469	2 780 486	273	10 865 152	3 097 953	285	+ *4,4*	24 812 313	8 009

Quelle: Statistisches Bundesamt

Einwohner, Beschäftigte 1961/1970 und Lohn- und Gehaltsummen 1969 im Zonenrandgebiet

Zonenrandgebiet in	1961			1970					
	Einwohner	Beschäftigte	Beschäftigte/ 1000 Einwohner	Einwohner	Beschäftigte	Beschäftigte/ 1000 Einwohner	± % Veränderung	Lohn- und Gehaltssumme 1969 in 1000 DM	Lohn- und Gehaltssumme je Beschäftigten in DM
Schleswig-Holstein	1 719 087	568 311	331	1 834 016	614 939	335	+ *1,2*	5 955 071	9 684
Niedersachsen	2 086 558	785 775	377	2 159 157	838 587	388	+ *2,9*	8 296 477	9 893
Hessen	895 185	348 406	389	948 665	368 957	389	*0,0*	3 478 723	9 429
Bayern	2 001 721	725 688	363	2 082 283	770 248	370	+ *1,9*	6 368 753	8 268
insgesamt	6 702 551	2 428 180	362	7 024 121	2 592 731	369	+ *1,9*	24 099 024	9 295

Quelle: Statistisches Bundesamt

Einwohner, Beschäftigte 1961/1970 und Lohn- und Gehaltssummen 1969 in Verdichtungsräumen

Verdichtungsräume (vergröbert, aus Kreiszahlen zusammengesetzt)	1961			1970			± % Veränderung	Lohn- und Gehaltssumme 1969 in 1000 DM	Lohn- und Gehaltssumme je Beschäftigten in DM
	Einwohner	Beschäftigte	Beschäftigte/1000 Einwohner	Einwohner	Beschäftigte	Beschäftigte/1000 Einwohner			
Rhein-Ruhr	10 453 050	4 694 408	449	10 909 371	4 581 467	420	−6,5	52 660 809	11 494
Rhein-Main	2 283 440	1 217 093	533	2 586 779	1 377 087	532	−0,2	16 613 391	12 064
Hamburg	2 029 579	1 065 261	525	2 031 700	1 030 437	507	−3,4	12 169 104	11 810
Stuttgart	2 102 194	1 102 075	524	2 446 391	1 233 812	504	−3,8	13 726 275	11 125
München	1 351 662	723 727	535	1 651 297	835 618	506	−5,4	9 558 814	11 439
Rhein-Neckar	1 060 114	564 207	532	1 163 504	590 622	508	−4,5	6 921 598	11 719
Nürnberg	810 745	457 365	564	881 764	483 216	548	−2,8	5 060 326	10 472
Hannover	750 057	424 314	566	757 553	452 536	597	+5,5	5 188 496	11 465
Bremen	691 800	352 551	510	725 729	356 556	491	−3,7	3 911 367	10 970
Saar	745 259	327 269	439	763 452	315 241	413	−5,9	3 282 519	10 413
Aachen	428 759	189 196	441	448 900	184 703	411	−6,8	1 897 014	10 271
Bielefeld-Herford	536 092	264 017	492	557 728	251 005	450	−8,5	2 583 286	10 292
Augsburg	312 080	165 527	530	337 689	176 553	523	−1,3	1 751 514	9 921
Karlsruhe	408 397	201 909	494	460 874	221 561	481	−2,6	2 491 601	11 246
Kiel	280 290	131 903	471	271 719	129 469	476	+1,1	1 422 240	10 985
Braunschweig	318 767	158 702	498	317 124	150 420	474	−4,8	1 578 514	10 494
Kassel	283 812	149 961	528	312 454	159 957	512	−3,0	1 738 995	10 872
Lübeck	236 060	104 946	445	239 339	106 688	446	+0,2	1 102 572	10 383
Koblenz/Neuwied	304 317	111 045	365	305 190	126 257	414	+13,4	1 256 522	9 952
Münster	281 701	115 055	408	320 545	131 456	410	+0,5	1 444 410	10 988
Osnabrück	259 541	117 186	452	283 461	123 734	437	−3,3	1 234 753	9 979
Freiburg	145 027	78 646	542	162 222	94 194	581	+7,2	1 062 487	11 280
Siegen	215 511	102 987	478	239 132	99 047	414	−13,4	1 104 958	11 156
Bremerhaven	141 849	56 990	402	140 455	57 060	406	+1,0	604 089	10 587
insgesamt	26 430 103	12 876 340	487	28 314 372	13 268 696	469	−3,7	150 365 654	11 332

Quelle: Statistisches Bundesamt

Ähnliches läßt sich für das Durchschnittseinkommen je Beschäftigten sagen. Die Unterschiede sind auch hier beträchtlich (vgl. die Statistiken, insbesondere die Statistik »Die Wirtschaftskraft unterschiedlicher Regionen«) und schwankten 1969 zwischen 11 300 DM (Verdichtungsgebiete) und 8 000 DM (zurückgebliebene Gebiete). Am höchsten war das Einkommen mit 12 064 DM im Rhein-Main-Gebiet und am niedrigsten in den »zurückgebliebenen Gebieten« Bayerns mit 7432 DM.

Die Wirtschaftskraft unterschiedlicher Regionen in der BRD
Ergebnisse der Arbeitsstättenzählung vom 27. Mai 1970

	Einwohner in Millionen	Beschäftigungsquote je 1000 Einwohner	Brutto-Lohn- und Gehaltssumme je Beschäftigten 1969 in DM
Bundesgebiet	60,7	402	10 300
Stadtkreise	23,1	545	11 400
Landkreise	37,6	314	9 100
Verdichtungsgebiete	28,3	469	11 300
Zurückgebliebene Gebiete	10,9	285	8 000
Zonenrandgebiet	7,0	369	9 300

Quelle: Raumordnungbericht 1972 der Bundesregierung

Aber nicht nur die Beschäftigungs- und Verdienstmöglichkeiten bestimmen die Attraktivität von Gebieten, sondern auch die damit zusammenhängende Qualität der Infrastruktur, wie Verkehrs- und Wohnungsverhältnisse, Bildungsmöglichkeiten, das kulturelle Angebot, Arzt- und Krankenhausdichte.

Die großen Ballungs- und Verdichtungsräume haben bisher nach Industrie- und Gewerbebesatz, Beschäftigungszahlen und Durchschnittseinkommen der Beschäftigten einen deutlichen Vorsprung in der Wirtschaftskraft der Regionen behalten. Anhaltspunkte für eine allmähliche Verminderung dieses Vorsprungs ergeben sich aber daraus, daß zwischen 1955 und 1969 von den neugeschaffenen Arbeitsplätzen nur rund 40% in den Ballungs- und Verdichtungsgebieten entstanden, in denen rund 45% der Bevölkerung leben; und rund 60% in den anderen – »ländlichen, mittel- und kleinstädtischen« – Gebieten, in denen nur etwa 55% der Bevölkerung wohnen. Zwischen 1961 und 1970 nahmen die Beschäftigtenquoten – bei geringer Rückläufigkeit des Bundesdurchschnitts – in den Ballungs- und Verdichtungsgebieten insgesamt ab, in den »zurückgebliebenen Gebieten« und im »Zonenrandgebiet« aber zu (vgl. die Statistiken Verdichtungsräume, Zonenrandgebiet, zurückgebliebene Gebiete).

Die Industrien haben – bei zunehmender Bedeutung der Dienstleistungsbetriebe und der öffentlichen Verwaltungen – den Rang, tragende Elemente der Wirtschaftskraft in den Regionen zu sein, behalten.

Die Meßzahlen für den Industriebesatz (Industriebeschäftigte je 1000 Einwohner) kennzeichnen den Anteil der Industriebeschäftigten an der Gesamtbevölkerung eines Gebietes, besagen aber nichts über Art und Wert der regionalen Industrieproduktionen. Daß in Gebieten mit hohem Industriebesatz regelmäßig auch hohe Bevölkerungsdichte, hohe Beschäftigtenquote und überdurchschnittliche Beschäftigteneinkommen festzustellen sind, ist ein Ergebnis der Investitionsentscheidungen der Unternehmen, aber nicht das Ergebnis einer unabänderlichen Entwicklungsgesetzmäßigkeit.

Heute weisen insbesondere das Industrieband, das sich von Braunschweig über Hannover, Bielefeld, das Ruhrgebiet, das Rhein-Main- und Rhein-Neckar-Gebiet bis in den Raum von Stuttgart erstreckt, sowie die Räume Hamburg und das Saarland einen starken Industriebesatz auf, während er in Teilen Schleswig-Holsteins, die außerhalb des Hamburger Ballungsraumes liegen, im nördlichen Niedersachsen, im Gebiet um Trier und in Teilen Bayerns bisher nur vergleichsweise geringe Werte erreicht.

Zusammenfassend läßt sich sagen:

Die *Regionalstruktur* bildet sich aus dem unterschiedlichen Industriebesatz und ist damit ebenfalls unmittelbares Resultat der Produktionsstruktur. Bezüglich des Beitrags am Nettoinlandsprodukt, der Pro-Kopf-Beschäftigten, der Pro-Kopf-Lohn- und Gehaltssumme u.ä. bestehen erhebliche Strukturgefälle zwischen Verdichtungsräumen und Randgebieten sowie zwischen Stadt- und Landkreisen. Damit bestehen für die abhängig Beschäftigten wohnortbedingte ökonomische und soziale Ungleichheiten.

IV. DER »TECHNISCHE FORTSCHRITT« ALS ZENTRALE URSACHE FÜR WIRTSCHAFTLICHEN WANDEL

1. *Die Bedeutung des »Technischen Fortschritts« für wirtschaftliches Wachstum*

Neben der Bevölkerung, den Arbeitskräften, der Verteilung und der

Verwendung des Einkommens, dem Bestand an Realkapital sowie der außenwirtschaftlichen Verflechtung hängt langfristig die wirtschaftliche Entwicklung von der Entfaltung der Produktionsmöglichkeiten ab. *Von extensivem Wachstum* wird dann gesprochen, wenn über Erweiterungsinvestitionen neue Kapazitäten durch herkömmliche Maschinen und Geräte geschaffen werden. Das Sozialprodukt wächst dann durch den Mehreinsatz von Arbeitskräften und Maschinen. Erst bei *intensivem Wachstum* steigt durch effektivere technische Hilfsmittel und/oder besser ausgebildete Arbeitskräfte der Leistungsgrad einer Volkswirtschaft. Diese Verbesserungsinvestitionen erhöhen das wirtschaftliche Ergebnis pro Kopf und Stunde, d.h., die Produktivität steigt und führt zu einem schnelleren Wachstum des Sozialproduktes und damit möglicherweise zu einem steigenden Pro-Kopf-Einkommen. Reine Erweiterungsinvestitionen sind heute selten, weil jede neue Maschine oder Anlage, die investiert wird, in der Regel technisch verbessert und somit vergleichsweise produktiver als die vorher eingesetzte ist.
Diesen Tatbestand bezeichnet die herrschende Lehre als »Technischen Fortschritt«, worunter verstanden werden kann: erstens die Schaffung neuer, d.h., bis zu der betreffenden Zeit unbekannter Produkte, z.B. Kunststoffe (Produktinnovation), und zweitens der Übergang der neuen Produktionsverfahren, die es gestatten, eine gegebene Menge von Produkten mit geringeren Kosten bzw. mit den gleichen Kosten eine größere Produktmenge herzustellen (Prozeßinnovation).
Es wird dabei davon ausgegangen, daß der Sinn des Wirtschaftens und das Ziel der Wirtschaftspolitik darin besteht, ein Mehr an Gütern und Leistungen zu schaffen.
Insbesondere in der Nachkriegsentwicklung war das wirtschaftliche Wachstum beträchtlich. Das Bruttoinlandsprodukt, das als Maßstab für das Wachstum der Gesamtwirtschaft dient, hat sich von 1950 bis 1970 in laufenden Preisen nahezu versechsfacht, in konstanten Preisen immerhin noch fast vervierfacht. Im Vergleich der beiden Jahrzehnte schwächte sich das reale Wachstum merklich ab: von 1950 bis 1960 hatten wir Zuwachsraten von 7,9% pro Jahr, von 1960 bis 1970 von 4,8% (81, S. 13).
Wie groß die wirtschaftliche Leistungssteigerung war, wird anschaulich, wenn man den produzierten Waren die zu ihrer Erstellung notwendigen Beschäftigten gegenüberstellt. So berechnete das Deutsche Institut für Wirtschaftsforschung, daß im Jahre 1950 in der gesamten Industrie, um Waren im Wert von DM 1000,– zu produzieren, 207 Beschäftigten-Stunden benötigt wurden.
Im Jahre 1966 genügten schon 83 Stunden zur Erzeugung der gleichen Menge (in Preisen von 1950). Das waren rund 60% weniger als 1950.

In verschiedenen Industriezweigen, wie die Grafik »Die Einsparung von Arbeitskraft« zeigt, ist aufgrund der besonders starken Rationalisierung dieses Ergebnis noch weit unterboten worden. In den einzelnen Zweigen der Industrie sind die Zahlen unterschiedlich. Ausgesprochen niedrig liegt die Tabakverarbeitung, die nur noch 9 Stunden für 1000 DM Nettoproduktion benötigte. Aber auch Industriezweige mit relativ niedrigem Mechanisierungsgrad haben beachtlich rationalisiert. Der Maschinenbau, in dem Einzelfertigung und kleine Serien vorherrschen, drückte den Arbeitsaufwand von 225 auf 120 Beschäftigtenstunden, das ist fast die Hälfte.

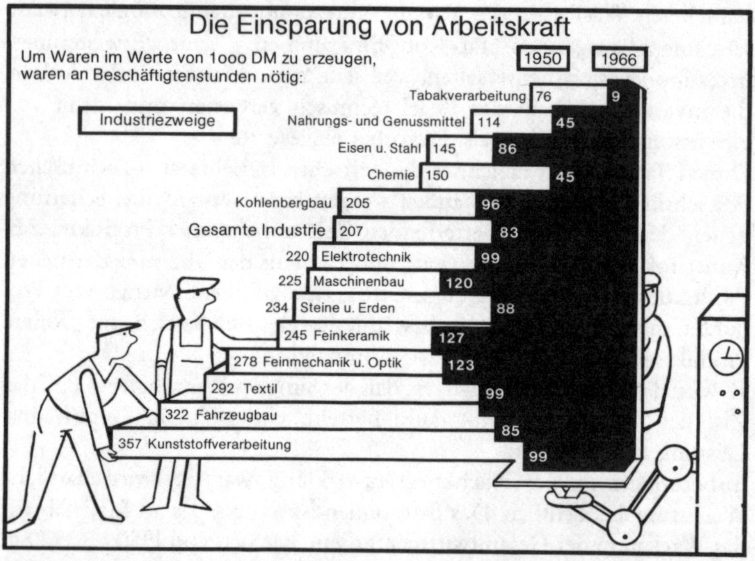

Waren 1966 noch 83 Stunden erforderlich, um Waren mit einem Nettoproduktionswert von 1000 DM herzustellen, wurden 1973 für die Erzeugung derselben Warenmenge nur noch 54 Stunden benötigt, d.h., gehen wir von den 207 Stunden, die 1950 für die Herstellung erforderlich waren, aus, hat sich die Produktionsgeschwindigkeit seit 1950 vervierfacht. Oder anders ausgedrückt: Nur noch ein Viertel des Arbeitsaufwandes von 1950 war notwendig, was für die Beschäftigten jedoch nicht weniger Arbeit in diesem Umfang bedeutete.

Das wirtschaftliche Wachstum, ein Ergebnis dieser Produktivitätssteigerungen, das quantitativ gesehen sehr imposant ist, sagt jedoch über die Qualität wenig aus, z.B. nichts darüber, wie diese Güter und Leistungen verteilt wurden. Auch nichts über die Zusammensetzung des Sozialproduktes, ob die individuelle und gesellschaftliche Bedarfsdeckung den Bedürfnissen entsprach oder ob nicht eine andere Verwendung der Produktivkräfte sinnvoller gewesen wäre. Wir wollen diese Gedanken hier aber noch nicht weiter verfolgen.

2. »Technischer Fortschritt« – dritter Produktionsfaktor?

In der Wirtschaftswissenschaft wird dem »Technischen Fortschritt« oft die Rolle eines dritten Produktionsfaktors zuerkannt. So z.B. in einer Untersuchung der Prognos-AG für Wirtschaftsforschung:

»Lassen wir den Produktionsfaktor Arbeit, dem wohl, nach Verzicht auf eine aktive Bevölkerungspolitik, eine autonome Entwicklung zugebilligt wird, außer Betracht, so verbleibt eine dritte Gruppe von Faktoren, deren Wachstumseffekt im allgemeinen unter dem Begriff »Technischer Fortschritt« subsummiert wird; und gerade diese Gruppe ist es, die entscheidend die Höhe der Wachstumsrate bestimmt.« (69, S. 18)

In der Bundesrepublik sind die Rückständigkeit des Bildungs- und Wissenschaftssystems und die daraus resultierende »technische Lücke« als ein Engpaß für die Entfaltung des »Technischen Fortschritts« dargestellt worden. Als Folge davon wurden niedrige Wachstumsraten und eine Gefährdung der internationalen Wettbewerbsfähigkeit vorausgesagt. Dieser Zusammenhang wurde – etwas verkürzt dargestellt – so begründet:
Bei Berechnungen der Bestimmungsfaktoren für die Produktion und deren Entwicklung untersuchte man, welchen Anteil Arbeit und Kapital an der Produktionssteigerung über eine bestimmte Zeitspanne hatte. Bei diesen Berechnungen kam man zu dem Ergebnis, daß die tatsächliche Wachstumsrate höher als die Vergrößerung des Arbeitseinsatzes und die Vermehrung des Kapitalstockes ausfiel. Man sprach vom »Dritten Faktor«, »Residualfaktor«, »Humankapital« und vom »Technischen Fortschritt« und führte die Wachstumssteigerungen, die über den Einsatz von Kapital und Arbeit hinausgingen, auf ihn zurück. Ganz typisch für diesen Erklärungsversuch schrieb Professor Edding 1963 in einem Aufsatz »Grundprobleme der Bildungsökonomie«:

»Bei den Versuchen, das Wachsen des realen Sozialproduktes in längeren Perioden aus den Inputs von Kapital im traditionellen Sinne und von Mehreinsatz von Arbeitsstunden zu erklären, hat sich immer wieder ein großer unerklärter Restfaktor ergeben. Eine solche Kalkulation für die Vereinigten Staaten von Amerika stellte zum Beispiel fest, daß das Sozialprodukt zwischen

1889 und 1957 um durchschnittlich 3,5% jährlich gewachsen war. Die erwähnten beiden Inputs waren zusammen um 1,9% jährlich gewachsen. Es blieb also ein unerklärtes restliches Wachstum von 1,6%. Das heißt 46% des gesamten Zuwachses an Sozialprodukt in der genannten Periode bedurften einer anderen als der bis dahin für weitgehend ausreichend gehaltenen Erklärung.« (17, S. 288)

Dieser »unerklärliche Rest« wird der Anwendung des »Technischen Fortschritts« zugerechnet, wobei die Wissenschaft und der »Bildungsaufwand als Ursache für den größeren Teil des unerklärten Zuwachses« genannt wird.
Ganz abgesehen davon, daß diese Erklärungsversuche umstritten sind, scheint es recht konstruiert, den rechnerischen Rest einem dritten »Produktionsfaktor« zuzurechnen, denn insbesondere Bildung und Wissenschaft sind ja wohl nicht losgelöst vom Menschen zu sehen. Insbesondere dann, wenn man dazu neigt, die Produktionsfaktorentheorie der bürgerlichen Ökonomie als eine Rechtfertigungstheorie für unsere gegenwärtige Einkommensverteilung zu sehen und die Legitimation (Rechtmäßigkeit) für die alleinige Verfügungsgewalt des Kapitals über die Produktion nicht akzeptiert, muß davor gewarnt werden, einen dritten Faktor einzuführen. Ganz aktuell ist hier die Auseinandersetzung um die Mitbestimmung. Schon die paritätische Mitbestimmung, bei der die Gleichwertigkeit von Kapital und Arbeit unterstellt wird, ist ein Zugeständnis, wenn man davon ausgeht, daß nur die menschliche Arbeit Werte schaffen kann.
Akzeptiert man die Theorie eines dritten Faktors, ist dies auch politisch mit Konsequenzen verbunden. In der Auseinandersetzung um die Mitbestimmung z.B. wird versucht, mit den Leitenden Angestellten einen dritten Faktor, die »Disposition«, einzuführen, um die Parität zu verhindern und den Einfluß der abhängig Beschäftigten zu beschränken.

3. »Technischer Fortschritt« und Wirtschaftssystem

»Technischer Fortschritt« könnte, soweit er als Mittel der Wohlstandssteigerung dient, losgelöst vom Wirtschaftssystem (systemindifferent) gesehen und uneingeschränkt als positiv bezeichnet werden. Jedoch tauchen Zweifel auf, wenn man mit dem Begriff »Technischer Fortschritt« mehr meint als ein Mittel für Produktivitätssteigerungen. Denn nimmt man diesen Begriff »Technischen Fortschritt« wörtlich und verbindet ihn mit dem politischen Auftrag der Humanisierung der Gesellschaft, wird man unschwer zu dem Ergebnis kommen, daß zwischen technischem und gesellschaftlichem Fortschritt nicht notwendig ein direkter Zusammenhang besteht.

Die Anwendung des »Technischen Fortschritts« ist nicht losgelöst von den herrschenden gesellschaftlichen Interessen und Machtkonstellationen zu sehen. »Technischer Fortschritt« ist auch nicht – wie einige Soziologen meinen – ein Vorgang, der sich der menschlichen Steuerung weitgehend entzogen hat und in dem nicht mehr der Mensch bzw. die menschliche Gesellschaft den Fortgang der Technik bestimmt, sondern die Technik selbst durch die ihr innewohnenden »Sachzwänge«. Historisch läßt es sich belegen, daß die Entfaltung technischer Kenntnisse und Erfindungen abhängt von den gesellschaftlichen Verhältnissen. Erst die Veränderung der gesellschaftlichen Verhältnisse, wie die Auflösung der Zünfte, die ein gesellschaftliches, wenn auch statisches Gleichgewicht garantiert hatten, und die Entwicklung der kapitalistischen Wirtschaftsweise, die gekennzeichnet ist durch die Trennung der Produzenten von den Produktionsmitteln und deren Ziel des Wirtschaftens darin besteht, hohe Profite zu erzielen, setzte Kräfte frei, die als »Industrielle Revolution« erst zur beschleunigten Entwicklung und Anwendung von »Technischem Fortschritt« führten – so wie freilich diese Möglichkeiten zurückwirken auf die gesellschaftlichen Verhältnisse selbst.

4. Entwicklung und Anwendung des »Technischen Fortschritts«

Die Entfaltung des »Technischen Fortschritts« in dem durch gesellschaftliche Interessen und Machtkonstellationen abgesteckten Rahmen verläuft auf zwei Ebenen. Einmal auf der Ebene des Wissenschaftsprozesses. Hier wird das technisch verwertbare Wissen produziert. Zweitens auf der Ebene der Anwendung, wo ein Teil des technisch verwertbaren Wissens in konkrete technische Neuerungen umgesetzt wird.

Der »Technische Fortschritt« ist abhängig vom Umfang und von der Struktur des technisch verwertbaren Wissens. Beide hängen von den Bedingungen ab, unter denen Erfindungen entstehen. Unter den Bedingungen des Kapitalismus besteht ein institutioneller (in den Einrichtungen angelegter) Druck zur Steigerung der Arbeitsproduktivität durch »Technischen Fortschritt«. Dies erleichterte und forcierte (steigerte, beschleunigte) eine Entwicklung zur hochgradig arbeitsteiligen Forschung mit dem Trend zur ständigen Verfeinerung der wissenschaftlichen Untersuchungsmethoden.

Gegenwärtig lassen sich zwei Veränderungen beobachten, die erforderlich sind, um die Techniken zur Leistungssteigerung zu vervollkommnen:

1. Der zur Mehrung des Wissens erforderliche Kostenaufwand steigt in fast allen Industrieländern spürbar an. Der Anteil der Ausgaben

für Forschung und Entwicklung am wachsenden Bruttosozialprodukt wird durchweg in allen Ländern erhöht.
2. Die Bedeutung des individuell arbeitenden Wissenschaftlers sinkt, die Erzeugung neuen Wissens wird zunehmend eine Aufgabe arbeitsteilig organisierter Forschungsinstitutionen.
Somit stellt sich die Frage, wer den für den »Technischen Fortschritt« unter den veränderten Bedingungen nunmehr entscheidenden Wissenschaftsprozeß gestaltet. Der Betriebs- und Industriesoziologe Horst Kern schreibt in einem Aufsatz »Technischer Fortschritt«, daß sich dies – wenigstens grob – durch einen Blick darauf beantworten läßt, wer die Ausgaben für Forschung und Entwicklung aufbringt und wie die Mittel verwendet werden. Er schreibt im einzelnen:

»Die Privatwirtschaft finanziert heute etwa zur Hälfte die in der BRD durchgeführte Forschung und Entwicklung und verbraucht sogar annähernd 60% des gesamten nationalen Forschungsbudgets im unternehmensinternen Wissenschaftsbetrieb. Stellt man überdies in Rechnung, daß die öffentliche Verwaltung und die wissenschaftspolitischen Lenkungsorgane stark mit den Wirtschaftsunternehmen verflochten sind, so wird deutlich, in welchem Ausmaß die Wissenschaftsentwicklung an die Interessen der Unternehmen gebunden ist. Bereits auf der Ebene des Wissenschaftsprozesses findet so eine eindeutige Kanalisierung des technischen Fortschritts durch nicht mehr wissenschaftsimmanente, sondern ökonomische Faktoren statt. Gefördert wird primär, was der Kapitalverwertung zuträglich erscheint. Wissenschaftliche Neuheiten, die keine oder nur geringe Verwertungsfähigkeit versprechen, erhalten kaum eine Entwicklungschance.
Besonders groß ist dabei der Einfluß der Mammutunternehmen auf die Wissenschaftssteuerung. Gerade sie sind personell und finanziell gut für die Durchführung von Forschungs- und Entwicklungsarbeiten gerüstet; sie kontrollieren daher auch einen wesentlichen Teil des verfügbaren technischen Wissens. Die Verteilung des Patentbesitzes ist dafür ein Indikator. Nicht mehr als 50 Unternehmen halten in der BRD ein Viertel des gesamten Patentbesitzes. Einen extrem hohen Einfluß üben vor allem die Spitzenunternehmen der forschungsintensiven Produktionsbereiche aus. Den jeweils fünf größten Unternehmen der elektrotechnischen und der chemischen Industrie gehören zusammen fast 20 % aller Patente. Daran zeichnet sich ab, daß der Fortgang der Technik entscheidend durch einige wenige Mammutunternehmen bestimmt wird, die ihn zielstrebig auf ihre beschränkten Interessen – die optimale Kapitalverwertung unter Sicherung bzw. Ausbau der eigenen Vormachtstellung – ausrichten können. Dies und nicht so sehr die »Eigengesetzlichkeiten« der Technik sind die Faktoren, die den technischen Fortschritt inhaltlich gestalten.« (74, S. 30)

Die unternehmerischen Entscheidungen sind in kapitalistisch-marktwirtschaftlichen Systemen an der Gewinnmaximierung orientiert. Das bedeutet, daß sowohl die Entwicklung als auch die Nutzung, die Anwendung des »Technischen Fortschritts«, von der Kapitalverwertung abhängig ist. Die Unternehmen verwirklichen bevorzugt diejenigen technischen Mittel, die ihre Gewinnerzielungsabsichten am besten erfüllen und lassen die anderen technischen Möglichkeiten weitgehend ungenutzt. Kern weist darauf hin, daß in der Innovationsphase (Erneuerungsphase) objektiv noch die Möglichkeit gegeben ist, andere als ökonomische Erwägungen ins Spiel zu bringen. An der Patentnutzung veranschaulicht er am Beispiel der Großunternehmen der elektrotechnischen Industrie, die nur 10 bis 25% ihres gesamten Patentbesitzes nutzen und den Rest der von ihnen kontrollierten Patente brachliegen lassen, daß diese geringe Ausnutzung des technischen Potentials auf die Bindung des »Technischen Fortschritts« an die Kapitalverwertung zurückzuführen ist. Wenn schon bei der Entwicklung des »Technischen Fortschritts« Kapitalverwertungsinteressen im Vordergrund stehen, so verstärkt sich diese Tendenz ganz sicher bei der Anwendung, der Verwirklichung der wissenschaftlich-technischen Erkenntnisse. Die hier möglicherweise noch bestehenden Handlungsalternativen der konkreten Umsetzungsmöglichkeiten werden nur unter Kostengesichtspunkten genutzt.

Erhebungen, die sich speziell mit der Analyse von Entscheidungsprozessen bei der Durchführung von Innovationen beschäftigen, zeigen, daß mit technischen Umstellungen primär eine Verbesserung der Kostensituation der Fertigungen angestrebt wird. Die bisherige Kostenlage und die potentielle Kostenverminderung nach der Durchführung einer technischen Neuerung bilden offensichtlich die wichtigsten Orientierungsdaten bei der Entscheidung über eine Innovation (Erneuerung, hier: Entwicklung).

Kern weist darauf hin, daß technische Veränderungen, die sich unter Kostengesichtspunkten nicht rechtfertigen lassen, nicht realisiert werden. Für die Beschäftigten bedeutet dies, daß die Verbesserung der Arbeitssituation, eine ihrer zentralen Interessen, als selbständige Handlungsmaxime (Richtschnur des Handelns) bei der Entscheidung über technische Neuerungen nie auftritt. Wörtlich schreibt Kern:

»Diese Ergebnisse der empirischen Sozialforschung machen zweierlei klar: 1. daß nicht die »Sachzwänge« der Technik den Ablauf des technischen Wandels primär bestimmen, sondern die Verwertungsinteressen der Unternehmen; 2. daß durch diese eindeutige Ausrichtung des technischen Fortschritts auf die in der Gesellschaft vorherrschenden Interessen seine Potenz nur in einem beschränkten Umfang genutzt werden kann. Allein die technischen Möglichkeiten haben eine Realisierungschance, die sich durch Profitabilität rechtfertigen. Maßnahmen, mit denen sich ein größeres Maß an Humanität in der Gesellschaft – z.B. eine Verbesserung der Situation der Arbeitenden – erreichen ließe, werden dagegen bestenfalls insoweit verwirklicht, als es den Profitinteressen der Unternehmen nicht abträglich erscheint.« (74, S. 31/32)

Jede Gewerkschaftspolitik, die die Interessen der abhängig Beschäftigten im Auge hat, d.h., die Arbeitssituation der Beschäftigten verbessern will, hätte hier anzusetzen. In jüngster Zeit hat sich die gewerkschaftliche Diskussion unter dem Stichwort »Humanisierung der Arbeit« hierauf stärker konzentriert. Wir wollen diesen Ansatz weiter unten noch einmal aufgreifen.

5. Formen und Beispiele der Anwendung des »Technischen Fortschritts«

Bei einer Definition des Internationalen Arbeitsamtes in Genf, was unter technologischem Wandel zu verstehen ist, rückt eindeutig die Bedeutung des »Technischen Fortschrittes« für die Arbeit in den Vordergrund, wenn es heißt:
»Technische Neuerungen treten auf, entweder einzeln oder gemeinsam, in Form von Mechanisierung, Automatisierung, Einführung neuer Arbeitsvorgänge, Verwendung neuer Materialien, neuer Arbeitsmethoden oder auch neuer Methoden in der Organisation der Arbeit.«
In einer anderen Definition des Internationalen Arbeitsamtes heißt es: »Technischer Wandel ist zu definieren als jegliche Veränderung des Werkstoffes, der Ausrüstung, der Produktionsmethoden, der Organisation oder des Produktes, welche die Quantität oder die Qualität der je Produkt erforderlichen Arbeit verändert.«
Diese beiden Definitionen empfahl die IG Metall allen Referenten für die Ausarbeitung ihrer Beiträge zur 2. Internationalen Arbeitstagung über Rationalisierung, Automatisierung und technischen Fortschritt vom 16.–19. März 1965 in Oberhausen.
Unter der Fragestellung »Was ist technischer Fortschritt?« definierte die IG Metall für die Konferenz:

»Der technische Fortschritt hat vielfältige Formen. Automatisierung ist die am weitesten entwickelte Stufe. Aus technischen und wirtschaftlichen Gründen läßt sich aber nicht alles automatisieren, zumindest zur Zeit nicht. Dennoch geht die Frage nach dem Umfang der heute automatisierbaren Tätigkeiten am Kern der Sache vorbei. Neben der Automatisierung im technisch engeren Sinn gibt es noch zahllose andere Formen des technischen Fortschritts, die in gleicher Weise wirksam sind: organisatorische Änderungen, Mechanisierung, Hochmechanisierung, neue Werkstoffe (vor allem Plastik) oder Bürotechnisierung. Alle Formen des technischen Fortschritts dienen der Rationalisierung. Alle haben zwei gemeinsame und wesentliche Wirkungen: Sie ermöglichen mehr Produktion mit weniger Menschen, das heißt die Einsparung von Arbeitskräften, und sie verändern die Art der menschlichen Arbeit.« (28, Bd. 1, S. 545)

Von den vielfältigen Formen des »Technischen Fortschritts« wurden mit Beispielen

- Organisationstechnik
- Mechanisierung
- Hochmechanisierung
- Automatisierung
- Kunststoffe
- Bürotechnisierung

aufgeführt. Wir möchten die Beschreibungen dieser Formen hier übernehmen und sie an einem Beispiel vorstellen.

a) Organisationstechnik

»Organisatorische Änderungen zielen auf eine rationelle Gestaltung des Arbeitsablaufs. Sie können, aber müssen nicht notwendigerweise mit neuen Maschinen verbunden sein. Fehlzeiten, unnötige Transportzeiten, überflüssige Handgriffe und dgl. sollen vermieden werden. Zu den gravierendsten Beispielen moderner Organisationstechnik gehören die sogenannten Kleinstzeitverfahren, welche jede nicht unbedingt notwendige Bewegung des Menschen am Arbeitsplatz auszuschalten suchen.« (28, Bd. 1, S. 545)

Beispiel: Packen von Werkzeugtaschen (MTM-gestalteter Arbeitsplatz)
Werkzeugtaschen werden mit Reparaturwerkzeugen gefüllt. Früher entfielen auf einen Arbeiter pro Schicht 250 Taschen. Dann wurden diese Arbeitsplätze nach MTM neu gestaltet. Es wurden Arbeitstische eingeführt, auf denen alle zu verpackenden Werkzeuge griffbereit liegen. Jede erforderliche Bewegung der Arbeiter wurde ermittelt und festgelegt. Heute entfallen auf einen Arbeiter pro Schicht 700 bis 750 Taschen. Die durchschnittliche Leistung je Arbeiter erhöhte sich um das Dreifache. Die Arbeiter wurden und werden im Zeitlohn beschäftigt. (28, Bd. 1, S. 546)

b) Mechanisierung

»Unter Mechanisierung versteht man die Nutzbarmachung maschineller Kraft (z.B. Kran). Beim Bohren erfolgte früher der Antrieb durch menschliche Kraft, heute verwendet man statt dessen einen Elektromotor. Auch im Zeitalter der Automatisierung spielen Mechanisierungsvorgänge noch immer eine Rolle. Das gilt ganz besonders für den innerbetrieblichen Transport, wie zum Beispiel mechanische Transportbänder und Gabelstapler.« (28, Bd. 1, S. 546)

Beispiel: Gabelstabler
»Infolge des verstärkten Absatzes von Flaschenbier gingen in den letzten Jahren fast alle Brauereien dazu über, sich vollautomatische Abfüllanlagen zuzulegen. Für die damit verbundene Kapazitätssteigerung reichten die bisherigen innerbetrieblichen Transporteinrichtungen wie auch die Lagerräume nicht mehr aus. Der Gabelstapler brachte vielfach die Lösung.

Vor der Transportrationalisierung waren in unserem Beispiel drei Lagerarbeiter damit beschäftigt, die Kästen mit Flaschenbier im Lagerraum bereitzustellen, d.h. vom Stapel zu nehmen und auf ein Förderband zu setzen, das sie zur Lkw-Laderampe brachte. Die dort ankommenden Kästen wurden von Fahrer und Beifahrer verladen. Insgesamt waren also fünf Mann notwendig, um 600 Kästen pro Stunde aus dem Lager abzugeben.
Heute nimmt ein Gabelstapler eine Palette mit 30 Bierkästen am Lagerplatz auf, bringt sie zum Lkw und stellt sie auf der Ladefläche ab. Der Lkw-Fahrer überprüft das Beladen und macht schließlich das Fahrzeug fahrbereit. Die Stundenleistung beträgt jetzt 1200 Kästen.
Ergebnis:
– Der Ausstoß wurde verdoppelt, drei Arbeitskräfte wurden für andere Aufgaben frei.
– Die Lkw-Wartezeiten liegen um 50 bis 70% niedriger, weil das Beladen mit dem Gabelstapler schneller erfolgt und keine Laderampe mehr notwendig ist.
– Die Transportkosten je 100 Kästen Flaschenbierausstoß haben sich um 72% verringert.«

Wirtschaftlichkeitsvergleich

Ausgangsdaten	Lagerdurchsatz von Hand	Lagerdurchsatz mit Gabelstapler
Ausstoß je Stunde	600 Kästen Flaschenbier	1200 Kästen Flaschenbier
Arbeitskräftebedarf	5 Lagerarbeiter	1 Lagerarbeiter 1 Gabelstaplerfahrer
Brutto-Stundenlohn	4,65 DM	4,65 DM (Lagerarbeiter) 5,— DM (Gabelstaplerfahrer)
Eingesetzte Maschinen	–	1 Gabelstapler
Transportkosten je Stunde		
Lohnkosten Lagerarbeiter	23,25 DM	4,65 DM
Lohnnebenkosten	9,30 DM	1,90 DM
Betriebskosten Gabelstapler	–	4,45 DM
Lohnkosten Gabelstaplerfahrer	–	5,— DM
Lohnnebenkosten	–	2,— DM
Transportkosten insgesamt	32,55 DM	18,— DM
Transportkosten je 100 Kästen Flaschenbierausstoß	5,40 DM	1,50 DM
Ersparnis		3,90 DM = 72%

Kostenrechnung des Gabelstaplers	
Anschaffungswert	20 900,-- DM
Nutzungsdauer	5 Jahre
Betriebsstunden/Jahr	2000
Kosten/Jahr	
– Abschreibung	4180,-- DM
– Zinsen	627,-- DM
– Betriebskosten	1490,-- DM
– Wartung und Instandhaltung	2400,-- DM
– Sonstie Kosten	180,-- DM
– Kosten insgesamt	8877,-- DM
– Kosten je Betriebsstunde	4,45 DM

Quelle: produktive Investitionen, hrsg. vom Verein Deutscher Maschinenbauanstalten e.V. (VDMA).

c) Hochmechanisierung

»Unter Hochmechanisierung versteht man die Verwendung von Einzelautomaten. Die Maschine führt alle Arbeitsoperationen selbsttätig aus. Für den Menschen bleibt die Beschickung, eventuell vereinfacht durch Magazinierung, und die Überwachung. Mehrmaschinenbedienung ist häufig. Das klassische Beispiel für Hochmechanisierung ist der Waschautomat: manuelles Einlegen und Herausnehmen der Wäsche, manuelle Programmwahl, aber selbsttätiger Arbeitsablauf. Die Einzelautomaten der Vergangenheit waren nur wirtschaftlich, wenn große Stückzahlen anfielen. Die Umrüstzeiten mußten erheblich geringer als die Produktionszeiten sein. Aber schon der Waschautomat im Haushalt zeigt, daß Automaten auch bei kleinen Stückzahlen und unterschiedlichen Produktionsprogrammen wirtschaftlich sein können. In der industriellen Produktion machen neuerdings numerisch gesteuerte Werkzeugmaschinen und Elektroerosionsmaschinen von sich reden. In beiden Fällen ist selbsttätiger Arbeitsablauf bei Kleinstserien möglich.« (28, Bd. 1, S. 547)

Beispiel (1):
12 800 gleiche Drehteile pro Schicht, hergestellt bei unterschiedlichen Mechanisierungsgraden

Maschinen	Stückleist. je Schicht und Masch.	Anzahl d. erforderl. Masch.	Qualifikation und Anz. der erforderl. Arbeitskräfte
Spitzendrehbank zerspanend	100	128	128 qualifizierte Arbeiter 1)
Revolverdrehbank zerspanend	400	32	32 angelernte Arbeiter 8 qualifizierte Arbeiter 2)
Stangen-Automat zerspanend (Mehrmaschinenbedienung)	1 600	8	2 angelernte Arbeiter 2 qualifizierte Arbeiter 2)
Presse (Automat) spanlos (Mehrmaschinenbedienung)	12 800	1	1/3 angelernte Arbeiter 1/3 qualifizierte Arbeiter 2)

1) Dreher
2) Einrichter, Werkzeugmacher
(Quelle: 28, Bd. 1, S. 548)

Beispiel (2):
»Kunstvoll gestaltete Möbel sind seit Jahrhunderten Zeichen des guten Geschmacks und des Wohlstandes.
Zu einem auch für kleinere Portemonnaies erschwinglichen Preis konnten solche Möbel aber erst dann auf den Markt gebracht werden, seit es gelang, die dafür früher notwendige kostspielige Handarbeit durch Maschinenarbeit zu ersetzen. Sogar komplizierte Drechslerarbeiten lassen sich heute maschinell ausführen. Unter Verwendung von Formschablonen und speziellen Formstählen fertigen die dafür gebauten Maschinen jedes nur denkbare Holzmuster mit rundem Querschnitt.
Auf den erstmals im Jahre 1957 in der Möbelindustrie eingesetzten halbautomatischen Schablonendrehbänken wurden – mit einem Mann Bedienung – stündlich 150 Profilstuhlbeine produziert. Inzwischen ist eine vollautomatisch arbeitende Anlage entwickelt worden, die in der gleichen Zeit das Doppelte leistet.
Ergebnis:
– Die Ausbringung pro Stunde konnte auf 300 Stück erhöht werden.
– Eine Arbeitskraft kann nunmehr zwei Maschinen gleichzeitig bedienen.
– Die Fertigungskosten wurden um 60% gesenkt.«

Wirtschaftlichkeitsvergleich

Ausgangsdaten	halbautom. Schablonen-drehbank	vollautom. Schablonen-drehbank
Baujahr	1957	1967
Anschaffungs- bzw. Wiederbeschaffungswert	8 100,-- DM	18 000,-- DM
Nutzungsdauer (Ein-Schicht-Betrieb)	10 Jahre	10 Jahre
Fertigungsstunden/Jahr	1 800	1 800
Ausbringung/Stunde	150 Stück	300 Stück
Bedienungspersonal	1	0,5
Brutto-Stundenlohn	4,-- DM	4,-- DM
Installierte kWh-Leistung	3,0	5,5
Mittlere Leistungsabgabe in kWh	1,8	3,9
Platzbedarf in m^2	6	8
Fertigungskosten pro Jahr		
Abschreibung	810,-- DM	1 800,-- DM
Zinsen auf das investierte Kapital	243,-- DM	540,-- DM
Raumkosten	180,-- DM	240,-- DM
Wartung und Instandhaltung	203,-- DM	360,-- DM
Energie	486,-- DM	1 057,-- DM
Werkzeugkosten incl. Scharfschleifen	332,-- DM	664,-- DM
Lohnkosten	7 200,-- DM	3 600,-- DM
Lohnnebenkosten und sonstige verfahrensabhängige Gemeinkosten	2 160,-- DM	1 080,-- DM
Fertigungskosten insgesamt	11 614,-- DM	9 341,-- DM
Fertigungskosten pro Fertigungsstunde	6,45 DM	5,19 DM
Fertigungskosten je 1000 Profilstuhlbeine	43,-- DM	17,30 DM
Ersparnis	25,70 DM = 60%	

Quelle: produktive Investitionen, hrsg. VDMA

d) Automatisierung:

»Die eigentliche Automatisierung beginnt erst mit der Transferstraße und mit kontinuierlichen Produktionsprozessen. Mehrere Maschineneinheiten werden zu einem vollautomatischen System integriert. Der Mensch, der bei Einzelautomaten noch die Werkstücke zuführt, fällt weg. Der Transport von Maschine zu Maschine erfolgt mechanisch.
Die Zahl der vollautomatisierten Fabriken ist noch klein. Das wird auch noch lange so bleiben. Automatisierte Teilbereiche werden in den Betrieben dagegen immer häufiger.« (28, Bd. 1, S. 554)

Beispiel (1): Filterzigaretten – Herstellung
»In der Bundesrepublik werden jährlich mehr als 100 Milliarden Zigaretten geraucht. Der Rohstoff gewinnt seine Reife unter der Sonne Virginias, Afrikas, Südosteuropas und des Orients. Tabakblätter sind aber noch keine fertigen Zigaretten. Komplizierte Maschinen übernehmen es, den Glimmstengel mundgerecht zu machen – ob mit oder ohne Filter, King-Size-Format, rund oder oval.
Der eigentliche Fertigungsprozeß beginnt auf der Strangmaschine. Hier wird aus dem klein geschnittenen Tabak ein endloser Strang geformt und in Zigarettenpapier »eingewickelt«. Schnell rotierende Messer schneiden dann die Zigarette in die richtige Länge. Von dort laufen die Zigarettenteile in das Filteransatzaggregat. Hier wird zwischen je zwei Zigarettenteile maschinell ein Filterstück gelegt, mit einer Korkpapierbanderole umrollt und verklebt. Anschließend wird die »Doppelfilterzigarette« in der Mitte des Doppelfilters zerschnitten. Die Zigaretten laufen dann über eine Kontrollstation und weiter in ein Aggregat, das sie automatisch in Transportbehälter einstößt.
Der eigentliche Fertigungsvorgang hat sich – abgesehen von der verbesserten Qualitätskontrolle – gegenüber dem Stand vor zehn Jahren kaum verändert. Durch Zusammenfassung der Maschinen entfallen aber heute die zeitraubenden und kostspieligen Zwischentransporte.
Ergebnis:
– Die Produktionsleistung der Anlage stieg um 70%, die einer Arbeitskraft um knapp das Sechsfache.
– Trotz höherer Leistung verminderte sich die für die Anlage benötigte Zahl der Arbeitskräfte von 6 auf 1,5 Personen.
– Die Herstellkosten konnten um 68% gesenkt werden.«

Wirtschaftlichkeitsvergleich

Ausgangsdaten	Anlage zur Herstellung von Filterzigaretten	
Baujahr	1957	1967
Anschaffungs- bzw. Wiederbeschaffungswert	150 000,-- DM	223 500,-- DM
Nutzungsdauer	5 Jahre	5 Jahre
Betriebsstunden/Jahr (Zwei-Schicht-Betrieb)	3 600	3 480
Produktionsleistung/Stunde	75 000 Stück	132 000 Stück
Produktionsleistung/Jahr	270 Mio. Stück	459,4 Mio. Stück
Arbeitskräfte	1 Maschinenführer, 5 Arbeiterinnen	0,25 Maschinenführer *), 1,25 Arbeiterinnen *)
Bruttolohn- und Lohnnebenkosten pro Stunde	45,20 DM	11,68 DM
Kosten pro Jahr		
Abschreibung	30 000,-- DM	44 700,-- DM
Zinsen auf das investierte Kapital	4 500,-- DM	6 705,-- DM
Raumkosten	2 800,-- DM	3 100,-- DM
Energie	5 962,-- DM	6 090,-- DM
Wartung und Instandhaltung	9 600,-- DM	15 500,-- DM
Lohn- und Lohnnebenkosten	162 600,-- DM	40 650,-- DM
Kosten pro Jahr	215 462,-- DM	116 745,-- DM
Kosten pro Stunde	59,85 DM	33,55 DM
Kosten pro 1 Mio. Stück Zigaretten	798,-- DM	254,16 DM
Ersparnis	543,84 DM = 68%	

*) Für die Bedienung von 4 Anlagen dieser Art sind in dem untersuchten Unternehmen insgesamt 1 Maschinenführer und 5 Arbeiterinnen notwendig (Mehrmaschinen-Bedienung)

Quelle: produktive Investitionen, hrsg. VDMA

Beispiel (2): Eine vollautomatisch arbeitende Transferstraße für den Karosseriebau des VW 1200 des Volkswagenwerkes in Wolfsburg.

Die Transferstraße, die 180 m lang ist, sparte 440 Arbeitskräfte ein. In der Presse hieß es dazu:

»Die einzelnen Karosserien werden mit etwa 300 Schweißpunkten versehen, exakter als es die am besten eingespielte Facharbeitermannschaft je könnte. Die automatische Steueranlage kennt keine Launen, ist nicht müde nach dem Feiertag, langweilt sich nicht und fällt nicht wegen Krankheit aus.«

e) Neue Werkstoffe:

Beispiel (1): Anwendung von Kunststoff
»Kunststoffe (Plastik) sind synthetische Werkstoffe. Sie werden immer häufiger an Stelle konventioneller Werkstoffe, wie Metall, Holz, Leder, Glas usw., verwendet. Ihr besonderer Vorteil liegt in der Einfachheit ihrer Verarbeitung. Nacharbeit, Oberflächenbearbeitung und Farbgebung entfallen weitgehend.« (28, Bd. 1, S. 561)

Wanne mit 60 Liter Inhalt
aus verzinktem Blech
45 Stück pro Stunde
30 Metallarbeiter
20 Metallverarbeitungsmaschinen und Zinkbad
25% Blechabfall

aus Kunststoff
60 Stück pro Stunde
1 angelernter Arbeiter
1 Kunststoffspritzgrußmaschine
geringer Abfall, der weiterverwendet werden kann.

Quelle: 28, Bd. 1, S. 562

Beispiel (2): Kunststoff – Spritzmaschine
»Seit 1930 hat sich die Kunststoffproduktion der Welt alle fünf Jahre verdoppelt. Die Kunststoffmaschinen haben an dieser Entwicklung sehr wesentlichen Anteil. Sie besorgen das Pressen, Spritzpressen, Extrudieren, Spritzgießen, bei dem fertige Formteile unter Druck in einem Arbeitsgang hergestellt werden. Die Spritzgießmaschine besteht aus Spritzeinheit und Schließeinheit. In der Spritzeinheit wird der zugeführte feste Kunststoff unter Einwirkung von Wärme und Druck in einen plastischen bis flüssigen Zustand gebracht. Die Formmasse wird dann durch eine Düse in die Höhlung des vorher geschlossenen Spritzgießwerkzeugs in der Schließeinheit eingespritzt und erstarrt. Durch die Weiterentwicklung von Spritzeinheit und Schließeinheit war in dem letzten Jahrzehnt eine erhebliche Leistungssteigerung möglich. So wurde die Verflüssigung der Formmasse verbessert und beschleunigt und der Vorgang des Einspritzens in das Spritzwerkzeug verkürzt. Gleichzeitig konnten die Verlustzeiten verringert und die Geschwindigkeit beim Öffnen und Schließen des Spritzgießwerkzeugs erhöht werden.
Ergebnis:
– Bei gleichbleibender Anzahl von Arbeitskräften stieg die Leistung um das Dreifache.
– Die Spritzkosten je Eimer wurden um 71% gesenkt.«

Wirtschaftlichkeitsvergleich

Ausgangsdaten		Spritzgießmaschine mit 450 Mp Schließkraft zur Herstellung eines 10-Liter-Eimers aus Kunststoff	
Baujahr		1957	1967
Anschaffungs- bzw. Wiederbeschaffungswert	Spritzgießmaschine	200 000,-- DM	190 000,-- DM
	Spritzgießwerkzeug	20 000,-- DM	35 000,-- DM
Nutzungsdauer	Spritzgießmaschine	5 Jahre	5 Jahre
	Spritzgießwerkzeug	3 Jahre	2 Jahre
Betriebsstunden/Jahr (Zwei-Schicht-Betrieb)		3 250	3 250
Leistung je Stunde		90 Eimer	360 Eimer
Arbeitskräfte je Schicht		1	1
Brutto-Stundenlohn		4,05 DM	4,05 DM

Spritzkosten je Fertigungsstunde		
Abschreibung	12,30 DM	11,70 DM
Zinsen auf das investierte Kapital	1,85 DM	1,75 DM
Raumkosten	0,40 DM	0,40 DM
Energie	5,-- DM	5,80 DM
Wartung und Instandhaltung	4,05 DM	3,80 DM
Werkzeugkosten	2,05 DM	5,40 DM
Lohnkosten	4,05 DM	4,05 DM
Lohnnebenkosten, Hilfs- und Betriebsstoffe	2,10 DM	2,10 DM
Spritzkosten je Stunde	31,80 DM	35,-- DM
Spritzkosten je Eimer	0,35 DM	0,10 DM
Ersparnis		0,25 DM = 71%

Quelle: produktive Investitionen, hrsg. VDMA

Beispiel (3): Montage – Wandsystem (Schalenbausteine)
Die Bautechnik hat ein neues Bausystem entwickelt, das bis zu 70% Arbeitszeiteinsparungen gegenüber dem »traditionellen« Mauerwerksbau erreichte. Zwischen der in althergebrachter Weise mit Mörtel und Kelle auf der Baustelle gemauerten Wand und der industriell hergestellten Beton-Fertigwand wurden rationelle neue Lösungen gefunden. Die auf dem Prinzip des Präzisions-Hohlsteines beruhende, auch Schalenbausteine genannten Hohlsteine haben vor allem vier Kennzeichen, aus denen sich das genannte System ableitet.
– »1. bestehen sie aus Leichtbeton wie Bims, Blähton oder dergleichen.
– 2. haben sie an ihren Lager- und Stoßflächen Paßformen nach dem Prinzip von Nut und »Feder«, durch die sie sich im Bauwerk mit den jeweils unter, über und neben ihnen sitzenden Nachbarsteinen »verzahnen«.

– 3. sind sie so maßgenau planparallel gefräst – zum Beispiel mit einer maximal zulässigen Höhenabweichung von nur einem halben Millimeter –, daß sie beim Einbau keiner Mörtelschichten zum Ausgleichen bedürfen.
– 4. haben sie senkrecht in gleichem Querschnitt durchgehende Hohlräume und waagerecht in gleichem Querschnitt durchgehende Aussparungen dergestalt, daß nach Montage zu einer ganzen Wand diese von einem exakten »Netzwerk« senkrechter und waagerechter Kanäle durchzogen ist.
Aus dem »guten alten« Baustein ist mit dem so gestalteten Präzisionsstein ein ausgesprochenes Konstruktionselement geworden, bei dessen vollautomatischer Massenfertigung im Fließbandsystem mit dem Einsatz einer eigens hierzu entwickelten Spezialmaschine erstmals Genauigkeitsmaßstäbe, wie sie sonst nur im Maschinenbau gelten, auf eine bauindustrielle Fertigung übertragen werden konnten.
Diese Präzision in Verbindung mit der erläuterten Konstruktion des Schalenbau- oder Hohlsteins erbrachten zwei in hohem Maße rationalisierende Konsequenzen. Mit Mörtel, Schnur und Wasserwaage wird nur noch die jeweils unterste Steinreihe gemauert. Von da ab bis zur obersten Reihe – ganz gleich, ob bei Bungalow oder Hochhaus – werden die Steine trocken auf- und aneinandergesetzt, wobei die genannten Paßelemente ein Fehlsetzen ausschließen. Der Bau wird dann also wandweise nur noch montiert, was ungelernte Arbeitskräfte besorgen können – zweckmäßigerweise allerdings unter fachlicher Oberaufsicht.
Ihren stofflichen Verbund erhalten die zur Wand montierten Hohlsteine erst durch das Einbringen von Füllbeton in die senkrechten und waagerechten Kanäle der Wand...
Die Hinse-Schalenbausteine sind genormt. Es gibt »ganze Steine«, »halbe Steine«, »dreiviertel Steine«, jeweils für drei verschiedene Hauswanddicken, und außerdem bauwerksbedingte Sonderformen, wie Ecksteine, Schlitzsteine (zur Aufnahme von Leitungen), Nischensteine (für Brüstungen) und dergleichen. Für den Architekten bedeutet diese Steinnormung die zweifellos willkommene Bindung an ein Rastermaß, im übrigen aber weitgehende Gestaltungsfreiheit – ganz im Gegensatz zum Fertigbausystem, das zudem immer nur bei Großserien möglich ist. Im Gegensatz dazu ist das Montage-Wandsystem auch bei Einzelbauprojekten rationell; es verlangt lediglich die Verfügbarkeit eines Krans. Zusätzliche Investitionen erfordert es nicht.«

Quelle: Frankfurter Rundschau, Nr. 297, 23.12.74

f) Bürotechnisierung

»Auch in den kaufmännischen und technischen Büros ändert sich die Arbeit. Hier dringen ebenfalls Maschinen vor, seien es Buchungs- oder Fakturierautomaten oder elektronische Rechenmaschinen. Typische Elemente der Fabrikarbeit, wie Arbeitsteilung, Maschinenbedienungsplätze, Platzgebundenheit, Schichtarbeit und Akkordbestandteile im Gehalt, werden auch im Büro üblich.« (28, Bd. 1, S. 562)

Beispiel (1): Statik durch Elektronenrechner
»Ein Unternehmen, welches Autobahn- und Eisenbahnbrücken baut, stellte seine statischen Berechnungen auf elektronische Datenverarbeitung um. Der Betrieb hat keinen eigenen Elektronenrechner, sondern benützt ein auswärtiges Rechenzentrum. Dort sind alle Grunddaten für statische Berechnungen gespei-

chert. Bei einem neuen Brückenbauauftrag werden die geologischen Daten ermittelt, aufbereitet und durch Fernschreiber an das Rechenzentrum gegeben. Von dort kommt in kurzer Zeit die fertige statische Berechnung wiederum über Fernschreiber zurück. Auf diese Weise wurden 40 hochqualifizierte Statiker eingespart.« (28, Bd. 1, S. 565)

Beispiel (2): Automatisierung im Postsparkassendienst
»Die Übernahme der Postsparkonten vom konventionellen Buchungsverfahren in den automatischen Dienst konnte bei beiden Postsparkassenämtern (Hamburg und München) zum Jahresende 1964 abgeschlossen werden. Es war damit zum erstenmal möglich, die Jahresabschlußarbeiten für sämtliche Konten einheitlich mit elektronischen Datenverarbeitungsanlagen durchzuführen.
Die Kapitalisierung der Zinsen wurde bei beiden Ämtern in insgesamt 17½ Stunden durchgeführt. Im herkömmlichen Verfahren wären hierfür rund 100 Kräfte während des ganzen Jahres erforderlich gewesen.
Die Berechnung der Nachtragszinsen infolge Änderung des Zinssatzes ab 1. März 1965 beanspruchte etwa die gleiche Zeit wie das Kapitalisieren der Zinsen. Im konventionellen Dienst hätten sich die Arbeiten bis zum Jahresende hingezogen.
Durch die Umstellung der Kontenführung auf das automatische Verfahren wurden insgesamt 506 Kräfte eingespart. Berücksichtigt man, daß die seit Beginn der Umstellungsarbeiten (Hamburg August 1961, München Januar 1963) eingetretene Verkehrssteigerung, insbesondere der Zugang von 1,91 Millionen Konten, ohne Personalvermehrung aufgefangen wurde, so ergibt sich hieraus eine kalkulatorische Ersparnis von weiteren 186 Arbeitsplätzen. Somit sind durch die Automatisierung 692 Arbeitsplätze eingespart worden, das sind etwa 35 Prozent.« (28, Bd. 1, S. 564/565)

Die Beschreibung ausgewählter Formen und Beispiele der Anwendung von »Technischem Fortschritt« läßt ahnen, daß auch zukünftig mit neuen tiefgreifenden Anwendungen des »Technischen Fortschritts« zu rechnen ist, soweit sie zur Erreichung der Unternehmensziele führen. Alle Beispiele machen jedoch anschaulich, daß mit weniger Menschen mehr produziert, größere wirtschaftliche Ergebnisse erzielt werden (Produktivitätssteigerung); aber nicht nur Arbeitskräfte »freigesetzt« wurden, sondern auch die Arbeitsbedingungen sich veränderten. So läßt sich zusammenfassend sagen, daß alle technischen Änderungen zwei gemeinsame Wirkungen haben: Es werden Arbeitskräfte eingespart und die Art der menschlichen Arbeit verändert sich. Die daraus resultierenden Wirkungen und Probleme müssen weiter unten wieder aufgegriffen werden.

6. *Tendenzen des »Technischen Fortschritts«*

Ob es zu einer weiteren Beschleunigung der technischen Entwicklung kommt, ist in der Wissenschaft umstritten. Geht man von den verschie-

denen Forschungsansätzen aus, weist die Geschwindigkeit technischer Neuerungen im Zeitablauf beträchtliche Veränderungen auf. Dies ist mit der Behauptung einer allgemeinen Beschleunigung der technischen Entwicklung nicht in Einklang zu bringen.
Kern schreibt hierzu:

»Dieses Ergebnis weist darauf hin, daß sich die sozio-ökonomischen Bedingungen des technischen Fortschritts im Zeitablauf verändern und dadurch sowohl Perioden der Beschleunigung als auch der Verzögerung auftreten.
In Westdeutschland waren vor allem die fünfziger Jahre durch einen sehr stark beschleunigten technischen Wandel charakterisiert. Die günstige Auftrags- und Gewinnlage der Unternehmen zusammen mit einer staatlichen Unterstützungspolitik lösten einen Investitionsschub aus, der zu einer enormen Verbesserung des durch Kriegseinflüsse beeinträchtigten Produktionsapparates führte. Dieser Innovationsstoß verlor aber mit zunehmender Normalisierung der Verhältnisse an Kraft. Die Entwicklung der Patenterteilungen und auch der Arbeitsproduktivität weisen auf eine verminderte Geschwindigkeit des technischen Fortschritts in den sechziger Jahren hin. Der weitere Fortgang der Entwicklung ist schwer vorauszusehen. Er wird sicher wesentlich davon beeinflußt werden, ob sich der hohe Grad der Konzentration und Monopolisierung in der westdeutschen Wirtschaft beschleunigend oder verzögernd auswirkt.« (74, S. 37)

Die Monopolisierung, so wird von vielen Autoren argumentiert, verringere die Geschwindigkeit des »Technischen Fortschritts«, weil der »Monopolkapitalismus« nicht mehr aus Konkurrenzgründen in dem Maße dazu getrieben werde, die Produktion ständig auszuweiten. Die Extraprofite der Monopole seien unter anderem der Einschränkung der Produktion und der Zurückhaltung technischer Verbesserungen zu verdanken. Deshalb hätten die Monopolunternehmen nicht mehr das gleiche Interesse wie die Unternehmen im Konkurrenzkapitalismus, den Produktionsapparat ständig zu erneuern.
Diesen Thesen widerspricht Horst Kern, wenn er sagt, diese Überlegungen würden der Tatsache nicht genügend Rechnung tragen, daß die Bedingungen der Kapitalverwertung im Monopolkapitalismus selbst Veränderungen aufweisen, die auf die Innovationsfreudigkeit (Innovation = Erneuerung, Entwicklung) der Großunternehmen zurückwirken. Für die Bundesrepublik ist nach Horst Kern die Situation zu Beginn der siebziger Jahre durch folgende Merkmale bestimmt:

»1. Verknappung der Arbeitskräfte und damit Zwang zur Sicherung angemessener Verwertungsbedingungen durch Steigerung der Arbeitsproduktivität; 2. Verringerung der Möglichkeiten einer territorialen Expansion und damit Zwang zur Erweiterung der Absatzchancen durch Erzeugung bzw. Eroberung neuer Märkte im Inland mit Hilfe technischer Neuerungen; 3. Verschärfung der internationalen

Konkurrenz (Eindringen amerikanischer Großunternehmen in Westeuropa; Ost-West-Wettbewerb) und damit Zwang zum Einsatz technischer Reserven. Diese Situation ist auch für monopolistische Unternehmen Anlaß, Innovationsmöglichkeiten systematisch zu suchen und auszunutzen. Die Geschwindigkeit des technischen Fortschritts wird deshalb vermutlich recht hoch bleiben, wenn auch die extremen Wachstumsraten der unmittelbaren Nachkriegszeit kaum wieder erreicht werden dürften.« (74, S. 38)

Diese Einschätzung von Horst Kern ist aufgrund der schwerer gewordenen Kapitalverwertungsbedingungen bei steigender wirtschaftlicher Konzentration um einige Aspekte zu erweitern. Bei zunehmender Oligopolisierung (nur wenige große Unternehmen beherrschen den Markt) findet kaum noch Preiswettbewerb statt. Das zwingt bei zunehmenden Absatzschwierigkeiten die Unternehmen dazu, wollen sie Gewinneinbußen vermeiden bzw. höhere Gewinne erzielen, ihre Kosten zu senken. Gehen wir von den jüngsten Erfahrungen aus, so scheinen bei zunehmenden Absatzschwierigkeiten die Grenzen des extensiven Wachstums erreicht zu sein. Dies führt zu einer Umorientierung in den Unternehmensentscheidungen: statt Erweiterungs- werden Rationalisierungsinvestitionen vorgenommen, was auf den Zwang zur Ausschöpfung der Möglichkeiten des »Technischen Fortschritts« verweist (technologische Konkurrenz). Dies bleibt nicht ohne Folgen für die Beschäftigung und Arbeitssituation der abhängig Beschäftigten. Waren in den letzten zwei Jahrzehnten bei steigenden Absatzmöglichkeiten, bei Produktionsausweitung und Arbeitskräfteknappheit die Anwendungen des »Technischen Fortschritts« extensiv, auf Kapazitätsausweitung gerichtet, so sind sie unter dem Druck zur Kostensenkung zwangsläufig intensiv (Rationalisierungsinvestitionen).

Dieser Zwang zur Einsparung von Arbeitskraft bedeutet bei einem langsameren Wirtschaftswachstum unter nicht veränderten Bedingungen, wie z.B. Arbeitszeitverkürzung, eine Zunahme der Arbeitslosigkeit.

Ein langsameres Wirtschaftswachstum in der Bundesrepublik in den nächsten Jahren würde vor allem zu Lasten der verarbeitenden Industrie gehen. Das ergibt sich aus Untersuchungen zur Arbeitsmarktentwicklung bis 1980, die das Institut für Arbeitsmarkt- und Berufsforschung der Bundesanstalt für Arbeit im April 1974 vorgelegt hat.

»Das Institut hat vier Varianten durchgerechnet. Die erste schreibt die bisherige Entwicklung fort, die übrigen drei nehmen zum Teil erhebliche Strukturverschiebungen aufgrund einer Verteuerung und Verknappung der Energie und eines langsameren Wachstums an. Die entsprechenden jährlichen Wachstumsraten gegenüber 1972 sind mit 4,7 Prozent, 4,0 Prozent, 2,5 Prozent und 1,0 Prozent angesetzt. Bei einem Wachstum von 4,7 Prozent steigt der Arbeitskräftebedarf nach den Berechnungen des Instituts bis 1980 um 750000 auf 27,2 Millionen, bei 4,0 Prozent Wachstum um 320000 auf 26,7 Millionen. Bei 2,5 Prozent Wachstum sinkt der Bedarf um 700000 auf 25,7 Millionen, bei 1,0 Prozent Wachstum sogar um 1,8 Millionen auf 24,6 Millionen Erwerbstätige. Das Angebot an deutschen Erwerbspersonen wird demgegenüber 1980 nicht höher sein als 1972. Daraus folgert das Institut, daß bei der Variante mit dem größten Wachstum mehr in- oder ausländische Arbeitskräfte gebraucht werden. Die Vier-Prozent-Variante ließe sich weitgehend mit der gegenwärtigen Ausländerzahl realisieren. Bei den zwei wachstumsschwachen Varianten müßte dagegen mit erheblichen Beschäftigungsrisiken, vor allem in der verarbeitenden Industrie, gerechnet werden. Da ungewiß ist, wie sich diese Beschäftigungsrisiken auf In- und Ausländer verteilen und welche arbeitsmarktpolitischen Maßnahmen bis 1980 ergriffen werden, hat das Institut in einem Alternativentableau zusätzlich Untervarianten vorgelegt. Das Institut sieht zwei arbeitsmarktpolitische Ansatzpunkte, um bei ungünstiger Entwicklung Beschäftigungseinbrüchen vorzubeugen. Der eine liegt in einer rascheren Verringerung der Arbeitszeit: mehr Urlaub, weniger Wochenarbeitsstunden. Den zweiten Ansatzpunkt bietet die Erwerbsbeteiligung der Bevölkerung.«

Quelle: Frankfurter Allgemeine Zeitung, Nr. 96, 25.4.74

Weitere Folgen für die abhängig Beschäftigten sind bei hoher Kapitalintensität eine Verschärfung ihrer Arbeitssituation. Neben der schon erwähnten technologischen Rationalisierung (Rationalisierungsinvestitionen) werden die Unternehmen organisatorische Rationalisierung vornehmen. Dies kann über folgende Wege geschehen:

Über systematisierte Arbeitsvorbereitung und Arbeitseinsatzplanung und daran anknüpfende Vornahme von Um- und Neuorganisationsmaßnahmen zur optimalen Nutzung der technischen Anlage und der menschlichen Arbeitskraft (Fließarbeit, Mehrstellenarbeit, Mehr-Maschinenbedienung, Erweiterung des individuellen Kontroll- oder Überwachungsbereichs).

Durch gezielten Einsatz wirksamerer kontroll-, leistungs- und konkurrenzfördernder Techniken und Verfahren (Leistungsbemessungs-, Leistungslohn-, Personalbeurteilungssysteme, Führungstechniken usw.).

Weiter über verstärkte Arbeitsteilung, Arbeitsstandardisierung, Arbeitszergliederung, Arbeitsvereinfachung und Spezialisierung der Arbeitskräfte auf Teilfunktionen und tendenziell kleiner werdende Ausschnitte eines Gesamtarbeitsganges.

Aber auch über Veränderung der Arbeitszeit, vorzugsweise durch Ausdehnung der Schicht- und Nachtarbeit.

Nach dem technischen Stand sind schon heute viel mehr Arbeitsvorgänge durch Maschinen ersetzbar. Nur Kostengesichtspunkte, d.h. die Rentabilität, verhindern ihre Einführung. Welche neue Techniken und Apparate zukünftig in Produktion und Verwaltung verwendet werden, hängt von den Kosten für Forschung, Entwicklung und Herstellung ab, vom Arbeitskräftepotential, von der Qualifikation der Arbeitskräfte und vom Absatz der zu produzierenden Güter. Hochmechanisierung und Automatisierung werden schließlich nicht nur von der Größe des Betriebes und der Mechanisierbarkeit der Produktionsprozesse beeinflußt, sondern auch vom Markt, der die Großserien standardisierter Güter aufnehmen kann.

Fragt man, welche Techniken und Apparate die Chance einer verbreiteten Anwendung haben, so ist mit einer verstärkten Anwendung von Elektronenrechnern zu rechnen. Machte der Computerbestand in der Bundesrepublik 1959 erst 94 und 1963 690 Computer aus, so wurden Mitte 1974 schon 11 463 Computer eingesetzt. Es ist damit zu rechnen, daß man in Bereichen, die man zunächst noch für ungeeignet hält, künftig Elektronenrechner verwenden wird; aber auch damit, daß die Rechengeschwindigkeit und auch die Variationsbreite der praktischen Anwendung verbessert wird. Die ökonomisch wichtigste Entwicklung der Computertechnik liegt in ihren zahleichen Kombinationsmöglichkeiten. So wird man zentrale Großanlagen mit kleineren, weitverteilten Anlagen koppeln, so daß sie über die Datenverarbeitung miteinander kommunizieren (Informationen austauschen) können, ohne daß eine Rückübersetzung in die menschliche Sprache nötig wäre.

Die Einführung elektronisch gesteuerter Prozesse wird sich nicht auf die Herstellung von Massenprodukten beschränken. Mit zunehmendem Gebrauch von numerisch gesteuerten Werkzeugmaschinen wird auch die Investitionsgüterproduktion mehr und mehr von der Automatisierung erfaßt werden. Die automatisierte Fertigung von Einzelteilen und kleinen Serien, die durch diese Maschinen möglich werden, ändert nicht nur die Bedeutung der alten Maschinenarbeiterberufe, sie erzwingt auch eine Neuorganisation der Betriebe und kann schließlich eine Umstrukturierung ganzer Industriezweige zur Folge haben.

Automatisierungsmöglichkeiten hängen stark von der Produktion ab, z.B. Produktion mit flüssigen oder gasförmigen Ausgangsstoffen lassen sich besser automatisieren als solche mit festen. Auch die Produktionen mit gleichartigen Produkten können leichter automatisiert werden als Fertigungen, deren Produkte sich aus vielen Einzelteilen zusammensetzen. Je vielfältiger und variabler die Bauteile, um so schwerer gelingt der Übergang auf höhere Mechanisierungsstufen. Im Verwaltungssektor zeigen sich ähnliche Differenzen. Nur diejenigen Prozesse der Informationsverarbeitung, die einer starken Standardisierung zugänglich sind, bieten die objektiven Voraussetzungen für automatisierte Verfahren. Soweit jedoch die Systematisierung von Bürofunktionen auf Schwierigkeiten stößt (Beispiel: Teile des Verkaufssektors durch Zwang zum individuellen Kundenservice; Teile des Abrechnungswesens durch die Kompliziertheit des Lohn-, Sozialversicherungs- und Steuersystems), erweist sich die Tendenz zur Mechanisierung und Automatisierung der Büroarbeit immer noch als schwach.

»Unter diesen Umständen ist der Hinweis wichtig, daß der moderne technische Fortschritt keineswegs durchgängig mit Automatisierungsvorgängen zusammenfällt. Die Einführung automatischer Verfahren ist zwar das qualitativ Neue der gegenwärtigen Entwicklungsphase. Doch es wird auch in absehbarer Zukunft in Produktion wie Verwaltung zentrale Bereiche geben, die sich der Automatisierung weitgehend entziehen und deren Entwicklung weiterhin durch konventionelle Rationalisierungs- und Mechanisierungsverfahren charakterisiert bleibt.« (74, S. 40)

V. »TECHNISCHER FORTSCHRITT« UND STRUKTURWANDEL

1. *»Technischer Fortschritt« und Beschäftigung*

Die weiter oben aufgeführten Beispiele des »Technischen Fortschritts« veranschaulichen, daß bei seiner Anwendung immer Produktivitätssteigerungen und damit verbunden Kostensenkungen erzielt wurden. Immer führte dies zu Veränderungen der Beschäftigtenstruktur. Hierüber herrscht auch Übereinstimmung, daß es im Wesen des »Technischen Fortschritts« liegt, Arbeitskraft bei steigender Produktion einzusparen. Unternehmen, die ihre Produktionsabläufe technisch verbessern, wollen Kosten sparen. Sie wollen die bisherige Produktionsmenge mit einer verringerten oder aber eine höhere Produktionsmenge mit der bisherigen Zahl von Beschäftigten herstellen. Die Anwendungen des »Technischen Fortschritts« können somit zu »technologischer Freisetzung« von Arbeitskräften führen: Diese Freisetzungen müssen aber nicht unbedingt Entlassungen, d.h. Arbeitslosigkeit, bedeuten. »Freisetzungen« bedeuten zunächst nichts anderes als die Einsparung menschlicher Arbeitskraft bezogen auf eine bestimmte Produktmenge. Beachtenswert ist weiter, daß durch technische Änderungen nicht nur die Arbeitskräfte der Betriebe betroffen sind, die selber rationalisieren, sondern auch noch andere. Deshalb wird zwischen »direkter« und »indirekter Freisetzung« unterschieden. Das wesentliche Merkmal der »direkten Freisetzung« liegt in dem Umstand, daß die Einsparung menschlicher Arbeitskraft unmittelbar dort erfolgt, wo rationalisiert wird. »Indirekte Freisetzungen« ergeben sich, wenn technische Änderungen nicht nur im rationalisierenden, sondern auch in vor- oder nachgelagerten Betrieben Arbeitskräfte einsparen. Wenn Unternehmen durch technische Änderungen ihren Material-, Energie- oder Kapitalverbrauch reduzieren, können Rückwirkungen und damit »indirekte Freisetzungen« in jenen Betrieben entstehen, die Vorprodukte oder Maschinen herstellen. Der Begriff »Freisetzung« ist eine rein rechnerische Größe und deckt sich nicht mit dem, was gemeinhin darunter verstanden wird, nämlich der Verdrängung der Arbeiter durch den »Technischen Fortschritt«, z.B. Verlust des Arbeitsplatzes, Berufswechsel oder gar Arbeitslosigkeit.

Diese rechnerische Größe – »Freisetzung« von Arbeitskräften durch Steigerung der Arbeitsproduktivität – läßt alle anderen möglichen Einflußgrößen zunächst unberücksichtigt, wie etwa Veränderungen der Produktion, Veränderungen der Arbeitszeit, Veränderungen der Wirtschafts- und der Beschäftigtenstruktur, die sich zusätzlich auf die Sicherheit des Arbeitsplatzes auswirken können.

Mit der sogenannten »Freisetzungsrechnung« versucht das Ifo-Institut allein die Auswirkungen des Produktivitätsfortschrittes auf die Zahl der benötigten Arbeitskräfte zahlenmäßig auszudrücken. Der Ansatz der Berechnung lautet:

Wieviel weniger Arbeitskräfte wären erforderlich gewesen, um die Produktion einer zurückliegenden Periode 1 (z.B. die Produktion des Jahres 1960) zu erbringen, wenn die höhere Arbeitsproduktivität einer späteren Periode 2 (z.B. die Arbeitsproduktivität im Jahre 1968) schon während der Periode 1 (also im Jahre 1960) vorhanden gewesen wäre?

Diese Rechnung führt zu einem hypothetisch (angenommen, vermutet) verringerten Arbeitskräftebedarf. Die Differenz zu den tatsächlich in der zurückliegenden Periode Beschäftigten ist die hypothetische »Freisetzung«.

Das Ifo-Institut hat für das Bundesgebiet für den Zeitraum 1960 bis 1967 folgende Freisetzungsziffern berechnet:

7,38 Millionen Beschäftigte, das bedeutet:

Wäre die Arbeitsproduktivität 1960 bereits so hoch gewesen wie 1967, dann hätten 26,09 minus 7,38 Millionen = 18,71 Millionen Beschäftigte für die Produktion 1960 ausgereicht, also 28,3 v.H. weniger.

Für den Zeitraum von 1967 bis 1980 schätzt das Ifo-Institut eine Freisetzung von 11,44 Millionen Beschäftigte. Das bedeutet:

Zur Produktion des Jahres 1967 wären bei einer Arbeitsproduktivität, wie sie voraussichtlich im Jahre 1980 erreicht ist, nicht 26,17 Millionen Beschäftigte erforderlich, sondern 14,73 Millionen, also 11,44 Millionen Beschäftigte weniger (= 44 v.H. aller 1967 Beschäftigten).

Sieht man von der Krise 1966/67 ab, führten diese »Freisetzungen« bis 1974 nicht zu hoher Arbeitslosigkeit. Die im Sinne der Rechnung des Info-Instituts »freigestellten Arbeitskräfte« konnten auf neugeschaffene Arbeitsplätze im gleichen Betrieb, in einem anderen Betrieb der gleichen Branche oder in einem anderen Wirtschaftszweig »umgesetzt« werden. Wenn die Bundesrepublik bis 1974 – vor allem seit 1960 – eine relativ niedrige Arbeitslosenquote aufwies, so lag das vor allem an zwei der »Freisetzung« entgegenwirkenden Entwicklungen:

1. dem Produktionswachstum, wodurch neue Beschäftigungsmöglichkeiten erschlossen wurden;
2. der Verringerung der Arbeitszeit, wodurch der Gesamtumfang der verfügbaren Arbeitsmenge eingeschränkt wurde.

Ohne diese Kompensationseffekte (Kompensation = Ausgleich) wäre also auch bis dahin eine zunehmende Arbeitslosigkeit nicht auszuschließen gewesen.

Seit 1974/75 erleben wir jedoch eine Konjunkturkrise, die, durch einschneidende Strukturkrisen verschärft, über eine Mio. Arbeitslose aufweist und diesen Trend zu unterbrechen scheint. Hieraus läßt sich unschwer ableiten, daß die latente Gefahr einer technologischen Arbeitslosigkeit nur dann gebannt werden kann, wenn die Produktion kontinuierlich ausgeweitet wird und/oder Arbeitszeitverkürzungen vorgenommen werden. Zu Recht meint Horst Kern:

»Ob das, was in der Vergangenheit gelang, auch in der Zukunft eintreten wird, ist freilich keineswegs gewiß. Vor allem darf als problematisch gelten, ob das kapitalistische System aus sich heraus jene Investitionsnachfrage sichern kann, die für ein ausreichendes Produktionswachstum und damit eine volle Aufnahme der Freigesetzten gegeben sein muß. Inwieweit hier langfristig eine Quelle der Stagnation und Unterbeschäftigung liegt, wird ganz wesentlich von der Wirksamkeit staatlicher Stützungsmaßnahmen abhängen.« (74, S. 48)

Jede wirkliche Freisetzung ist mit sozialen Konsequenzen für den Betroffenen verbunden. Konkret kann das mit dem Zwang zur Umschulung und Einarbeitung unter veränderten Arbeitsbedingungen, aber auch nicht selten mit Lohneinbußen verbunden sein und erfordert eine zum Teil erhebliche Mobilitätsbereitschaft und Anpassungsfähigkeit. Auch wenn die mit der Freisetzung verbundenen Umsetzungen auf neue Arbeitsplätze keineswegs durchgängig die Herausbildung neuer Qualifikationen erfordern, so bringt doch jede Umstellung für die Betroffenen Erschwernisse mit sich. Der Arbeiter wird mit neuen technischen und sozialen Gegebenheiten konfrontiert, die zwar qualitativ nichts Neues darstellen mögen, ihn aber gleichwohl vor die Aufgabe stellen, sich eine inhaltlich veränderte Umwelt zu erschließen.

Der Prozeß der Umsetzung stellt daher hohe Anforderungen, besonders an die Flexibilität der Betroffenen. Da aber eben diese Fähigkeit nicht unabhängig vom Alter zu sehen ist, erfahren die älteren Beschäftigten auch im Zusammenhang mit »Freisetzungen« am ehesten eine Benachteiligung. Ihre bisherige Berufserfahrung verliert an Bedeutung, und sie müssen nicht selten eine Umsetzung an einen einfacheren, weniger qualifizierten und schlechter bezahlten Arbeitsplatz hinnehmen.
In der nächsten Zeit ist eine größere Arbeitslosigkeit nicht auszuschließen, und für die Betroffenen ist es ein geringer Trost, wenn das Institut für Arbeitsmarkt- und Berufsforschung der Bundesanstalt für Arbeit zu dem Schluß kommt: »Auf längere Sicht nimmt der Arbeitskräftebedarf tendenziell stärker zu als in der Vergangenheit« – jedenfalls von 1980 an.
Für die abhängig Beschäftigten bleibt die Unsicherheit des Arbeitsplatzes eine permanente Gefahr. Sie wissen, daß eine Umsetzung sie zur Anpassung an veränderte Arbeitsbedingungen zwingt und den Erwerb neuer Qualifikationen erforderlich machen kann; daß Alter, nachlassende Leistungsfähigkeit, mangelnde Qualifikation usw. bei wirtschaftlichen Krisen, strukturellem Wandel und technischen Umstellungen auch heute noch den Verlust jedweder Arbeitsmöglichkeit bedeuten können.

2. »Technischer Fortschritt« und Wandel der Beschäftigtenstruktur

Über einen längeren Zeitraum konnte trotz beträchtlicher Freisetzungen bis 1974 ein vergleichsweise hohes Beschäftigungsniveau gehalten werden, was aber insbesondere den abhängig Beschäftigten ein hohes Maß an Flexibilität und Mobilitätsbereitschaft abverlangte. Arbeitsplätze wurden aufgelöst und mußten verlassen werden, neue wurden geschaffen, die besetzt werden mußten. Es kam zu Wanderungsbewegungen, die sich zwischen drei miteinander verschränkten Bewegungsebenen abspielten.

a) Verschiebungen zwischen den Wirtschaftssektoren

Im Verlauf der technischen Entwicklung ist es zu einer beträchtlichen Arbeitskräfteverschiebung zunächst aus dem primären Sektor (Land- und Forstwirtschaft), später auch aus dem sekundären Sektor (Industrie, Handwerk) in den tertiären Sektor (Dienstleistungen) gekommen.
Der primäre Sektor, seit Beginn der Industrialisierung gekennzeichnet durch einen langsamen, wenn auch bedeutsamen »Technischen Fortschritt«, umfaßt vor allem die Landwirtschaft. Der sekundäre Sektor, der wesentliche Teile der gewerblichen Produktion enthält, ist durch einen

schnellen technischen Fortschritt charakterisiert. Der tertiäre Sektor, zu dem Tätigkeiten im Handel, im Büro und Dienstleistungen aller Art gehören, ist dadurch gekennzeichnet, daß der »Technische Fortschritt« relativ gering ist. Empirische (aus Erfahrung abgeleitete) Daten über die Entwicklung der Kapitalintensität der letzten Jahre in verschiedenen

Entwicklung der Kapitalintensität[1])

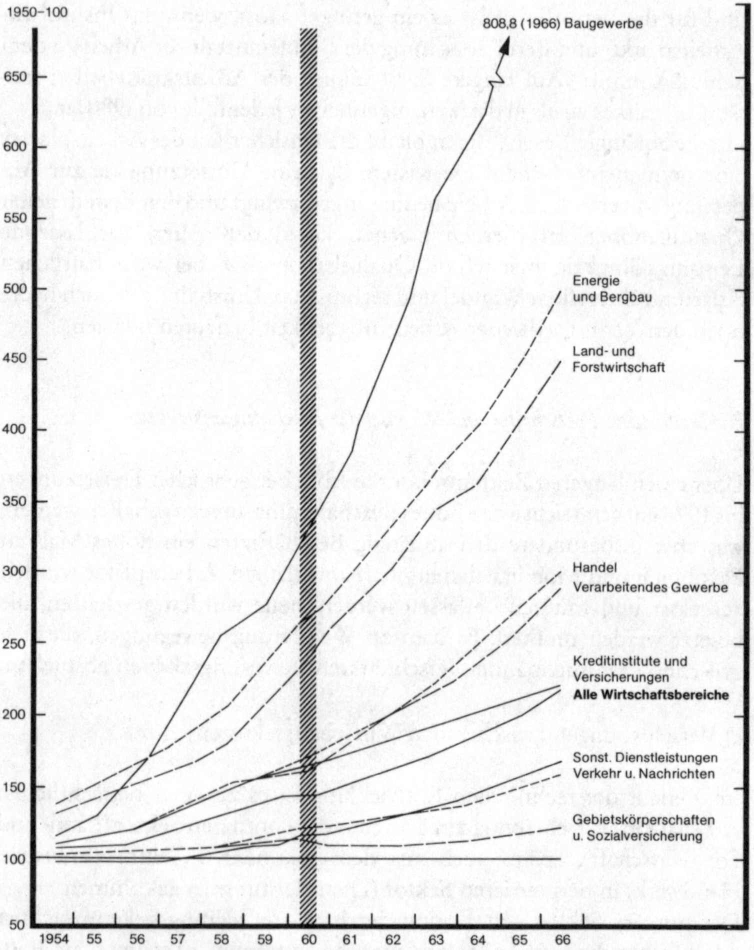

[1]) Bruttoanlagevermögen in Preisen von 1954 je Erwerbstätigenstunde im Bundesgebiet, ab 1960 einschl. Saarland und West-Berlin
Quelle: Kirner Wolfgang: Zeitreihen für das Anlagevermögen der Wirtschaftsbereiche in der Bundesrepublik Deutschland, Deutsches Institut für Wirtschaftsforschung. Beiträge zur Strukturforschung, Heft 5. Berlin 1968, Übersicht 29 und 42. Ifo-Institut für Wirtschaftsforschung.
IFO-INSTITUT für Wirtschaftsforschung München
Quelle: (65), S. 37

Die Verschiebungen innerhalb der Erwerbstätigenstruktur in der Bundesrepublik nach 1950 gehen aus der folgenden Statistik hervor:

Erwerbstätige nach Wirtschaftsbereichen[1]) (Jahresdurchschnitt)

Jahr	Land- und Forstwirtschaft		Produzierendes Gewerbe[2])		Handel und Verkehr[3])		Sonstige Wirtschaftsbereiche					
							zusammen		Dienstleistungen[4])		Staat, private Haushalte[5])[6])	
	in 1000	Anteil in vH	in 1000	Anteil in vH	in 1000	Anteil in vH	in 1000	Anteil in vH	in 1000	Anteil in vH	in 1000	Anteil in vH
1950	5 020	*24,6*	8 689	*42,6*	2 918	*14,3*	3 749	*18,4*				
1955	4 285	*18,5*	10 824	*46,6*	3 702	*15,9*	4 419	*19,0*				
1960	3 623	*13,8*	12 518	*47,7*	4 515	*17,2*	5 591	*21,3*	3 339	*12,7*	2 252	*8,6*
1961	3 545	*13,3*	12 785	*48,1*	4 582	*17,2*	5 679	*21,4*	3 393	*12,8*	2 286	*8,6*
1962	3 307	*12,4*	12 914	*48,4*	4 629	*17,3*	5 840	*21,9*	3 489	*13,1*	2 351	*8,8*
1963	3 144	*11,8*	12 951	*48,4*	4 710	*17,6*	5 939	*22,2*	3 534	*13,2*	2 405	*9,0*
1964	3 002	*11,2*	12 958	*48,4*	4 711	*17,6*	6 082	*22,7*	3 621	*13,5*	2 461	*9,2*
1965	2 876	*10,7*	13 138	*48,8*	4 729	*17,6*	6 144	*22,9*	3 633	*13,5*	2 511	*9,3*
1966	2 790	*10,4*	13 013	*48,6*	4 742	*17,7*	6 256	*23,3*	3 737	*13,8*	*2 571*	*9,5*
1967	2 638	*10,2*	12 276	*47,3*	4 670	*18,0*	6 366	*24,5*	3 813	*14,7*	2 553	*9,8*
1968	2 523	*9,7*	12 360	*47,6*	4 633	*17,8*	6 452	*24,9*	3 916	*15,1*	2 536	*9,8*
1969	2 395	*9,1*	12 791	*48,5*	4 642	*17,6*	6 528	*24,8*	3 976	*15,1*	2 552	*9,7*
1970	2 262	*8,5*	13 024	*48,8*	4 655	*17,5*	6 727	*25,2*	4 114	*15,4*	2 613	*9,8*
1971	2 101	*7,9*	12 995	*48,8*	4 725	*17,7*	6 829	*25,6*	4 147	*15,5*	2 682	*10,1*
1972	1 953	*7,4*	12 829	*48,5*	4 772	*18,0*	6 909	*26,1*	4 213	*15,9*	2 969	*10,2*
1973	1 812	*6,8*	12 807	*48,3*	4 818	*18,2*	7 059	*26,6*				

1) Bis 1955 ohne Berlin
2) Energiewirtschaft (einschließlich Wasserversorgung) und Bergbau, Verarbeitendes Gewerbe, Baugewerbe
3) Einschließlich Nachrichtenübermittlung
4) Kreditinstitute und Versicherungsgewerbe, Wohnungsvermietung, sonstige Dienstleistungen
5) Gebietskörperschaften und Sozialversicherung, häusliche Dienste und private Organisationen ohne Erwerbscharakter
6) Einschließlich Soldaten

Quelle: Leistung in Zahlen '73, S. 15, Hrsg. Bundesministerium für Wirtschaft

Wirtschaftsbereichen zeigen, daß diese Aussagen der allgemeinen Tendenz nach heute noch zutreffen. Die Grafik »Entwicklung der Kapitalintensität« belegt, daß im Gegensatz zum Baugewerbe und anderer industrieller Bereiche, die privaten und öffentlichen Dienstleistungen eine sehr viel geringere Kapitalintensität aufwiesen.
Diese Umschichtung in der Beschäftigtenstruktur, die die Statistik zeigt, beruht auf Disproportionalitäten (Mißverhältnissen) zwischen den Produktivitäts- und Nachfragesteigerungen in den verschiedenen Sektoren. Im primären Sektor schrumpft die Zahl der Beschäftigten, weil hier recht große Produktivitätssteigerungen möglich sind, gleichzeitig aber die relative Nachfrage nach den Produkten dieses Sektors stark nachläßt. Im sekundären Sektor bieten sich zur technischen Weiterentwicklung besonders gute Möglichkeiten, so daß enorme Produktivitätsfortschritte eintreten, die weit über den an sich sehr hohen Nachfragesteigerungen liegen. Die so freiwerdenden Arbeitskräfte wanderten überwiegend in den tertiären Sektor ab, der sich durch geringe Produktivitäts- und hohe Nachfragesteigerung auszeichnet.
Was die Verhältnisse in der Bundesrepublik anbelangt, so die Statistik, ist festzustellen, daß bisher vor allem die Personalabwanderung aus dem primären Sektor voll wirksam geworden ist. Die Zahl der Beschäftigten im sekundären Sektor zeigt erst in neuerer Zeit eine leicht abfallende Tendenz. Dieser Bereich wird deshalb auch in der näheren Zukunft seine dominierende Rolle behalten. Das Beschäftigtenwachstum im tertiären Bereich ist auch in der Bundesrepublik sehr hoch und nimmt tendenziell zu. Die Verschiebungen innerhalb der Sektoren, gemessen am Beitrag zum Sozialprodukt, verlaufen nicht unbedingt parallel zum Wandel der Erwerbsstruktur. Einen zunächst groben Anhaltspunkt bieten uns dafür die Grafiken »Wandel der Produktionsstruktur« und »Wandel der Erwerbstätigenstruktur«:

Wandel der Produktionsstruktur*)

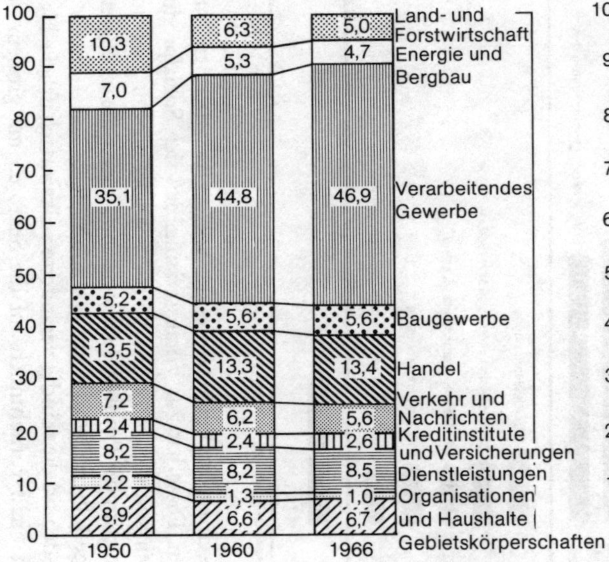

*) Anteile am Bruttoinlandsprodukt in Preisen von 1954 in %. Bundesgebiet, ab 1960 einschl. Saarland und West-Berlin.
Quelle: Statistisches Bundesamt.
IFO-INSTITUT für Wirtschaftsforschung München
Quelle: (65, S. 27)

Wandel der Erwerbstätigenstruktur*)

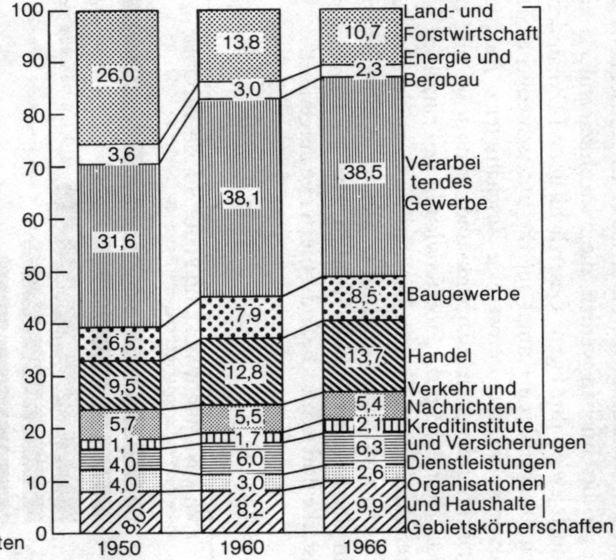

*) Anteile an der Zahl der Erwerbstätigen in %. Bundesgebiet, ab 1960 einschl. Saarland und West-Berlin.
Quelle: Statistisches Bundesamt, Ifo-Institut für Wirtschaftsforschung.
IFO-INSTITUT für Wirtschaftsforschung München

Der Wandel der Beschäftigtenstruktur kann als Konsequenz aus zwei Entwicklungen beschrieben werden, die zwar miteinander zusammenhängen, jedoch jeweils ihre eigene Gesetzlichkeit und Dynamik besitzen. Er läßt sich zurückführen einmal auf die unterschiedliche Steigerung der Produktivität (Produktionswert je Beschäftigten). Aufgrund verschieden starker und verschieden wirksamer technischer und organisatorischer Fortschritte steigt die Produktivität in den einzelnen Branchen in sehr unterschiedlichem Tempo. Die stark voneinander abweichenden Produktivitätsentwicklungen macht das Schaubild »Produktivitätsentwicklung in der Bundesrepublik« deutlich. Hier sind beispielhaft produktivitätsstarke und -schwache Industriezweige aufgeführt.

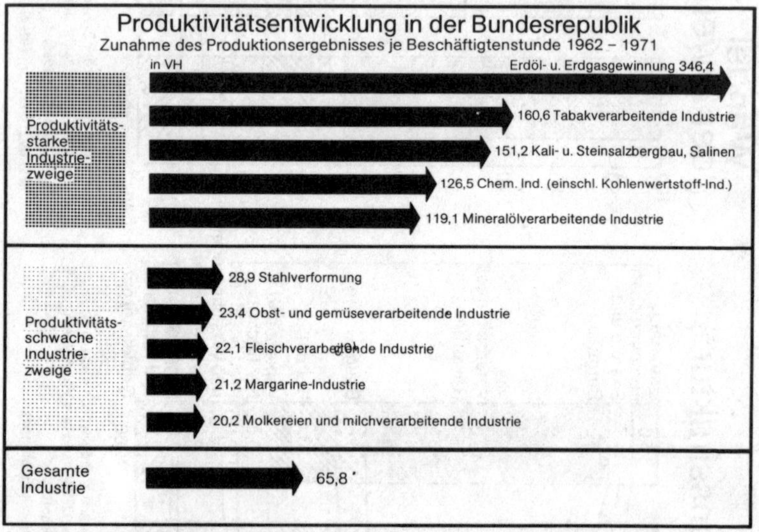

Quelle: Staatsbürgerliche Arbeitsmappe, Zahlenbild 349 110

Zum anderen ist die Veränderung der volkswirtschaftlichen Nachfrage zu beachten. Diese hat zur Voraussetzung, daß sich Sozialprodukt und Individualeinkommen erhöhen. Dies ist wiederum nur in dem Maße möglich, in dem die Produktivität steigt und damit die erzeugten Güter und bereitgestellten Dienstleistungen zunehmen.

Die steigende und die ständig veränderte volkswirtschaftliche Nachfrage richtet sich nicht vornehmlich auf die Sektoren mit großem, sondern im Gegenteil in zunehmendem Maße auf die Bereiche mit geringem Produktivitätsfortschritt. Die Bedürfnisse nach primären Gütern (z.B.

Lebensmitteln), nach sekundären Gütern (Industrieprodukte) und tertiären Gütern (vor allem Dienstleistungen) entwickeln sich nicht parallel zur jeweils unterschiedlichen Steigerung der Leistungsfähigkeit (der Produktivität) in den einzelnen Sektoren. Es kommt im Zuge der Entwicklung zu großen Umschichtungen in der Wirtschaft und in der Gesellschaft, zu großen Verschiebungen von Arbeitskräften von den Sektoren, die stärkere Produktivitätssteigerungen aufweisen und nur gering von der zunehmenden Konsumkraft profitieren, zu den Sektoren mit starker Nachfragevermehrung und geringem Produktivitätsfortschritt. So genügt in technisch fortgeschrittenen Ländern eine relativ geringe Zahl von Beschäftigten in der Landwirtschaft, um die Ernährungsbedürfnisse zu befriedigen. Auch der ungeheuer gewachsene und ständig weiter wachsende Bedarf an Industriegütern kann mit einer niedrigen Zahl von Menschen im sekundären Bereich gedeckt werden. Dagegen kann der ebenfalls wachsende Bedarf im tertiären Sektor (Dienstleistungen), da es hier bis jetzt nur beschränkte Technisierungsmöglichkeiten gibt, nur dadurch gedeckt werden, daß immer mehr Menschen in ihm beschäftigt werden.
Eine zunächst oberflächliche Schlußfolgerung aus diesen Trends besagt, daß immer mehr Beschäftigte im Bereich der industriellen Produktion keine Verwendung mehr finden werden oder sich umstellen müssen auf eine Tätigkeit im stark expandierenden Dienstleistungssektor. Damit verbunden ist auch ein Trend in allen hochindustrialisierten Ländern, den wir noch differenzierter darzustellen haben, daß die Zahl der Angestellten und Beamten sehr viel schneller gewachsen ist als die Industriearbeiterschaft, deren prozentualer Anteil an der erwerbstätigen Bevölkerung sinkt.
In kapitalistisch-marktwirtschaftlichen Systemen resultieren aus diesen Strukturveränderungen eine Fülle von Problemen, die neben den beschäftigungspolitischen vorwiegend verteilungspolitischer Natur sind. In wachsenden Wirtschaften mit steigendem Einkommen steigen auch die Einkommen im Dienstleistungssektor, der zu den produktivitätsschwachen Sektoren gehört. Damit steigen hier tendenziell die Kosten und verteuern die Dienstleistungen. Dies gilt auch für die öffentlichen Dienstleistungen, die zunehmend an Bedeutung gewonnen haben und sich ausweiten werden, so daß hierfür zunehmend mehr Mittel benötigt werden, die aus dem privaten in den öffentlichen Bereich verlagert werden müssen. Diese Probleme sind an anderer Stelle noch einmal aufzugreifen.

b) Verteilung der Erwerbstätigen auf Wirtschaftszweige (Branchen)

Hatten wir zunächst das Augenmerk auf die Veränderung der Beschäftigung zwischen den Wirtschaftssektoren (intersektoral) gelenkt, so sollen die folgenden Ausführungen zeigen, wie sich diese Entwicklung in den Sektoren (intrasektoral) vollzogen hat, welche Strukturveränderungen sich insgesamt zwischen den Wirtschaftsbereichen ergaben.
Die folgenden Daten sind einer Untersuchung des Instituts für Arbeitsmarkt- und Berufsforschung der Bundesanstalt für Arbeit entnommen, die 1974 veröffentlicht wurde und einen ersten Überblick über »Die Verteilung der Erwerbstätigen auf Wirtschaftszweige und Berufe in den Jahren 1950, 1961 und 1970« vermittelt und über die sich zwischen diesen Zeitpunkten vollzogenen Veränderungen informiert. (Veröffentlicht in: Mitteilungen aus der Arbeitsmarkt- und Berufsforschung, 7. Jg., H. 4/1974, S. 342-361.) Die Untersuchung basiert auf den Ergebnissen der Volkszählung von 1970.
Nach dieser Untersuchung stellte sich die Verteilung der Erwerbstätigen auf die Wirtschaftsabteilungen so dar:

Verteilung der Erwerbstätigen nach Wirtschaftsabteilungen

Wirtschaftsabteilung	1950	1961	1970
0 Land- und Forstwirtschaft, Tierhaltung und Fischerei	22,1	13,5	7,6
1 Energiewirtschaft und Wasserversorgung Bergbau	3,5	3,0	2,0
2 Verarbeitendes Gewerbe	30,9	37,6	39,4
3 Baugewerbe	7,9	7,7	7,7
4 Handel	8,8	11,8	12,3
5 Verkehr und Nachrichtenübermittlung	5,5	5,6	5,5
6 Kreditinstitute und Versicherungsgewerbe	1,0	1,7	2,6
7 Dienstleistungen	8,3	11,2	13,3
8 Organisationen ohne Erwerbscharakter und private Haushalte	3,8	2,0	1,3
9 Gebietskörperschaften und Sozialversicherungen	6,0	5,5	8,1[1)]
10 ohne Angabe	2,2	0,4	0,2
	100,0	100,0	100,0

1) einschl. Soldaten.
(In: 45, S. 343)

Wie man aus dieser Übersicht ersehen kann, ist die Verteilung 1950 charakterisiert durch einen vergleichsweise hohen Anteil der Beschäftigten in der Land- und Forstwirtschaft und durch einen vergleichsweise geringen Anteil am verarbeitenden Gewerbe. Aus den danebenstehenden Strukturen der Jahre 1961 und 1970 kann man unschwer erkennen, daß sich in dem hier beobachteten Jahrzehnt beträchtliche Veränderungen ergeben haben. Allerdings ist festzustellen, daß als gebende und als nehmende Wirtschaftsbereiche nur wenige in Betracht kommen: Abgegeben haben – in zum Teil erheblichen Größenordnungen: Land- und Forstwirtschaft, Energie und Bergbau und Organisationen ohne Erwerbscharakter und private Haushalte.

Aufgenommen haben insbesondere: verarbeitendes Gewerbe, Handel, Dienstleistungen und das Kredit- und Versicherungsgewerbe.

Beschäftigten-Veränderung 1950–1961 nach Wirtschaftsbereichen

Die folgenden Ausführungen sollen zeigen, daß sich diese Veränderungen weiter differenzieren (unterscheiden) lassen und welche Schwerpunkte der wirtschaftlichen Entwicklung sich für diesen Zeitraum ableiten lassen.

Die Veränderungsraten der Beschäftigten in den einzelnen Wirtschaftsbereichen zwischen 1950 und 1961 zeigten folgende Entwicklung.

Den stärksten Rückgang weisen auf:

Private Haushalte	– 52,4 %
Landwirtschaft usw.	– 39,6 %
Kirchen und Verbände	– 38,7 %
Lederverarbeitung usw.	– 29,1 %
Kohlenbergbau	– 22,2 %
Bekleidungsgewerbe usw.	– 21,7 %
Eisenbahnen	– 19,5 %
Sägewerke, Holzverarbeitung	– 19,1 %

Es handelt sich überwiegend um Wirtschaftszweige mit geringer Produktivität. Der Rückgang im Kohlenbergbau ist allerdings auf andere Ursachen zurückzuführen.

Zugenommen haben insbesondere:

Elektrotechnik	+ 120,5 %
Kunststoffverarbeitung	+ 110,7 %
Kreditinstitute	+ 81,8 %
Metall- und Leichtmetallbau	+ 76,0 %
Dienstleistungshandwerk	+ 58,3 %
Fahrzeugbau	+ 55,1 %
Druckerei- und Vervielfältigungsgewerbe	+ 50,5 %
Gaststätten- und Beherbergungsgewerbe	+ 49,2 %
Eisen- und Metallerzeugung	+ 39,0 %
Chemische Industrie	+ 37,7 %

Handel	+ 35,3%
Stahlverformung usw.	+ 30,7%
Maschinenbau usw.	+ 22,0%

(Aus 45, S. 344)

»Vergleicht man die vorstehenden Auflistungen, so fällt auf, daß die Entwicklung im verarbeitenden Gewerbe doch nicht völlig einheitlich verlaufen ist, wie man es aus der globalen Veränderung des Beschäftigtenanteils (30,9% auf 37,6%) vielleicht schließen könnte.
Wirtschaftsbereiche des verarbeitenden Gewerbes findet man sowohl bei den schrumpfenden als auch bei den expandierenden Bereichen. Schrumpfende Bereiche sind insbesondere solche, deren Verarbeitungsstoffe zunehmend durch andere substituiert werden (Holz, Leder, Textil usw.) und die häufig eine arbeitsintensive Fertigungsweise mit geringer Produktivität aufweisen.
Die expandierenden Bereiche findet man insbesondere in der Investitionsgüterindustrie, aber auch bereits im Handel, Kredit- und Versicherungsgewerbe und einigen Dienstleistungsbereichen.
Diese Entwicklung ist einerseits kennzeichnend für die Wiederaufbauphase nach dem Krieg, sie läßt aber auch – als Folge des doch relativ großen Beobachtungszeitraumes von 11 Jahren – die Überleitung zu einer künftig doch etwas anders strukturierten Entwicklung erkennen, durch die sich bereits abzeichnende Beschäftigtenzunahme im Dienstleistungsbereich.« (45, S. 344)

Beschäftigten-Veränderung 1961 bis 1970 nach Wirtschaftsbereichen

Während die Beschäftigtenzahl von 1950 bis 1961 um ca. 13% zugenommen hat, hat sie in der zweiten Dekade von 1961 bis 1970 stagniert. Dabei hat die Zahl der ausländischen Arbeitskräfte von 459 000 in 1961 auf 1,716 Mio. in 1970 zugenommen. Die Zahl der inländischen Erwerbstätigen ging also merklich zurück.
Hinter diesen in etwa gleichhohen Beschäftigtenzahlen verbirgt sich aber wieder eine Vielzahl von Umschichtungen zwischen den einzelnen Wirtschaftsbereichen, wenngleich diese in der Regel von etwas geringerer Größenordnung sind als die Umschichtungen im ersten Jahrzehnt und das Gesamtbild auch differenzierter wirkt. Die Grobstrukturen zeigen zunächst die gleiche Veränderungstendenz.

»Eine detailliertere Analyse zeigt allerdings doch einige erhebliche Abweichungen gegenüber den Veränderungen in der ersten Dekade.
Abgebende Bereiche sind insbesondere:

Private Haushalte	– 61,9%*
übriger Bergbau, Erdölgewinnung	– 54,2%
Land- und Forstwirtschaft usw.	– 45,4%*
Kohlenbergbau	– 46,2%*
Lederherstellung usw.	– 25,1%*
Textilgewerbe	– 20,6%
Eisenbahnen	– 20,5%*

Fleischerei	– 20,1 %
Gießerei	– 18,4 %
Stahlverformung	– 17,5 %
Gewinnung von Steinen und Erden	– 16,3 %
Bekleidung usw.	– 16,0 %*
Sägewerke, Holzverarbeitung	– 11,2 %*
Eisen- und Stahlerzeugung	– 5,5 %

Man sieht, daß die Bereiche, die bereits in der ersten Dekade Beschäftigte abgegeben haben (mit * gekennzeichnet), auch zwischen 1961 und 1970 weiter geschrumpft sind. Auffallend ist aber, daß die hinzugekommenen Bereiche mit negativer Veränderungsrate überwiegend im verarbeitenden Gewerbe liegen, und zwar zu einem nicht unerheblichen Teil in der Grundstoff- und Produktionsgüterindustrie.

Von den 24 in der Untersuchung ausgewiesenen Wirtschaftsbereichen des verarbeitenden Gewerbes hatten im Zeitraum 1950 bis 1961 nur fünf Bereiche (insbesondere Holz, Leder, Bekleidung) negative Veränderungsraten. Im Zeitraum von 1961 bis 1970 sind es dagegen 14 Bereiche.

Expandierende Bereiche nach der Zahl der Beschäftigten sind insbesondere:

Architektur-, Ingenieurbüros	+ 56,6 %
Kreditinstitute	+ 51,6 %
Kunststoffverarbeitung usw.	+ 45,1 %
Wissenschaft, Bildung usw.	+ 39,3 %
Versicherungsgewerbe	+ 39,2 %
Rechts- und Wirtschaftsberatung	+ 35,0 %
Gesundheitswesen usw.	+ 30,9 %
Fahrzeugbau usw.	+ 30,0 %
EBM-Warenherstellung	+ 29,3 %
Stahl- und Leichtmetallbau	+ 29,8 %
Elektrotechnik	+ 22,1 %
Chemische Industrie	+ 21,9 %
Maschinenbau usw.	+ 13,0 %

Während die Skala der aufnehmenden Bereiche im Zeitraum von 1950 bis 1961 deutlich von den Wirtschaftszweigen des verarbeitenden Gewerbes geprägt war, haben sich inzwischen in erheblichem Umfang Dienstleistungsbereiche (im weiteren Sinne) nach vorne geschoben: Planende, administrative und beratende Bereiche, Wissenschaft, Bildung und Gesundheitswesen haben die stärksten relativen Zugänge zu verzeichnen. Aber auch die verbleibenden Zweige des verarbeitenden Gewerbes haben nochmals kräftig expandiert. Es sind dies die bisherigen Wachstumsindustrien Chemie, Kunststoffverarbeitung, Fahrzeugbau und Elektrotechnik.«

Beschäftigten-Veränderung 1950 bis 1970 nach Wirtschaftsbereichen

»Wegen der zum Teil gegenläufigen Entwicklungen und um die Größenordnungen der in den letzten 20 Jahren insgesamt eingetretenen Veränderungen sichtbar zu machen, sollen abschließend einige bemerkenswerte Ergebnisse hervorgehoben werden:

Auffällige Veränderungen hat es nicht nur relativ, sondern auch absolut gegeben. So verloren beispielsweise von 1950 bis 1970 an Beschäftigten:

Landwirtschaft usw.	3 190 153 bzw. – 67,5 %
Private Haushalte	504 176 bzw. – 81,7 %
Kohlenbergbau	305 799 bzw. – 57,5 %

Bekleidungsgewerbe usw.	192024 bzw. – 34,2%
Eisenbahnen	157950 bzw. – 36,1%
Lederherstellung usw.	138978 bzw. – 46,9%

Hinzugewonnen haben in diesen 20 Jahren:

Handel	1187699 bzw. + 39,7%
Elektrotechnik	793171 bzw. + 169,2%
Maschinenbau	743966 bzw. + 37,8%
Fahrzeugbau usw.	472478 bzw. + 101,6%
Wissenschaft, Bildung usw.	407937 bzw. + 71,9%
Gesundheitswesen usw.	338799 bzw. + 55,3%
Kreditinstitute	292014 bzw. + 175,6%

Neben diesen gravierenden Veränderungen sind praktisch alle anderen Bereiche von Zu- oder Abnahmen betroffen. Nur im Bauhauptgewerbe ist die Erwerbstätigenzahl bemerkenswert konstant geblieben. Die Veränderung seiner Beschäftigtenzahl von 1,352 Millionen in 1950 auf 1,516 Millionen in 1970 hat nur die allgemeine Zunahme der Erwerbsbevölkerung mitgemacht; mit anderen Worten, sein Anteil an den Beschäftigten blieb mit etwa 7,7% über die Zeit hinweg konstant.

Es bleibt festzuhalten:

– Die Umschichtungen zwischen den Wirtschaftsbereichen waren von 1950 bis 1961 größer als von 1961 bis 1970.

– Zugenommen haben von 1950 bis 1961 primär die Zweige des verarbeitenden Gewerbes, von 1961 bis 1970 lagen dagegen deutlich Dienstleistungsbereiche und typische Wachstumsindustrien an der Spitze.« (45, S. 345)

Zusammenfassend läßt sich sagen: Vom absoluten Umfang her waren die Veränderungen von 1950 bis 1961 zwischen den Wirtschaftszweigen größer als in dem folgenden Jahrzehnt von 1961 bis 1970. Bei den Wirtschaftszweigen sind in beiden Jahrzehnten die Bereiche Landwirtschaft und private Haushalte am stärksten geschrumpft. Sie gaben insgesamt rund 3,7 Mio. Erwerbstätige ab. Hinzugewonnen haben im ersten Jahrzehnt das Verarbeitende Gewerbe und der Handel. Im zweiten Jahrzehnt lagen die Dienstleistungen und die bisherigen Wachstumsindustrien an der Spitze.

c) Veränderungen der Berufsstruktur

Geht man von den gesamten Erwerbstätigen aus, so waren 1973 26,5 Mio. Menschen erwerbstätig. Davon waren 22,5 Mio., also rund 85%, abhängig Beschäftigte. Die Gruppe der abhängig Beschäftigten ist, wie die Statistik »Erwerbstätige nach der Stellung im Beruf« zeigt, von 14 Mio. in 1950 (68,5%) auf 22,5 Mio. (84,9%) gewachsen. Umgekehrt ist die Zahl der Selbständigen einschließlich der mithelfenden Familienangehörigen von 6,4 Mio. (31,5%) auf 4 Mio. (15,1%) zurückgegangen.

Erwerbstätige nach der Stellung im Beruf[1]) (Jahresdurchschnitt)

	Erwerbstätige[2]) insgesamt	Selbständige		Mithelfende Familienangehörige		Abhängig Beschäftigte[2])	
Jahr	in 1000	in 1000	Anteil in vH	in 1000	Anteil in vH	in 1000	Anteil in vH
1950	20 376	3 245	*15,9*	3 168	*15,6*	13 963	*68,5*
1955	23 230	3 215	*13,8*	2 855	*12,3*	17 160	*73,9*
1960	26 247	3 284	*12,5*	2 632	*10,0*	20 331	*77,5*
1961	26 591	3 238	*12,2*	2 623	*9,9*	20 730	*77,9*
1962	26 690	3 163	*11,9*	2 495	*9,3*	21 032	*78,8*
1963	26 744	3 103	*11,6*	2 380	*8,9*	21 261	*79,5*
1964	26 753	2 996	*11,2*	2 273	*8,5*	21 484	*80,3*
1965	26 887	2 923	*10,9*	2 206	*8,2*	21 757	*80,9*
1966	26 801	2 921	*10,9*	2 115	*7,9*	21 765	*81,2*
1967	25 950	2 889	*11,1*	2 007	*7,7*	21 054	*81,1*
1968	25 968	2 813	*10,8*	1 972	*7,6*	21 183	*81,6*
1969	26 356	2 749	*10,4*	1 855	*7,0*	21 752	*82,5*
1970	26 668	2 690	*10,1*	1 732	*6,5*	22 246	*83,4*
1971	26 650	2 639	*9,9*	1 615	*6,1*	22 396	*84,0*
1972	26 463	2 561	*9,7*	1 562	*5,9*	22 340	*84,4*
1973	26 496	2 543	*9,6*	1 459	*5,5*	22 494	*84,9*

1) Bis 1955 ohne Berlin
2) Einschließlich Soldaten
Quelle: Leistung in Zahlen '73, Hrsg. Bundesministerium für Wirtschaft, 1974, S. 14

Neben dem Rückgang der Selbständigen und der Zunahme der abhängig Beschäftigten unter den Erwerbspersonen ist auch innerhalb der abhängig Beschäftigten eine Veränderung zu verzeichnen. Der Anteil der Arbeiter hat sich verringert, während der Anteil der Angestellten und Beamten zugenommen hat.

Abhängig Beschäftigte

JD [1])	Abhängige insgesamt [2]) 1000	Abhängige insgesamt [2]) %	Beamte [2]) 1000	Beamte [2]) %	Angestellte 1000	Angestellte %	Arbeiter 1000	Arbeiter %
1950	13 963	–	852	6,1	3 211	23,0	9 900	70,9
1951	14 580	+4,4	907	6,2	3 405	23,3	10 268	70,4
1952	15 055	+3,3	952	6,3	3 568	23,7	10 535	69,9
1953	15 645	+3,9	1 032	6,6	3 770	24,1	10 843	69,3
1954	16 280	+4,1	1 090	6,7	3 980	24,4	11 210	68,8
1955	17 160	+5,4	1 099	6,4	4 272	24,9	11 789	68,7
1956	17 805	+3,6	1 159	6,5	4 511	25,3	12 135	68,1
1957	18 317	+2,9	1 227	6,7	4 708	25,7	12 382	67,6
1958	18 519	+1,1	1 296	7,0	5 019	27,1	12 204	65,9
1959	18 865	+1,9	1 377	7,3	5 245	27,8	12 243	64,9
1960	20 252	–	1 500	7,4	5 811	28,7	12 941	63,9
1961	20 730	+2,0	1 604	7,7	6 066	29,7	13 060	63,0
1962	21 053	+1,6	1 663	7,9	6 463	30,7	12 927	61,4
1963	21 303	+1,2	1 704	8,0	6 540	30,7	13 059	61,3
1964	21 547	+1,1	1 764	8,2	6 873	31,9	12 910	59,2
1965	21 841	+1,4	1 804	8,3	7 034	32,2	13 003	59,3
1966	21 870	+0,1	1 824	8,3	7 180	32,8	12 866	58,8
1967	21 180	–3,2	1 842	8,7	7 155	33,8	12 183	57,5
1968	21 330	+0,7	1 877	8,8	7 274	34,1	12 179	57,1
1969	21 920	+2,8	1 912	8,7	7 560	34,5	12 448	56,8
1970	22 433	+2,3	1 969	8,8	7 774	34,6	12 690	56,6
1971	22 583	+0,7	1 985	8,8	8 220	36,4	12 378	54,8
1972	22 515	–0,3	–	–	–	–	–	–
1973	22 660	+0,7	–	–	–	–	–	–

1) 1950 bis 1959 ohne Berlin
2) Einschl. Soldaten

Quelle: basisdaten, Zahlen zur soziökonomischen Entwicklung der Bundesrepublik Deutschland, bearbeitet von Roland Ermrich, Bonn-Bad Godesberg, 1974, S. 61

Nach der Statistik »Abhängig Beschäftigte« waren 1971 10,2 Mio. Beamte und Angestellte (2 Mio. Beamte und 8,2 Mio. Angestellte) und 12,4 Mio. Arbeiter.
Von 1950 bis 1971 haben sich innerhalb der abhängig Beschäftigten einschneidende Verschiebungen vollzogen. Der Anteil der Arbeiter, der bei den abhängig Beschäftigten 1950 70,9% und der der Angestellten und Beamten, der 29,1% betrug, ist inzwischen bis 1971 bei den Arbeitern auf 54,8% gesunken und bei den Beamten und Angestellten auf 45,2% gestiegen.
Betrachten wir, wie sich diese Zahlen auf die verschiedenen Wirtschaftsbereiche bzw. Berufstätigkeiten verteilten, dann fällt auf, daß alle produzierenden bzw. unmittelbar herstellenden Funktionen überwiegend mit der arbeitsrechtlichen Stellung »Arbeiter« verbunden sind, während bei Verteilungs-, Leistungs-, Planungs-, Verwaltungs- und Dienstleistungsfunktionen die »Angestellten« und »Beamten« überwiegen.
Dies hängt damit zusammen, daß auch heute noch die Art der Tätigkeit der wichtigste Gesichtspunkt für die Zuordnung eines »Arbeitnehmers« als Arbeiter, Angestellter oder Beamter ist. Diese »arbeitsrechtliche« Zuordnung der abhängig Beschäftigten bietet aber noch keinen Anhaltspunkt für die Veränderung der Beschäftigung nach Berufen. Anhaltspunkte für die Beschäftigten-Veränderung 1950 bis 1970 nach Berufen gibt uns die schon einmal herangezogene Untersuchung des Instituts für Arbeitsmarkt- und Berufsforschung »Die Verteilung der Erwerbstätigen auf Wirtschaftszweige und Berufe in den Jahren 1950, 1961 und 1970«. In diesen 20 Jahren haben sich innerhalb der Berufsgruppen größere Veränderungen vollzogen. Bestimmte Berufsgruppen haben an Bedeutung verloren, andere dagegen stark an Bedeutung gewonnen. Die Veränderungen absolut und prozentual und die gegenläufige Entwicklung gehen aus den folgenden Daten hervor.

Abgegeben haben der absoluten Größe nach insbesondere:

Familieneigene Landarbeitskräfte	– 2 235 300 bzw. – 71,9 %
Landwirte, Landarbeitskräfte	– 1 446 600 bzw. – 61,2 %
Hauswirtschaftsgehilfen usw.	– 548 300 bzw. – 70,6 %
Bergleute usw.	– 364 900 bzw. – 67,0 %
Mithelfende Familienangehörige außerhalb der Landwirtschaft	– 362 000 bzw. – 67,3 %
Schneider, Hut- und Mützenmacher	– 301 200 bzw. – 62,0 %
Schaffner usw.	– 183 500 bzw. – 46,3 %
Transportgeräteführer, Stauer	– 190 600 bzw. – 74,1 %
Tischler, Modelltischler	– 178 300 bzw. – 35,0 %
Lederwarenhersteller usw.	– 161 000 bzw. – 50,1 %
Molkereifachleute	– 118 400 bzw. – 63,3 %
Weber usw.	– 114 200 bzw. – 64,1 %

Wie man sieht, sind bei diesen Freisetzungen die hohen *absoluten* Rückgänge auch mit hohen *relativen* Veränderungen verbunden.
Zwei wesentliche Einflußgrößen können für den Rückgang der Beschäftigten in den einzelnen Berufsgruppen genannt werden. Es sind dies erstens die fortschreitende Technologie, die es gestattet, das gleiche (oder auch verbesserte) Produkt mit geringerem Einsatz an Arbeit und das gleiche (oder verbesserte) Produkt mit *anderer* Arbeit herzustellen und zum anderen die Substitution neuer (aus anderen Stoffen und in anderer Weise gefertigter) Produkte gegen die althergebrachten.
Bei den hier aufgeführten, in beachtlichem Umfang geschrumpften Berufsgruppen überwiegt wohl die zuerst genannte Einflußgröße, nämlich die Entwicklung der Technologie. Aber auch der zweite Einfluß ist zu beobachten, beispielsweise bei den Bergleuten und den Lederwarenherstellern. Schließlich muß noch darauf hingewiesen werden, daß auch beide Einflußgrößen zusammenwirken und damit einen besonders hohen Effekt bewirken können.
Expandierende Berufsgruppen, ebenfalls der absoluten Größe nach, waren insbesondere:

Verkäufer, Groß- und Einzelhandelskaufleute	803400 bzw. + 72,9%
(Sonstige) Ingenieure, Techniker, Chemiker, Physiker, Mathematiker, Industriemeister, Werkmeister	400800 bzw. + 383,0%
Versandfertigmacher, Warenprüfer	347400 bzw. + 502,4%
Metallarbeiter o. n. A.	256900 bzw. + 494,1%
Raum-, Gebäude-, Straßenreiniger	250900 bzw. + 110,7%
Mechaniker	250600 bzw. + 71,9%
Bank- und Versicherungsfachleute	238000 bzw. + 114,0%
Elektroinstallateure, Fernmeldemonteure	217900 bzw. + 65,7%
Kraftfahrzeugführer usw.	214100 bzw. + 48,1%
Rechnungskaufleute usw.	200300 bzw. + 73,9%
Sekretärinnen, Steno-, Phono-, Datentypistinnen	200200 bzw. + 77,9%

Auch hier zeigen sich neben den *absoluten* Veränderungen bedeutende *relative* Zuwächse.« (45, S. 355)

Bei der Beobachtung des Zeitraums von 1950 bis 1970 fällt die beachtliche Zunahme im kaufmännischen Bereich (im weitesten Sinne) auf. Den teilweise hohen relativen Veränderungen von mehreren hundert Prozent ist zu entnehmen, daß die entsprechenden Berufsgruppen zu Beginn des Beobachtungszeitraums eine relativ geringe Rolle gespielt haben.
Die Ursache für die Zunahme der Angestelltenschaft ist verbunden mit dem Entstehen vieler Großbetriebe im Bereich des Handwerks und der Industrie, die gegenüber Kleinbetrieben im allgemeinen einen stärkeren Bedarf an Aufsichtspersonal sowie kaufmännischen und technischen Angestellten haben. Ein weiterer Faktor ist die Art der betrieblichen Produktionsprogramme und der Technisierungsgrad. Je höher der Technisierungsgrad ist, desto höher ist im allgemeinen der Angestelltenanteil.
Innerhalb der kaufmännischen Angestellten haben sich im Laufe der Zeit charakteristische Strukturveränderungen vollzogen. Verkürzt darge-

stellt kann man sagen, daß sich hier in der ersten Phase vor allem Prokuristen als umfassende Leiter und Kontrolleure in den Dienst der Kapitaleigentümer stellten. In einer zweiten Phase kommen die Personen des höher qualifizierten Verwaltungsapparates hinzu. In einer dritten Phase findet sich dann die wachsende Zahl der häufig geringer qualifizierten, vorwiegend weiblichen Angestellten ohne höhere Schulbildung, die nur noch Detailaufgaben zu erledigen haben.

Ein weiterer wichtiger Bestimmungsgrund für die Vermehrung von Angestelltentätigkeiten war die Ausdehnung und die Strukturveränderung im Handel. Mit der zunehmenden Normung der Waren, der Spezialisierung der Handelsbetriebe, der Entstehung von großen Handelshäusern in den größeren Städten wurde der Charakter der kaufmännischen Tätigkeit zunehmend verändert.

Einer qualifizierten Minderheit von Handlungsgehilfen stand eine wachsende Zahl von einfachen Verkäufern gegenüber. Ein vierter wichtiger Faktor für die Vermehrung der Angestellten ist die Ausdehnung des öffentlichen Dienstes, in den immer mehr Beschäftigte einrückten. Prognosen wissenschaftlicher Institute, u.a. die der Prognos AG, lassen die Schlußfolgerung zu, daß auch zukünftig noch mehr Beschäftigte in Wirtschaftsbereiche wechseln, deren Tätigkeit arbeitsrechtlich als Angestelltentätigkeit bezeichnet wird.

VI. AUSWIRKUNGEN DES »TECHNISCHEN FORTSCHRITTS« AUF DIE QUALIFIKATIONSSTRUKTUR

Der »Technische Fortschritt« verändert jedoch nicht nur, wie wir ausgeführt haben, die Zahl und den Einsatzbereich der Arbeitskräfte, und er erzwingt nicht nur Mobilität, sondern hat Einfluß auf die gesamte Arbeitssituation. Er wirkt auf die Entscheidungsmöglichkeiten, auf die verlangten Arbeitsqualifikationen, auf Arbeitsbelastungen und die Intensität der Arbeitskontakte ein. Besonders wichtig ist seine Bedeutung für die Qualifikationsstruktur, d.h., welche Kenntnisse und Fähigkeiten den Beschäftigten abverlangt werden. Zur Klärung der Qualifikationsverschiebungen trägt die Information wenig bei, daß es im Laufe der Entwicklung zu einer deutlichen Umschichtung innerhalb der abhängig Beschäftigten zugunsten der Angestellten und zulasten der Arbeiter gekommen ist. Denn zwischen den Qualifikationen der Angestellten und denen der Arbeiter bestehen entgegen einer weit verbreiteten

Meinung oftmals keine allzu großen Differenzen. Die Annahme ist weit verbreitet, daß ein Unterschied zwischen Arbeiter- und Angestelltentätigkeit im Hinblick auf Faktoren wie Bedeutung der Arbeit, Verantwortung, besondere Anforderungen, besonderes Können usw. besteht. Anders ausgedrückt: Angestelltentätigkeiten gelten als qualifizierter. Diese verbreitete Vorstellung trifft bei einem Vergleich mit der tatsächlichen Qualifikationsstruktur von Arbeiter- und Angestelltentätigkeiten nicht zu. Einen Überblick über die einschlägigen Untersuchungen zum Problem der Qualifikationsstruktur geben K. M. Bolte, M. Brater und S. Kudera:

» ›Angestellte‹ finden sich auf jeder Qualifikationsstufe, auch auf den niedrigen, wenn hier auch die Besetzungsstärke geringer ist als bei den Arbeitern. ›Arbeiter‹ gibt es dagegen in den oberen Qualifikationsgruppen überhaupt nicht, die Mehrzahl von ihnen leistet Arbeiten mit sehr geringen Qualifikationsanforderungen. In einem breiten ›mittleren Qualifikationsbereich‹ finden sich sowohl Tätigkeiten von Arbeitern als auch von Angestellten.
Ein genauer Vergleich der Qualifikationsstruktur beider Gruppen wird dadurch erschwert, daß erhebliche geschlechtsspezifische Unterschiede vorliegen. Sowohl bei Arbeitern wie bei Angestellten sind diejenigen Tätigkeiten, die von Frauen übernommen werden, durchweg geringer qualifiziert als die der Männer. Auf den oberen Qualifikationsstufen kommen Frauen praktisch nicht vor. Arbeiterinnen leisten wiederum tendenziell geringer qualifizierte Arbeiten als weibliche Angestellte. Betrachtet man Männer und Frauen getrennt, so ergibt sich für beide Geschlechter eine recht klare Qualifikationsdifferenzierung zwischen Arbeitern und Angestellten, der Überlappungsbereich wird schmäler: Hier trifft dann die Aussage, daß Angestelltentätigkeiten solche mit besonderer Qualifikation seien, der Tendenz nach zu, wenn sie auch längst nicht in jedem Einzelfall gilt.
Schlüsselt man die Angestellten nicht nach dem Geschlecht, sondern nach ihrer Branchenzugehörigkeit auf, zeigt sich, daß im Bereich von Banken, Versicherungen und Verwaltungen eher Angestellte mit mittleren und höheren Qualifikationen (Dispositionsaufgaben) vertreten sind, während sich die gering qualifizierten Angestellten hauptsächlich im Bereich des Handels – und dort vornehmlich als Verkäufer in Kaufhäusern und Filialgeschäften – finden. Auch dieser Unterschied schlägt sich geschlechtsspezifisch nieder, da der Anteil angestellter Frauen im Bereich des Handels besonders groß ist.« (10, S. 32/33).

Diese Ergebnisse von Bolte u.a. verweisen auf die Schwierigkeiten, einen genauen Vergleich der Qualifikationsstruktur der Arbeiter und Angestellten zu finden. Insofern ist es nicht verwunderlich, daß auch die Meinungen über den Einfluß des »Technischen Fortschritts« auf die Qualifikationen aller abhängig Beschäftigten sehr kontrovers sind.
So zahlreich und verschiedenartig die Behauptungen und Vermutungen über die Qualifikationsveränderungen infolge technischen Wandels sind, so wenig zuverlässige und umfassende Untersuchungen gibt es bisher zu dieser Frage. Soweit Daten bisher verfügbar sind, sind sie gegensätzlich interpretiert worden.

Eine ältere wissenschaftliche Meinung vermutet eine Höherqualifizierung der Arbeitskräfte bei fortschreitender Technisierung und führt dafür zwei Gründe an: einmal die Übernahme einfacher, meist von »Ungelernten« ausgeführten Verrichtungen durch Maschinen, und zum anderen die Entstehung hochqualifizierter Spezialisten.

Komplizierte Maschinen und technische Apparaturen würden aus wirtschaftlichen Gründen dort geplant und eingesetzt, wo durch sie Arbeitskräfte gespart werden könnten. Da eine solche Ersetzung von menschlicher Arbeitskraft durch Maschinen dort am ehesten möglich sei, wo die Arbeitsverrichtungen stark zerlegt, damit einfach und repetitiv (sich wiederholten) wären, verschwänden infolge der Technisierung gerade diese Arbeitsverrichtungen. Handlanger- und Transportaufgaben würden in zunehmendem Maße von Maschinen übernommen. Infolgedessen ergäbe sich in allen Wirtschaftsbereichen eine Tendenz zur Verminderung der Hilfsarbeiter, d.h. ein Rückgang der »Ungelernten«. Außerordentlich stark sei dies z.B. im Baugewerbe zu beobachten, aber auch im Bürobereich würden mit fortschreitender Mechanisierung bestimmte Routinetätigkeiten – z.B. in der Buchhaltung und Ablage – überflüssig. Andererseits – so wird argumentiert – fielen mit der Technisierung eine Reihe von neuartigen hochspezialisierten Arbeiten an. Der Aufbau des Maschinenparks sowie seine Instandhaltung erfordere Fachleute, die bei dieser starken Spezialisierung ihre Kenntnisse so ausweiten müßten, daß sie in der Lage seien, die komplizierten technischen und auch die wirtschaftlichen und organisatorischen Vorgänge in ihrem Zusammenwirken zu übersehen. Neben den Fachleuten für Einrichtung und Wartung der komplizierten Apparate entstehe im Bürobereich die Gruppe der Datenverarbeitungsspezialisten. Mit dem technischen Wandel ebenso wie mit den organisatorischen Veränderungen innerhalb der Großbetriebe entstünden ferner zahlreiche Funktionen für Wissenschaftler, Planungsfachleute und technische Angestellte, d.h., es sei eine Tendenz zur Höherqualifizierung durch technische Umstellung festzustellen.

Für die gegenteilige Auffassung, der wir uns anschließen, daß durch technischen Wandel keine Höherqualifizierung erfolgt, spricht der statistisch feststellbare Rückgang der Ausbildungsberufe ebenso wie die Tatsache, daß offenbar mit der Technisierung immer neue unqualifizierte Tätigkeiten anfallen.

Die Zahl der Erwerbstätigen in traditionellen Ausbildungsberufen nimmt ab, da sich die Fertigung ehemals handwerklich hergestellter Güter weitgehend in industriell organisierte Betriebe verlagert hat und dort mehr und mehr von Maschinen übernommen wurde. Nur ein geringer Teil der handwerklichen Fachkräfte kann dabei an industriellen Arbeitsplätzen –

z.B. in Reparaturbetrieben – die bisherigen Tätigkeiten weiter ausüben. Damit wird die traditionell hochqualifizierte Gruppe der gelernten Facharbeiter partiell (teilweise) entbehrlich, zumal nur ein kleiner Teil von ihr in die neue Gruppe der spezialisierten technischen Kader überwechseln kann. Für diese Gruppe bedeutet der »Technische Fortschritt« somit deutlich Qualifikationsverlust.
Wenn auch viele ehemalige Hilfsarbeitertätigkeiten von Maschinen übernommen werden, so ist doch nicht zu übersehen, wie eine RKW-Untersuchung (65) zeigt, daß mit den technischen Umstellungen bisher immer auch wiederum neue unqualifizierte Tätigkeiten anfielen. Ferner verbleiben eine Reihe solcher Fertigungsvorgänge, die aus technischen oder wirtschaftlichen Gründen nicht mechanisiert werden konnten, die aber, um eine schnellere Taktfolge zu ermöglichen, in einfache, schnell ablaufende Teilarbeitsvorgänge aufgespalten wurden. Dadurch nahm der Anteil der einfachen, eng begrenzten Tätigkeiten relativ zu.
Mittlerweile deutlich sichtbar vollzieht sich dieser Prozeß auch im Bereich der Büro- und Verwaltungstätigkeiten, wo der technisch-organisatorische Wandel zahlreiche Hilfs- und Routinetätigkeiten hervorbrachte, wie z.B. die der Stenotypistin, der Registraturangestellten, der Bediener und Überwacher von Datenverarbeitungsanlagen und der Locher. »Gerade das Eindringen dieser Beschäftigungsgruppe in die Angestelltenschaft hat dazu beigetragen, diese von einer exklusiven, privilegierten Gruppe in unmittelbarer Nähe der Entscheidungszentren zu einer breiten Kategorie von Gehaltsempfängern in überwiegend untergeordneten Stellungen zu wandeln.« (10, S. 74)
Alles in allem wird man deshalb gut daran tun, wie Horst Kern meint, weder die qualifiaktionssteigernden noch die qualifikationsreduzierenden Effekte des technischen Wandels zu verabsolutieren. Die technische Entwicklung bringt in ihrer gegenwärtigen Form keine Requalifizierung im Sinne des Abbaus aller unqualifizierten Arbeiten. Sie führt ebensowenig zu Qualifikationssteigerungen, die die Qualifikationsreserven der Industriearbeiterschaft wesentlich übersteigen. Betrachtet man die Tendenzen insgesamt, so scheint sich eine dritte Auffassung anzubieten, die von einer Polarisierung (Gruppierung in zwei gegenüberliegenden Positionen) der Qualifikationen in niedrige und höhere spricht.
An den automatisierten Anlagen wird diese Tendenz zur Polarisierung besonders deutlich. Aus einer vom soziologischen Seminar der Universität Göttingen durchgeführten Untersuchung geht hervor, daß bei den erfaßten automatisierten Großanlagen im Schnitt nur etwa 50% der abhängig Beschäftigten den Automationsarbeiten mit konventionellen (herkömmlichen) Zügen und den Meßwartentätigkeiten zuzuordnen sind. Die

restlichen Arbeiter üben in der Mehrzahl restriktive (eingeengte, beschränkte) und qualitativ anspruchslose Tätigkeiten aus.
Die für unseren Zusammenhang wichtigen Ergebnisse dieser Untersuchung entnehmen wir einer für das Fernsehen angefertigten Veröffentlichung:

»Ein zweites Moment ist in diesem Zusammenhang wichtig: Hochmechanisierung und Automatisierung schaffen als neue Arbeitsformen nicht nur qualifizierte Produktionsarbeiten. Vielmehr entwickeln sich unter bestimmten Bedingungen, nämlich an gewissen teilautomatisierten Einzelmaschinen, *neue* Tätigkeiten, die den Arbeiter in Unselbständigkeiten drängen, an der Ausbildung von Qualifikationen hindern und hohen Arbeitsbelastungen aussetzen. Gerade unter dem Belastungsaspekt sind diese Tätigkeiten, die wir Arbeiten vom Typ der Automatenkontrolle genannt haben und die am Beispiel des Mehrstellenarbeiters in einer automatischen Weberei verdeutlicht wurden, nur mit den aufreibenden repetitiven Teilarbeiten zu vergleichen.
Berücksichtigt man diese beiden Ergebnisse, so läßt sich zum quantitativen Gewicht der verschiedenen Typen industrieller Arbeit folgendes sagen:

1. Die unqualifizierten, belastenden Industriearbeiten (u.a. die repetitiven Teilarbeiten), die in der Industrie schon seit langem im Vordergrund stehen, sind trotz der Prozesse der Hochmechanisierung und Automatisierung weiterhin wichtig. Ihr Anteil an der Gesamtheit mag sich im Zuge des technischen Wandels reduziert haben, dennoch wird die relative Zahl der Teilarbeiten nach wie vor sehr hoch sein. Dies vor allem wegen der Beständigkeit, mit der Arbeiten dieser Art auch auf den höheren Stufen der Mechanisierung immer wieder auftreten, daneben oder auch deshalb, weil die Automatisierungsprozesse unter den besonderen Bedingungen der Mehrstellen-Automaten-Kontrolle in neuer Form eine restriktive und unqualifizierte Variante der Industriearbeit entstehen lassen.

2. Die qualifizierten Formen der Automationsarbeit einschließlich der Meßwartenarbeit prägen bis heute noch wenige Arbeitsplätze in der Industrie. Insbesondere die Arbeiten vom Typ der Meßwartentätigkeit haben noch keine große Verbreitung gefunden. Zwei Gründe sind dafür ausschlaggebend: Zum einen ist die Zahl der Produktionsprozesse, die mit teilautomatisierten Großanlagen betrieben werden, immer noch relativ gering, auch wenn sie sich zunehmend vergrößert. Zum zweiten – und das erscheint fast noch wichtiger – arbeitet selbst an diesen Anlagen meist nur ein Teil und selten die Gesamtheit der Lohnabhängigen in der Form der Meßwartentätigkeit.

3. Die zweitstärkste Gruppe industrieller Arbeiten wird heute noch durch die Steuer- und Führungstätigkeiten der mechanisierten Produktion gebildet. Es läßt sich aber schon absehen, daß die fortschreitende Automatisierung diese Kategorie am stärksten gefährdet.

4. Hinsichtlich der Instandhaltungsarbeiten ist festzustellen, daß sich ihre Bedeutung durch die derzeitige technische Entwicklung stark erhöht. Das heißt nicht, daß die Zahl der Instandhaltungsarbeiter immer absolut zunimmt, obwohl auch dies im Moment oft der Fall ist. Da aber im Produktionsbereich durch Technisierung und Rationalisierung Personaleinsparungen möglich sind, vergrößert sich

häufig zumindest der relative Anteil des Instandhaltungspersonals. Dennoch bleibt die Gruppe der Instandhalter eine Minderheit innerhalb der Industriearbeiterschaft.
Diese Angaben über das quantitative Gewicht unserer Arbeitstypen sind zwar recht allgemein, aber sie geben doch in groben Umrissen ihre gegenwärtige Verteilung wider.« (6, S. 103–105).

Eine ähnliche Entwicklung beobachten wir bei dem Wandel der Angestelltentätigkeiten und der von ihnen geforderten Qualifikationen. Hier zeichnet sich infolge von Arbeitsteilung, Mechanisierung und Rationalisierung vor allem durch die Einführung der Elektronischen Datenverarbeitung (EDV) eine wachsende Kluft zwischen einfachen, eher maschinenorientierten, wenig qualifizierten Arbeiten und den hochqualifizierten Expertenarbeiten auf der Ebene der Leitenden Angestellten ab. Insbesondere die mittlere Gruppe der kaufmännischen Angestellten ist vom Wandel der Arbeitsorganisation und der Einführung von EDV-Anlagen betroffen. Sämtliche Hilfsdienste, wie Produktionsplanung und -kontrolle, Inventurkontrolle, Bestell- und Rechnungswesen, Buchhaltung und Lohnbuchhaltung, Rechnungsaufstellung und Verkaufsstatistiken können durch Computer und angeschlossene Büromaschinen erledigt werden. Diese Entwicklung könnte zum Qualifikationsverlust derer führen, die diese Tätigkeiten bislang ausführten, wobei freilich nicht übersehen werden darf, daß mit diesen Veränderungen andere, höherqualifizierte Positionen neu geschaffen werden (Programmierer, Systemanalytiker usw.) und daß die Mechanisierung der Büroarbeit durchaus auch für einen Teil der unmittelbar Betroffenen zu einer Entlastung von traditioneller, repetitiver (sich ständig wiederholender) Routinearbeit führen kann, was unter Umständen die Möglichkeit eröffnet, qualifiziertere Aufgaben zu übernehmen. (62, S. 52/53)
Der technisch-organisatorische Wandel hat einen tiefgreifenden Qualifikationswandel in Gang gesetzt, in dessen Verlauf die traditionellen Tätigkeiten sowohl der hochqualifizierten »Gelernten« als auch der unqualifizierten »Ungelernten« überflüssig werden und gleichzeitig neue Spezialistengruppen und neue Hilfsarbeitergruppen entstehen. Diese Polarisierung (Konzentration auf zwei entgegengesetzte Punkte) kann abgelesen werden an dem starken Anwachsen der sehr verschiedenartig zusammengesetzten statistischen Gruppierung der »Angelernten«, die Erwerbstätige mit Anlernzeiten von wenigen Tagen ebenso umfassen wie solche mit Anlernzeiten von mehreren Jahren und damit die neuen Spezialisten, die ja keine »Gelernten« im herkömmlichen Sinne sind und die neuen Hilfsarbeiter, die heute meist ein Minimum an Eiweisung benötigen, einschließt.

Die bisher vorliegenden Daten lassen vermuten, daß allerdings nur ein geringer Teil der neu entstandenen Arbeitsplätze höhere Anforderungen stellt und zur Höherqualifizierung der Arbeitskräfte führt, während bei der Mehrzahl geringere Fachkenntnisse erforderlich zu werden scheinen.

Geht man von den geschilderten Entwicklungen aus, so scheint die Polarisierungsthese nach dem bisherigen Wissensstand als eine plausible (einleuchtende) Zusammenfassung der sich abzeichnenden Tendenzen.

Abschließend sollte jedoch auf einen sich abzeichnenden Wandel bei den Arbeitsqualifikationen hingewiesen werden: Eigenschaften, die unabhängig von den speziellen beruflichen Kenntnissen und Fertigkeiten sind, gewinnen an Bedeutung. Diese tätigkeitsunspezifischen Eigenschaften lassen sich umschreiben mit Merkmalen wie »Flexibilität«, »technische Intelligenz«, »technische Sensibilität« (Feinfühligkeit) und »Verantwortung«. Die Dauer der beruflichen Erfahrung verliert ihre Bedeutung, Anpassungsfähigkeit und Flexibilität werden wichtiger. Diese Veränderungen bringen besondere Probleme für alle, insbesondere aber für ältere, abhängig Beschäftigte mit sich.

VII. WIRKUNGEN DES »TECHNISCHEN FORTSCHRITTS« AUF DIE ARBEITSSITUATION UND DIE ARBEITSBEDINGUNGEN DER ABHÄNGIG BESCHÄFTIGTEN

Für die Lebenslage der abhängig Beschäftigten ist der Komplex »Arbeit« die bestimmende Größe. »Arbeit« ist einerseits Voraussetzung für die materiellen Bedingungen der menschlichen Existenz, andererseits auch der Rahmen, in dem sich auch zeitlich der größte Teil menschlichen Seins vollzieht. Arbeitssituation und Arbeitsbedingungen bestimmen die Qualität der in diesem Rahmen auf den Menschen wirkenden Einflüsse. In der kapitalistischen Wirtschaftsweise, die durch die Trennung des Arbeiters von den Produktionsmitteln gekennzeichnet ist, ist Arbeit ihrem Wesen nach Zwangsarbeit, auch bei freier vertraglicher Übereinkunft. Im Zwang zum Verkauf der Arbeitskraft und der damit verbundenen Abhängigkeit von Kapitaleignern drückt sich die Existenzunsicherheit aus, die die gesamte Lebensweise der abhängig Beschäftigten beherrscht. Einen Arbeitsplatz zu haben und arbeitsfähig zu sein, ist unabdingbare Voraussetzung für den eigenen Lebensunterhalt und den der Familie. Es wurde schon beschrieben, in welchem Umfang und in welcher Weise durch »Technischen Fortschritt« unter den herrschenden Prinzipien diese Abhängigkeit vom Kapitalverwertungsprozeß eher verschärft wird: Frei- und Umsetzungen sowie veränderte Qualifikationsanforderungen bedrohen ständig die soziale Position des einzelnen abhängig Beschäftigten. Es wäre nunmehr weiter zu fragen, wie sich die beschriebenen Veränderungen der Produktionstechniken und Werkstoffe auf den Inhalt der Arbeit auswirken, deren Charakter verändern und über die Veränderung der Arbeitsbedingungen die gesamte Arbeitssituation, also einen bestimmenden Lebensbereich menschlicher Existenz verändert haben.

1. Technischer Fortschritt und Arbeitsbelastung

Die Tatsache, daß für den abhängig Beschäftigten der Verkauf der Arbeitskraft die einzige Quelle zur Sicherung seiner Lebensexistenz darstellt, bedeutet für ihn, daß er fähig sein muß, über das ganze Arbeitsleben hinweg mit demselben Normalzustand von Kraft, Gesundheit und Frische arbeiten zu können. Nur die dauerhafte Erhaltung seiner Arbeitskraft bewahrt ihn in späteren Jahren seines Lebens vor Frühinvalidität oder der Notwendigkeit, auf einen ungünstigeren und schlechter bezahlten Arbeitsplatz überwechseln zu müssen. Inwieweit der Arbeiter sowohl kurzfristig wie langfristig seine Arbeitskraft anbieten und seine Leistungsfähigkeit aufrechterhalten kann, hängt im wesentlichen vom Grad der Arbeitsbelastungen ab, denen er ausgesetzt ist. Hohe Arbeitsbelastungen führen zu beträchtlichem Verschleiß von physisch-psychischen Energien.
Gerade für die Arbeitsumwelt bestanden lange Zeit hohe Erwartungen an den »Technischen Fortschritt«, der geradezu zwangsläufig die Arbeitsstruktur günstig beeinflussen müsse. Man versprach sich vor allen Dingen einen Abbau der restriktiven (physisch und psychisch schwere, einfache sich wiederholende Tätigkeiten) Formen industrieller Arbeit, eine Abnahme der Arbeitsbelastung insgesamt.
Es muß gesagt werden, daß auch für diesen Bereich die Gleichsetzung von technischem mit sozialem »Fortschritt« voreilig gewesen ist. Die enorme Ausdehnung der technischen Möglichkeiten der Produktion bedeuten nicht eine parallele Entwicklung ihrer sozialen Ausgestaltung im Bereich der Arbeitsplätze, im Gegenteil, es muß von einer Tendenz zur Belastungserhöhung gesprochen werden.
Zwar ist die Entwicklung der Arbeitsbelastung nur sehr schwer zahlenmäßig faßbar, aber zunehmend befassen sich soziologische und arbeits-

wissenschaftliche Studien mit diesen Fragen und legen erschreckendes Material zu diesem Problembereich vor. Michael Schumann vom Soziologischen Forschungsinstitut Göttingen (SoFi) faßte in einem Referat auf dem Humanisierungskongreß des DGB im Mai 1974 in München die Ergebnisse der bis jetzt vorliegenden Untersuchungen zusammen:

»a) Die Annahme, auf dem heutigen Niveau der Produktionstechnik gehöre körperliche Schwerstarbeit mit extremen muskulären Belastungen und schädlichen Umgebungseinflüssen mehr oder weniger der Vergangenheit an, ist falsch. In wichtigen Bereichen der Industriearbeit existiert sie trotz aller technischen Innovationen weiter fort. Beispiele dafür sind etwa der Kohlenbergbau, zentrale Bereiche der Stahlindustrie, Gießereien und die glasverarbeitende Industrie, wo zwar überall ein gewisser Abbau muskulärer Belastungen zu beobachten ist, nach wie vor aber viele Arbeiten weiterhin nur als Schwerstarbeit im klassischen Sinn bezeichnet werden können.
b) In den arbeitsintensiven Bereichen der Industrie, wo Tätigkeiten der Maschinenbedienung, der Fließband- und Taktarbeiten sowie der Mehrstellenarbeit vorherrschen, hat die muskuläre Belastungskomponente – zumeist im Sinne einseitiger Belastungen – durch hohe Arbeitsgeschwindigkeit und Leistungsnormen ihre Bedeutung für die Gesamtbelastung der Mehrzahl der Arbeiter nicht nur behalten, sondern in vielen Fällen sogar verstärkt.
c) Unabhängig und nur teilweise als Kompensation von muskulären Belastungen sind neue Formen von nervlichen Belastungen entstanden, die für zunehmend mehr Industriearbeiter an Bedeutung gewinnen und deren Gesamtbelastung wesentlich mitprägen. Die nervlichen Belastungen haben vielfache Ursachen, die hier nur angedeutet werden können. So stellt der rapide Anstieg von Wechsel- und Nachtschichtarbeit eine starke Quelle für nervliche Belastungen dar, weil nach den Ergebnissen der Arbeitsmedizin eine Umstellung des biologischen Tages- und Nachtrhythmus, selbst nach jahrelanger Gewöhnung, nicht zu erreichen ist. Ein weiterer Streßfaktor für das Nervensystem ist der Lärm, der die Konzentrationsfähigkeit einschränkt, das vegetative Nervensystem ständig überreizt und langfristig zu Gehörschädigungen führt. Gerade in den letzten Jahren sind als Ausdruck zunehmender Lärmbelastung die Gehörschädigungen bei den Industriearbeitern der BRD rapide angestiegen. Weiterhin ist hier auf Monotoniebelastung zu verweisen, die im Zusammenhang mit hoher Konzentration bei insgesamt wenig abwechslungsreichen Wahrnehmungs- und Interventionsvorgängen auftreten und langfristig zu Kreislaufstörungen, Schlaflosigkeit sowie Herz- und Magenerkrankungen führen können. Als Beispiel ist hier zu denken vor allem an die sensorische Bandarbeit, monotone Taktarbeit und Meßwartenkontrolle bei automatisierten Anlagen.« (76, S. 44/45)

Angesichts der Wirklichkeit der Arbeitsbedingungen in der Industrie und auch zunehmend im Bereich der Dienstleistungen stellt sich die Frage, was den Einsatz der technischen Möglichkeiten zur Verbesserung der Arbeitssituation verhindert. Michael Schumann führt hierzu im bereits zitierten Referat aus:

»Daß die technologisch abgeleitete Hoffnung auf Verbesserung der Arbeitsbedingungen unerfüllt blieb und sich für wichtige Teilgruppen der Industriearbeiter

die Arbeitssituation sogar deutlich verschlechterte, ist in erster Linie auf die spezifische Form des technischen Wandels innerhalb einer privatwirtschatlich organisierten Produktion zurückzuführen, die in bestimmten ökonomischen Konstellationen, wie sie nach 1965 in der BRD anzutreffen waren, besonders scharfe Akzentuierungen erhalten haben...
Entsprechend den Prinzipien des kapitalistischen Systems, technische Neuerungen unter Rentabilitätsgesichtspunkten zu planen, wird bereits im Konstruktionsprozeß die Frage nach den Arbeitsverrichtungen der Arbeitskräfte an den zu entwickelnden technischen Einrichtungen unter ökonomischen Gesichtspunkten mit dem Ziel durchdacht, rentable Lösungen zu finden bzw. zu privilegieren. Damit bleiben einerseits Gesichtspunkte der Belastung solange unberücksichtigt, wie sie nicht durch Arbeitsschutzbestimmungen zwingend eingelöst werden müssen oder Kostenaspekte dafür sprechen. Andererseits wird der Qualifikationsbedarf sehr gezielt in eine bestimmte Richtung gesteuert: Da Höherqualifizierung des Bedienungspersonals in der Regel höhere Lohnkosten und häufig auch Kosten für innerbetriebliche Zusatzausbildung bedeutet und zudem in jedem Fall problemlose Austauschbarkeit des Arbeiters erschwert, führt dieser Mechanismus zu einer Sperre gegen Qualifikationserhöhung, die bereits in die Prinzipien der Planung von Produktionstechnik eingeht.
Unter diesen Umständen vollzieht sich der technische Wandel, qualifikatorisch betrachtet, über eine immer wieder modifizierte Anpassung der Technik an das vorhandene Qualifikationspotential. Nur wenn die Ausdehnung der Qualifikation der Beschäftigten zur unabweisbaren Voraussetzung für den Einsatz neuer technischer Verfahren wird, auf deren Verwendung die Betriebe aus anderen Gründen, wie etwa zur Steigerung der Produktivität der Arbeit nicht verzichten wollen, werden zusätzliche Qualifikationsanforderungen zunächst zumindest in Kauf genommen.« (76, S. 45/46)

Es ist also festzuhalten: Nicht die Technik ist eine naturgesetzliche Notwendigkeit, ein »Sachzwang«, die dem Arbeiter eine ständig wachsende Arbeitsanstrengung abverlangt und zu immer schlechteren Arbeitsbedingungen führt, sondern die spezifische kapitalistische Form der Anwendung der Technik. Dies meint auch H. O. Vetter, wenn er sagt: »Die Arbeitsformen sind nicht zwangsläufig und sachnotwendig, sondern interessenbedingt.« (75, S. 3)
Wir wollen uns im weiteren noch einige Aspekte der zunehmenden Arbeitsbelastung detaillierter ansehen.

2. Die Ausdehnung der Arbeitszeit

Diese Interessenbedingtheit der betrieblichen Arbeitsorganisation zeigt sich zunächst in der täglichen und wöchentlichen Inanspruchnahme der Arbeitskraft. Je länger aber der Arbeitstag oder die Arbeitswoche, um so mehr wird die Arbeitskraft durch den Produktionsprozeß verschlissen, vermindern sich die Erholungszeiten, wachsen die Unfallgefahren und erhöhen sich die Risiken der gesundheitlichen Schädigung. Obwohl seit vielen Jahrzehnten eine Verminderung der tariflichen Arbeitszeit durch die Kämpfe der abhängig Beschäftigten und ihrer Gewerkschaften erreicht werden konnte, bleibt die Länge der Arbeitszeit immer noch ein zentrales Moment der Belastung der Industriearbeiterschaft. Vor allem die Entwicklung der tatsächlich geleisteten Arbeitsstunden belegt, daß in Zeiten der Hochkonjunktur der Arbeitstag rücksichtslos ausgedehnt wird, d.h., die Lohnabhängigen faktisch gezwungen sind, über die tarifliche Arbeitszeit hinaus Mehrarbeit in Form von Überstunden, Sonderschichten und Wochenendarbeit zu leisten. Dies bestätigt sich bei einem Vergleich zwischen tarifvertraglich vereinbarter Wochen-Arbeitszeit und durchschnittlich bezahlter Wochenarbeitszeit.

Freilich sind die Arbeiter oft selbst an Überstunden interessiert. Das verweist aber lediglich auf die unbefriedigende Verteilungssituation. Nur

Tarifvertraglich vereinbarte Wochenarbeitszeiten (Oktober 1974)

Stunden	vH der Arbeiter	vH der Angestellten
40	88,3	85,2
41 – 42	4,9	9,5
42 1/2 – 43	3,0	1,2
44 – 45	3,8	4,1

Quelle: Mario Helfert, Daten über Arbeitsbedingungen, Manuskript, Seite 46.

Durchschnittlich bezahlte Wochenarbeitszeit der Arbeiter in der Industrie

Jahr	Arbeiter insgesamt Stunden	Männer Stunden	Frauen Stunden
1962	44,6*	45,6*	41,7
1963	44,4*	45,4*	41,2*
1964	44,1	45,0	40,9
1965	44,3	45,2	41,3
1966	43,9	44,8	41,0
1967	42,3	43,1	39,7
1968	43,3	44,1	40,5
1969	44,0	44,9	40,9
1970	44,0	44,9	40,6
1971	43,2	44,0	40,4
1972	42,8	43,7	40,2
1973	42,8	43,5	40,2

*) ohne Berlin (West)
Quelle: Hauptergebnisse der Arbeits- und Sozialstatistik 1973/1974, S. 76

dadurch können sie ihren Lebensstandard erhalten und die gesellschaftlich bestimmten Konsumbedürfnisse befriedigen. Ansonsten aber bedeutet für den Arbeiter Mehrarbeit durch Überstunden nicht nur zusätzlichen Verschleiß der Arbeitskraft, sondern eine progressiv steigende Belastung seiner Gesundheit. Die Schädlichkeit der Überstundenarbeit zeigt sich auch in der relativen Konzentration der Unfallhäufigkeiten in diesem Zeitraum; 3,4% der Männer und 2,3% der Frauen, bezogen auf die Gesamtzahl aller gemeldeten Arbeitsunfälle, erleiden nach Ablauf einer 11- bis 12stündigen Arbeitszeit einen Unfall. Noch höher ist der Prozentsatz für Unfälle mit Todesfolgen: 8,3% der tödlichen Unfälle ereignen sich nach einer Arbeitszeit von 12 und mehr Stunden. (Angaben nach 31, S. 32) Neben der Dauer der täglichen Arbeitszeit entscheidet vor allem ihre zeitliche Lage über den Grad der Belastung. In der Bundesrepublik ist eine Zunahme der Nacht- und Schichtarbeit zu beobachten:

Abhängige Erwerbstätige mit Nachtarbeit nach Altersgruppen, Stellung im Beruf, Wirtschaftsbereichen, sowie nach Schichtarbeit Ergebnisse der Zusatzbefragungen zum Mikrozensus 1965 und 1972

Alter von ... bis unter ... Jahren	Insgesamt		Nachtarbeit			
			in Schicht		nicht in Schicht	
Stellung im Beruf Wirtschaftbereich	1965	1972	1965	1972	1965	1972
	1000		%			
unter25	247	305	*65,2*	*60,3*	*34,8*	*39,7*
25 – 35	728	904	*68,4*	*64,9*	*31,6*	*35,1*
35 – 45	626	821	*70,1*	*65,2*	*29,9*	*34,8*
45 – 55	436	587	*67,6*	*64,1*	*32,4*	*35,9*
55 – 65	313	355	*65,7*	*60,6*	*34,3*	*39,4*
65 und mehr	32	22	*47,5*	*40,9*	*52,5*	*59,1*
Insgesamt	2 381	2 994	*67,7*	*63,7*	*32,3*	*36,3*
Beamte	321	468	*63,3*	*55,8*	*36,7*	*44,2*
Angestellte[1])	419	598	*41,1*	*43,8*	*58,9*	*56,2*
Arbeiter[2])	1 641	1 928	*75,4*	*71,7*	*24,6*	*28,3*
Land- und Forstwirtschaft	19	20	*14,7*	*40,0*	*85,3*	*60,0*
Produzierendes Gewerbe	1 339	1 647	*79,0*	*75,8*	*21,0*	*24,2*
Handel und Verkehr	487	523	*65,6*	*58,3*	*34,4*	*41,7*
Sonstige Wirtschaftsb.	537	804	*43,3*	*42,8*	*56,7*	*57,2*

1) Einschl. kaufmännische Lehrlinge. – 2) Einschl. Gewerbliche Lehrlinge
Quelle: Wirtschaft und Statistik 1973, S. 25 ff.

Die Zunahme von Schicht-, Nacht- und auch von Sonntagsarbeit muß vor dem Hintergrund ökonomischer Entscheidungen der Unternehmungen gesehen werden: Anwendung des »Technischen Fortschritts« bedeutet für sie wachsende Kapitalintensität und damit ein Interesse, die technische Ausstattung »kostenökonomisch« voll zu nutzen, die Maschinen möglichst kontinuierlich arbeiten zu lassen.
Die Arbeiter hingegen interessieren hauptsächlich die gesundheitlichen Folgen der Nacht- und Schichtarbeit, die damit verbundene Auflösung der sozialen und gesellschaftlichen Bindungen (Ehe, Familie, Freundschaften, soziales, politisches Leben) sowie der (relativ geringe!) Lohnvorteil. Die gesundheitlichen Folgen der Nacht- und Wechselschichtarbeit resultieren weitgehend aus den periodischen Schwankungen der Leistungsbereitschaft des menschlichen Organismus. Der menschliche Körper unterliegt einem dauernden psychisch und physiologischen Tag-Nacht-Rhythmus, der nicht beliebig veränderbar ist. Aus der willkürlichen Störung dieses Rhythmus ergeben sich erwiesenermaßen erhebliche gesundheitliche Schädigungen. Die verschiedenen Untersuchungen zum Ausmaß und Grad dieser gesundheitlichen Schädigungen hat eine Arbeitsgruppe innerhalb der Tagung »Sicherheit am Arbeitsplatz und Unfallschutz« vom 4. bis 6.5.1973 in Bremen zusammengestellt:

»Eine Unzahl wissenschaftlicher Untersuchungen bestätigt die gesundheitsschädigenden Folgen des Arbeitens außerhalb des normalen physiologischen Rhythmus des Körpers. Erhöhte Belastung und Verausgabung von Energie sowie schlechtere Erholungsmöglichkeiten führen bei Schichtarbeitern besonders häufig zu vegetativen Störungen wie Appetitlosigkeit und Verdauungsstörungen sowie zu Magenerkrankungen.
Valentin stellt fest, daß Nachtarbeit generell zu folgenden Beschwerden führt, welche fließend in Störungen übergehen können: Appetitlosigkeit, Schlafmangel, Störungen im Bereich des sozialen Lebens sowie ein Gefühl verminderter Leistungsfähigkeit während der Nachtschichtperioden. Graf u.a. kamen in ihrer Untersuchung über den Gesundheitszustand von Wechselschichtarbeitern zu folgendem Ergebnis. Von den Untersuchten litten unter

Verdauungsstörungen	36 %
Appetitlosigkeit	49 %
Vegetative Störungen	82 %
Ungenügendem Schlaf	62 %

... Bjerner und Svenson stellten in ihren Untersuchungen fest, daß bei 60-90% der Wechselschichtarbeiter Schlafstörungen auftreten. Untersuchungen über die mittlere Schlafdauer der Arbeiter ergaben, daß diese bei

Frühschicht	6 bis 7 Stunden
Mittagsschicht	8 bis 9 Stunden
Nachtschicht	4 bis 6 Stunden

beträgt. Als besonders extremes Beispiel wird die Gruppe von Selbstversorgern ohne Familie hervorgehoben, deren mittlere Schlafdauer nur ganze 2,5 Stunden Schlaf am Tag betrug.

Die Folgen dieser kurzen Schlafzeiten bei Nachtschichtarbeitern müssen sich zwangsläufig auf die nervöse Belastung, Konzentrationsfähigkeit und Unfallgefahr sowie längerfristig auch in anderen Krankheiten auswirken. Untersuchungen zeigten, daß ein geringer Schlafverlust in drei aufeinanderfolgenden Nächten erst nach zwei Wochen wieder völlig ausgeglichen war.« (31, S. 152–154)

Für die gewerkschaftliche Interessenvertretung ergibt sich aus diesen Problemen die notwendige Forderung, Nacht- und Schichtarbeit überall dort konsequent abzulehnen, wo sie nicht aus zwingenden arbeitstechnischen und sozialen Gründen notwendig ist, sondern nur aus Profitgründen angeordnet wird.

3. Zunahme der Arbeitsintensivierung und »Technischer Fortschritt«

Neben der Ausdehnung und Verlagerung der Arbeitszeit ist die intensivere Nutzung der menschlichen Arbeitskraft für die Unternehmungen das zentrale Instrument zur Steigerung der Produktion und damit des Profits. Intensivierung der Arbeit ist die vermehrte Verausgabung von Arbeitskraft in der gleichen Zeit durch Steigerung der physischen und psychischen Beanspruchung.
Gerade »Technischer Fortschritt« bietet der kapitalistischen Unternehmung zur Arbeitsintensivierung Möglichkeiten: neue Maschinen, Werkstoffe und Organisationsmethoden ermöglichen es, die Arbeitsbedingungen zu verschärfen. Die Arbeitsintensivierung steht geradezu im Mittelpunkt der betrieblichen Rentabilitätssteigerung. Intensivierungsmaßnahmen betreffen die Steigerung des Arbeitstempos, die Erhöhung des Arbeitsrhythmus sowie die Ausdehnung des Arbeitsfeldes, z.B. durch die Anzahl der von einem Arbeiter zu bedienenden Maschinen.

»Der Verschärfung des Arbeitstempos dient vor allem der Einsatz differenzierter Entlohnungsformen. Gemeinsam ist sowohl den Verfahren vorbestimmter Zeiten wie auch neueren Prämien- und Programmlohnsystemen die Funktion, die durch technische Veränderungen noch nicht kostenoptimal rationalisierten Arbeitsvollzüge durch finanzielle Anreize möglichst vollständig zu erfassen und damit die Intensivierung der Arbeit weiter voranzutreiben. So wird es fatalerweise zum eigenen Interesse des Arbeiters, Unfallschutz und Vorsicht außer acht zu lassen, um sich die Chance auf den höchstmöglichen Lohn nicht entgehen zu lassen. Die mangelnde Effektivität des Unfallschutzes – und das zeigt sich sehr deutlich – ist nicht eine Folge von Fahrlässigkeit oder gar Unkenntnis, sondern hat ihren Grund wesentlich in den herrschenden Lohnsystemen, die den Arbeiter zwingen, die Beachtung von Verhütungsmaßnahmen aus eigener Tasche, nämlich mit dem Verlust des notwendigen Lohnes, zu bezahlen.
Ist auch die Unfallstatistik als Indiz für die Arbeitsintensivierung nur beschränkt

aussagefähig – nach Schätzungen von Experten werden 400000 Unfälle im Jahr verschwiegen oder sind nicht meldepflichtig – so fällt dennoch auf, daß entsprechend der Intensivierung der Arbeit mit dem Einsatz neuer Technologien nach 1967 die Unfallzahlen in den Betrieben wieder anwachsen und seitdem mit geringen Schwankungen auf einem selbst für kapitalistische Länder hohem Niveau stagnieren. Westdeutschland hat nach Italien innerhalb Westeuropas die höchste Unfallrate.
1972 wurde in Betrieben der gewerblichen Wirtschaft jeder zehnte Arbeitnehmer bei einem Arbeitsunfall verletzt oder getötet; in der Metallwirtschaft ist es sogar jeder siebente; alle 13 Sekunden ereignet sich ein meldepflichtiger Unfall; alle sieben Minuten wird jemand so schwer verletzt, daß er dauernd erwerbsgemindert ist; alle zwei Stunden stirbt ein Arbeiter durch einen Unfall im Betrieb oder auf dem Arbeitsweg.« (S. 31, 34/35)

Eine Folge der zunehmenden Arbeitsintensivierung ist jedoch nicht lediglich die entgegengesetzt zu den technischen Möglichkeiten der Produktion verlaufende Unfallgefährdung. Zu beobachten ist weiterhin ein zunehmender gesundheitlicher Verschleiß besonders in der Industriearbeiterschaft.
Ein erstes Indiz ist – wiederum entgegen allen Vermutungen und Hoffnungen, die in die Entwicklung der technischen Möglichkeiten der Gesellschaft gesetzt wurden – eine Abnahme der Lebenserwartung: Während die Lebenserwartung der Frauen weiterhin angestiegen ist, zeigt sich seit 1949/51 bei Männern eine fallende Tendenz: während beispielsweise 1949/51 die damals 60jährigen Männer ein Alter von durchschnittlich 76,20 Jahren erwarten konnten, konnten 1970/72 die Männer im 60. Lebensjahr nur noch ein Alter von 75,31 durchschnittlich erwarten. Das durchschnittliche Sterbealter in der Rentenversicherung für Arbeiter lag 1970 mit ca. 70 Jahren zwei Jahre unter dem der Angestellten.
Noch krasser zeigen sich die Folgen der Berufstätigkeit bei den weiblichen Arbeitnehmerinnen. Mit 68,5 Jahren liegt ihr Sterbealter um fünf Jahre unter dem durchschnittlichen Sterbealter für Frauen in der Bundesrepublik, d.h., Frauen, die neben ihrem Beruf meist noch eine Familie zu versorgen haben, unterliegen einem Verschleiß, der sie im statistischen Durchschnitt fünf Jahre ihres Lebens kostet.
Ein eindeutiges Indiz für den Frühverschleiß der Gesundheit und Leistungsfähigkeit durch bestimmte Arbeitsbedingungen stellen die Zahlen über die Zugänge zu den Rentenversicherungen dar. Bis 1972 handelte es sich bei den Invaliditätsrenten um Gewährung von Renten wegen Berufs- oder Erwerbsunfähigkeit im wesentlichen vor Vollendung der gesetzlichen Altersgrenze. Das Sinken des Anteils der Invaliditätsrenten an den Gesamtzugängen zu Rentenversicherungen 1973 ist auf die Einführung der flexiblen Altersgrenze zurückzuführen.

Auskunft über die gesundheitlichen Folgen zunehmender Arbeitsintensivierung gibt auch der betriebliche Krankenstand, der laufend anstieg und nach Erhebungen der Betriebskrankenkassen 1972 über 7% betrug. Eine Untersuchung des Gesundheitszustandes von nicht krankgemeldeten Arbeitnehmern am Arbeitsplatz erbrachte 1969 zudem bei 64% der Männer und bei 71% der Frauen behandlungsbedürftige Störungen, 21% der Arbeiter und 18% der Arbeiterinnen wurden als sanatoriumsreif eingestuft. (Alle Angaben nach 31, S. 37–39, und Mario Helfert, S. 31/32)
Diese Bestandsaufnahme sollte verdeutlichen, daß »Technischer Fortschritt« für die abhängig Beschäftigten und insbesondere für die Industriearbeiterschaft sich nicht als humaner und sozialer Fortschritt darstellt. Insbesondere die Möglichkeit der Unternehmungen zur Arbeitsintensivierung beeinträchtigt die physische und psychische Leistungsfähigkeit der Arbeiter, bedroht sowohl ihre Gesundheit als auch ihre soziale Existenz.

Anteil der Berufs- und Erwerbsunfähigkeitsrenten in den Rentenversicherungen in vH

Rentenversicherung der Arbeiter Anteil der Invaliditätsrenten für Männer an allen Zugängen	1963	1970	1972	1973
Berufsunfähigkeit	26,0	13,6	6,8	5,1
Erwerbsunfähigkeit	32,2	38,9	45,3	30,7
	58,2	52,5	52,1	35,8

Anteil der Invaliditätsrenten für Frauen an allen Zugängen	1963	1970	1972	1973
Berufsunfähigkeit	25,8	12,5	9,0	7,7
Erwerbsunfähigkeit	30,2	36,0	41,0	40,2
	56,0	48,5	50,0	47,9

Quelle: Statistik der gesetzlichen Rentenversicherung, entnommen: Mario Helfert, Daten über Arbeitsbedingungen, Manuskript, S. 32

4. Beschränkungen des Entfaltungs- und des Handlungsspielraums

Die Dequalifizierung und jederzeitige Austauschbarkeit bedeuten eine permanente Unsicherheit für den einzelnen. Denn wenn Arbeit weitgehend an Qualifikation eingebüßt hat, die Anforderungen an die

Beschäftigten auf ein Mindestmaß herabsinken und die Handgriffe und Fertigkeiten in relativ kurzer Zeit erlernbar sind, wächst das Ausmaß der Austauschbarkeit. Im Gegensatz zu qualifizierten Facharbeitern, die durch langjährige Erfahrung einen Fundus an Kenntnissen und Fertigkeiten im Betrieb gewonnen haben, der nur schwer unter größerem Kostenaufwand zu ersetzen ist, müssen Un- und Angelernte, die ständig damit rechnen, insbesondere in Krisenzeiten, ihren Arbeitsplatz zu verlieren. Verständlicherweise reagieren sie mit Unsicherheit und Angst. Ein Selbst- und Leistungsbewußtsein kann sich bei ihnen nicht in dem Maße ausbilden wie bei Facharbeitern.
Eine schwerwiegende Einschränkung des Entfaltungsspielraumes muß weiterhin in der sozialen Isolierung gesehen werden. Der Belastungsgrad der Arbeit wird noch erhöht, wenn die Arbeit keine oder geringe Chancen zu sozialem Kontakt oder zur Kommunikation mit anderen bietet. Unter ständigem Zeitdruck stehende Fließarbeit, sich rasch wiederholende Tätigkeiten, Akkordbedingungen und räumliche Abgeschlossenheit verhindern es, daß diesem sozialen Bedürfnis des Menschen entgegengekommen wird. Diese Isolierung während der Arbeit wird als doppelt drückend empfunden, weil sie ohne Chance zur Ablenkung und Abwechslung ist.

»Überall, wo der Arbeitende abgeschlossen ist von der sozialen Umgebung, wo ihm die Möglichkeit genommen wird, in genügendem Maße mit anderen zu kommunizieren, raubt man ihm das lebensnotwendige Element des sozialen Kontakts. Zwangsläufig muß er sozial verarmen. Seine Sprach- und Ausdrucksfähigkeit nimmt ab. Erwiesenermaßen vermögen die betroffenen Arbeitnehmer diesen Verlust in ihrer arbeitsfreien Zeit nicht auszugleichen. Im Gegenteil, Kontaktfähigkeit und Kontaktfreudigkeit werden häufig spürbar in Mitleidenschaft gezogen.« (7, S. 31)

Eine Verkümmerung der menschlichen Fähigkeiten ist mit einer einseitigen und gleichbleibenden Aufgabe und somit ständigen Unterbeanspruchung verbunden. Monotone Tätigkeiten aller Art und weitestgehende Fremdbestimmung lassen die Fähigkeiten des Menschen nicht zur Entfaltung kommen. Sie hemmen ihn in seiner persönlichen Entwicklung und lassen ihm kaum eine Chance, sich als Mensch mit all seinen Anlagen zu verwirklichen.

»Schlimmer noch: Nicht nur, daß die Fortentwicklung der menschlichen Fähigkeiten behindert wird, solche Arbeitsweise führt nachweisbar zu Abstumpfungsprozessen, zu einem Abbau und zu einem Verlust des Bildungsvermögens. Erwiesenermaßen tritt der Altersabbau der geistigen Fähigkeiten bei Arbeitnehmern, denen sich in ihrer Arbeit nur geringe Anforderungen an den Einsatz

ihrer Intelligenz stellt, früher ein und nimmt stärker zu. Es kann nicht überraschen, daß die Bereitschaft und die Fähigkeit zur Weiterbildung und zur geistigen Betätigung schwinden. Das Interesse an politischer und kultureller Betätigung erlahmt.
Aufschlußreich sind folgende Zahlen: von 100 Erwerbstätigen mit Volksschulabschluß bilden sich nur 10 weiter, von 100 Erwerbstätigen mit Hochschulabschluß dagegen 24. Dasselbe zeigt sich bei den Besuchern der Volkshochschulen: weniger als 20 Prozent sind Arbeiter. Dieses Verhalten einem mangelnden Willen zuzuschreiben, wie es nicht selten geschieht, ist grob zynisch. Wer zweitausend- oder sechstausendmal am Tag denselben Handgriff tut, ist abends fertig und nicht mehr in der Lage, sich weiterzubilden. Die Flucht in den passiven Konsum ist die Folge. Der Drang »abzuschalten« und das vielbeklagte übermäßige »Einschalten« des Fernsehapparats am Abend sind zwei Seiten ein und derselben Medaille.
Es geht daher nicht nur um Fragen der Arbeitsorganisation in den Betrieben, sondern es geht um gesellschaftliche Weichenstellungen, die ihre Folgewirkungen im gesamten, auch im privaten Leben der betroffenen Arbeitnehmer haben. Die Arbeit bildet den zentralen Kern der menschlichen Existenz. Sie beeinflußt maßgeblich das Bildungsvermögen, das Verhalten in der Familie und die Fähigkeit zu sozialem Kontakt. Mit anderen Worten: Die Arbeit prägt die Persönlichkeit des Menschen, sowohl im guten wie im schlechten Sinne; unter der Vorherrschaft privatkapitalistischer Rentabilitäts- und Gewinnüberlegungen jedoch unzweifelhaft im schlechten Sinne.« (7, S. 31)

Sind schon aufgrund der Arbeitsorganisation und Arbeitsgestaltung keine nennenswerten Spielräume der Entfaltung der abhängig Beschäftigten vorhanden, denn alles ist vorprogrammiert und bis ins letzte Detail durchorganisiert, so kann dieser Spielraum durch das betriebliche Herrschaftssystem noch weiter eingeengt werden. Die Beschäftigten haben sich den Vorgaben widerspruchslos und gehorsam unterzuordnen, notfalls kann mit dem Direktions- und Weisungsrecht eine Durchsetzung erzwungen werden. In diesem Herrschaftssystem setzen die einen die Normen, die die anderen zu erfüllen haben.
Gegen den Wunsch nach Freiheitsspielräumen und Gestaltungsmöglichkeiten bleiben die abhängig Beschäftigten ohne nennenswerte Chancen, die gesetzten Leistungsnormen und die technisch-organisatorischen »Apparaturen« und Anlagen der Produktion zu beeinflussen und unter Einbringung ihrer Fähigkeiten und Kenntnisse mitzugestalten. Maschinen werden angeschafft und Produktionsvorgänge umgestellt, ohne daß man die Interessen derjenigen mit einbezieht, die Jahre ihres Lebens an der Maschine verbringen müssen und über ein beträchtliches Maß an Erfahrung verfügen. Diese herkömmlichen arbeitsorganisatorischen Bedingungen fördern nicht die Entfaltung der Persönlichkeit. »Solche lebenslang erfahrene Unterordnung und ständige Überwachung können sich vielmehr höchst schädlich auf die Persönlichkeitsstruktur des einzelnen

auswirken. Nicht nur, daß das Selbstbewußtsein und das Selbstwertgefühl angetastet oder gar zerstört wird; diese Herrschaftsform zerbricht nicht selten das Rückgrat und unterdrückt Eigenständigkeit sowie Kritikfähigkeit. Arbeitsorganisation und Arbeitsgestaltung in der herkömmlichen Form schalten demnach die selbständigen und schöpferischen Kräfte des einzelnen Arbeitnehmers aus, sie greifen seine Selbstachtung und die freie Entfaltung seiner Persönlichkeit an, mit einem Wort: sie zerstören die menschliche Würde des Arbeitnehmers.« (7, S. 30)

B. Ziele, Maßnahmen und Probleme der Strukturpolitik

Die Analyse im ersten Teil unseres Arbeitsheftes veranschaulicht, daß der Strukturwandel in einer wachsenden Wirtschaft mit wirtschaftlichen und sozialen Problemen verbunden ist, von denen in vielfältiger Weise die Arbeitnehmer betroffen werden. Die Annahme, es handele sich hierbei um lediglich zeitlich begrenzte Störungen und Umstellungen, die durch die dem System der Marktwirtschaft innewohnenden Kräfte der Selbstregulierung in angemessener Zeit immer wieder überwunden werden, hat sich nicht bestätigt. Die Erfahrung lehrt, daß diese Entwicklung sich nicht selbst überlassen bleiben darf. Ähnlich wie die Konjunkturkrisen sollten auch Strukturkrisen wirtschaftspolitisch vermieden oder abgemildert werden.
Eine Wirtschaftspolitik mit strukturellen Wirkungen in dem Sinne einer eiligen Behebung von Notständen in begrenzten Bereichen ist seit Jahrzehnten betrieben worden. Eine in ihrem Verständnis zielgerichtete, bewußt die Entwicklungschancen von Sektoren und Wirtschaftsräumen verbessernde mittel- und langfristig angelegte Strukturpolitik zur Verhinderung struktureller Fehlentwicklung wird erst in jüngster Zeit versucht. Neben der »Globalsteuerung« trat seit 1967 die »sektorale« (auf Branchen bezogene) und »regionale« (auf Wirtschaftsgebiete zielende) Strukturpolitik stärker in den Mittelpunkt der wissenschaftlichen Diskussion und der wirtschaftspolitischen Praxis.

I. BEGRIFFSBESTIMMUNG UND EINORDNUNG DER STRUKTURPOLITIK

Die Definitionen (Begriffserklärungen) zur Strukturpolitik sind in der Regel ziemlich vage und unbefriedigend. Auch weichen sie – vor allem, was Ausmaß und Inhalt anbelangt – mehr oder weniger voneinander ab.

Dies ist vor allem auf die recht unterschiedliche Bedeutung des wirtschaftlichen Strukturbegriffes zurückzuführen.
Im neueren Schrifttum wird unter Struktur ganz allgemein das »Verhältnis der Teile eines Ganzen« und unter Wirtschaftsstruktur »der innere Aufbau des volkswirtschaftlichen Ganzen« verstanden. Die Wirtschaftsstruktur beinhaltet insbesondere das Verhältnis der Teile der Gesamtwirtschaft untereinander und zur Gesamtheit, also – soweit quantifizierbar (mengenmäßig bestimmbar) – die in einer Volkswirtschaft herrschenden Proportionen (Größenverhältnisse). Strukturänderungen drücken sich in den Veränderungen dieser Proportionen (Größenverhältnisse) aus. Mit der Problematik dieser Begriffe und ihrer mangelhaften Fähigkeit, die Wirklichkeit zu erfassen, haben wir uns schon beschäftigt.
Was ist nun vor dem Hintergrund dieser Problematik unter Strukturpolitik zu verstehen? Wenn unter Struktur »das Verhältnis von Teilen zu einem Ganzen« verstanden wird, so ist folgerichtig »Strukturpolitik die Beeinflussung der Teilbereiche in bezug auf das Ganze oder den Gesamtwirtschaftsprozeß«. Als Teile und somit entscheidende Ansätze der Strukturpolitik sind dabei die einzelnen Sektoren und Regionen zu betrachten. Alle wirtschaftspolitischen Maßnahmen, die auf die Beeinflussung, Gestaltung oder Festlegung der Wirtschaftsstruktur zielen, werden im engeren Sinne als Strukturpolitik bezeichnet. So verstanden, kann die Strukturpolitik als ein eigenes abgegrenztes Teilgebiet der Wirtschaftspolitik gesehen werden. Da aber auch nahezu alle anderen wirtschafts- und gesellschaftspolitischen Maßnahmen die Struktur einer Volkswirtschaft beeinflussen, wird durch diese Einengung allerdings ein großer Teil der tatsächlichen politischen Gestaltungskräfte der jeweiligen Struktur nicht berücksichtigt. Aus diesem Grunde wird neben der Strukturpolitik im engeren Sinne die Strukturpolitik im weiteren Sinne, d.h., auch die Auswirkungen aller anderen Maßnahmen auf die Struktur, berücksichtigt.
Wenn wir fragen, ob die Strukturpolitik etwas Neues darstellt, kommen wir – sofern wir den weiten Strukturbegriff zugrunde legen – zu der Schlußfolgerung, daß Unterschiede zur herkömmlichen Wirtschaftspolitik nicht feststellbar sind. Denn auch früher, z.B. im vergangenen Jahrhundert, wurden durch viele Maßnahmen der Wirtschaftspolitik bestimmte Wirtschafts- und Sozialstrukturen bewußt gestaltet, geschaffen oder konserviert. Um einige Beispiele aus dem 19. Jahrhundert zu bringen, sei hier z.B. an die Bismarcksche Agrarschutzpolitik mit Hilfe der Getreidezölle erinnert, deren Ziel u.a. die Erhaltung der durch den Großgrundbesitz charakterisierten sozio-ökonomischen Strukturen war. Ähnliches gilt vielfach auch für viele andere Schutzzölle in Vergangenheit und

Gegenwart, während die sogenannten Erziehungszölle und die Gewerbeförderungsmaßnahmen im Gegenteil auf die Schaffung einer anders gearteten Struktur abzielten. Der zeitweilige Übergang zu einer eingeschränkten Gewerbefreiheit und zu einem gemäßigten Freihandel, wie dies für einige Jahrzehnte des 19. Jahrhunderts auch in Deutschland der Fall war, hatte ebenfalls strukturverändernde Auswirkungen. Man könnte die Beispiele beliebig fortsetzen, und zwar bis auf unsere Tage.
Als eine wirklich rationale, als »aus einem Guß« bezeichnete, auf das Wirtschaftswachstum ausgerichtete Strukturpolitik wird die im Jahre 1967 aus »tastenden Versuchen« entstandene Strukturpolitik angesehen, während vorher darunter nur eine Notstandspolitik verstanden worden ist. Als besonderes Merkmal dieser »neuen« Strukturpolitik werden die Unterordnung unter gesamtwirtschaftliche Ziele, vor allem des wirtschaftlichen Wachstums und des reibungslosen Strukturwandels und die angeblich wissenschaftliche Rationalität (auf Vernunft beruhend) hervorgehoben. Strukturpolitik sei somit »im Gegensatz zu der konservierenden (erhaltenden) Schutzpolitik eine Politik des Fortschritts und nicht der Erhaltung und der Konservierung«. Sie sei somit in Ergänzung der Konjunkturpolitik wichtiger Teil »einer modernen systematischen Wirtschaftspolitik« (Karl Schiller).

II. ZIELE UND GRUNDSÄTZE DER STRUKTURPOLITIK

Die Strukturpolitik dient nach Meinung der Bundesregierung dazu, »im Rahmen der marktwirtschaftlichen Ordnung ein stetiges und angemessenes wirtschaftliches Wachstum zu sichern, für ein stabiles Preisniveau zu sorgen und somit dazu beizutragen, den allgemeinen Lebensstandard zu steigern und die sozialen Aufgaben besser zu erfüllen« (Strukturbericht 1969, S. 2).
Hiernach hängt ein angemessenes wirtschaftliches Wachstum wesentlich davon ab, »daß die Produktionsfaktoren dort eingesetzt werden, wo sie den größten volkswirtschaftlichen Ertrag bringen. Das bedingt einen ständigen Strukturwandel. Strukturelle Wandlungen aufzuhalten würde dagegen bedeuten, auf Wachstumschancen zu verzichten, die Stabilität zu beeinträchtigen und potentielle Krisenherde zu konservieren«.
»In der Marktwirtschaft vollziehen sich«, wie es im Strukturbericht weiter heißt, »der Strukturwandel und die Anpassung an veränderte Marktbedingungen grundsätzlich durch den Wettbewerb und in eigener

Verantwortung des Unternehmers. Dessen Aufgabe ist es, Strukturwandlungen rechtzeitig zu erkennen und sich darauf einzustellen. Der Staat fördert den Strukturwandel, indem er vor allem für einen funktionsfähigen Wettbewerb sorgt. Er muß darüber hinaus den Strukturwandel aber auch auf jede andere angemessene Weise begünstigen.

Nach den Grundsatzvorstellungen der Bundesregierung soll das in erster Linie dadurch geschehen, daß der Staat die Rahmenbedingungen für den Wirtschaftsablauf transparent macht, Anpassungshemmnisse abbaut und das wirtschaftlich relevante Recht zweckmäßig gestaltet, damit wachstumsträchtige Strukturveränderungen erleichtert werden.« (Strukturbericht 1969, S. 2).

»In einer vollbeschäftigten Wirtschaft sind Wachstum und Strukturwandel eng miteinander verzahnt. Die Bundesregierung fördert und erleichtert den Strukturwandel und den technischen Fortschritt, deshalb ist die Strukturpolitik der Bundesregierung vor allem Wachstumspolitik. Dabei sind selbstverständlich gesellschaftspolitische und soziale Ziele mitbestimmend. Mit dieser Politik will die Bundesregierung

– den Lebensstandard in der Gegenwart und für die Zukunft anheben,
– die Leistungsfähigkeit der deutschen Wirtschaft steigern,
– die soziale und technische Infrastruktur verbessern und eine gleichgewichtigere räumlich-strukturelle Entwicklung im Bundesgebiet ermöglichen.
– die sozialen Leistungen des Staates sichern und ausbauen,
– die deutsche Wirtschaft in die Lage versetzen, die jungen und die teilindustrialisierten Staaten bei ihrer Entwicklung zu unterstützen.

Die Bundesregierung will unsere freie Wirtschafts- und Gesellschaftsordnung für den Wettbewerb mit allen hochentwickelten Industrienationen stärken.« (Strukturbericht der Bundesregierung 1970, S. 7)

Versucht man diese Ziele der Bundesregierung zu deuten, so wird als zentrales Ziel »ein stetiges und angemessenes wirtschaftliches Wachstum« herausgestellt. Alle anderen Punkte, die unter der Zwischenüberschrift »Ziele der Strukturpolitik« beschrieben sind, sind keine Ziele, sondern Voraussetzungen, um das Ziel Wachstum zu erreichen. Aufgeführt wird als weiteres Ziel, soweit man es nicht als Zwischenziel betrachten muß, »stabiles Preisniveau«. Ein auch im »Wachstums- und Stabilitätsgesetz« genanntes konjunkturpolitisches Ziel. Neben dem Ziel »wirtschaftliches Wachstum« wird ausdrücklich noch einmal darauf hingewiesen, daß die Strukturpolitik »den allgemeinen Lebensstandard zu steigern« hat, ohne daß umrissen wird, was hierunter zu verstehen ist.

Die Kritik, die hier angebracht zu sein scheint, richtet sich zunächst einmal gegen die absolute Bedingung »im Rahmen der marktwirtschaftlichen Ordnung«. Denn wenn es um das Erreichen von gesellschafts- und wirtschaftspolitischen Zielen geht, ist die Organisation der Wirtschaft, d.h., mit welchen Einrichtungen (Institutionen) und welchen Mitteln man die Ziele erreicht, eine Zweckmäßigkeitsfrage. Der Einsatz und somit das Festhalten an diesem Instrumentarium kann nur so lange einen Sinn haben, so lange es zur Durchsetzung und Erreichung der Ziele taugt.

Ein weiterer Kritikpunkt, der hier nur gestreift werden soll, ist das nur auf quantitatives, mengenmäßiges wirtschaftliches Wachstum angelegte Ziel, ohne auch nur im Ansatz eine Qualifizierung zu versuchen. Denn Wachstum um jeden Preis kann bewirken, daß das Gegenteil von »den allgemeinen Lebensstandard zu steigern« erreicht wird. Die Formulierung »dabei sind selbstverständlich gesellschaftspolitische und soziale Ziele mitbestimmend« ist so unverbindlich, daß man in dieser allgemeinen Formulierung an ihre Berücksichtigung nicht so recht glauben kann. Im Gegenteil, eine sozial verpflichtete Strukturpolitik hätte in ihren Prioritäten (Rangfolgen) sich zuvörderst an gesellschaftspolitischen Zielen auszurichten und nicht umgekehrt. Genau so unverbindlich klingen auch andere Ziele und Grundsätze.

III. ANSÄTZE UND MASSNAHMEN DER STRUKTURPOLITIK

Geht man von den Zielen und der Erkenntnis der Bundesregierung aus, daß der Wachstumsprozeß der Wirtschaft mit Strukturveränderungen verbunden ist, der sektoral und regional nicht sich selbst überlassen, sondern gesteuert werden soll, stellt sich die Frage nach den Ansätzen und Maßnahmen der Strukturpolitik. Die Aufgabe der Strukturpolitik wurde in diesem Verständnis bisher verstanden als Eingriffe in den Marktprozeß, die den Strukturwandel so steuern, daß er das Wirtschaftswachstum nicht hemmt, sondern vielmehr fördert, daß er sektorale Anpassungen erleichtert und regionale Entwicklungen vorantreibt.

1. Sektorale Strukturpolitik (Branchenpolitik)

Die sektorale Strukturpolitik ist und wird als Bestandteil einer Wachstumspolitik gesehen. Sie sollte dazu beitragen, die Produktivität der Gesamtwirtschaft rasch zu steigern, indem sie einerseits die Entwicklung der

Wirtschaftsbereiche begünstigte, die sowohl von der technologischen Entwicklung als auch von der voraussichtlichen Entwicklung der Nachfrage auf den Binnen- und Außenmärkten her eine aussichtsreiche Zukunft hatten. Andererseits sollte sie die Anpassung der Sektoren erleichtern, deren Entwicklungsaussichten weniger günstig waren. Sektorale Strukturpolitik versteht sich als die Unterstützung von Tendenzen, die in Branchen über den Markt und in Richtung der Marktentwicklung Strukturveränderungen erleichtern oder beschleunigen sollen. Hierbei wird zwischen Maßnahmen, die der Beschleunigung des Strukturanpassungsprozesses dienen und Maßnahmen, die zu einer gewissen Verlangsamung des Anpassungsprozesses beitragen, unterschieden.
Eine sehr wichtige Aufgabe der sektoralen Strukturpolitik wird darin gesehen, die Entwicklung zukunftsweisender für das gesamtwirtschaftliche Wachstum wichtiger Produktionszweige zu fördern, die ohne staatliche Unterstützung zu wenig oder zu langsam vorankämen. Durch Finanzierungsbeiträge für Forschung, technische Entwicklung und richtungsweisende Investitionsvorhaben soll die Privatwirtschaft gestärkt werden. So hat die Bundesregierung die technische Entwicklung vor allem in der Luft- und Raumfahrtindustrie, bei der elektronischen Datenverarbeitung und bei der Atomenergie zu fördern versucht.
Mit der sektoralen Strukturpolitik versuchte der Staat auch, einzelnen stagnierenden oder rückläufigen Wirtschaftszweigen die Anpassung an die wirtschaftliche Entwicklung zu erleichtern, wie z.B. die Krise im Steinkohlenbergbau zu mildern und mit dem Problem im landwirtschaftlichen Sektor fertig zu werden.
Dabei sollten die mit jeder Umstellung verbundenen sozialen Notstände gemildert und soziale Spannungen vermieden werden.
Die Bundesregierung hat 1966 »Grundsätze der sektoralen Strukturpolitik« veröffentlicht. In diesen Grundsätzen wird die Funktion der sektoralen Strukturpolitik als Bestandteil einer aktiven Wachstumspolitik gesehen. Sie soll dazu beitragen, die Produktivität der Gesamtwirtschaft rasch zu steigern, indem sie einerseits die Entwicklung der Wirtschaftsbereiche begünstigt, die sowohl von der technologischen Entwicklung als auch von der voraussichtlichen Entwicklung der Nachfrage auf den Binnenmärkten und auf dem Weltmarkt her eine aussichtsreiche Zukunft haben. Andererseits soll sie die Anpassung der Sektoren erleichtern, deren Entwicklungsaussichten wenig günstig sind.
Der Sachverständigenrat zur Begutachtung der gesamtwirtschaftlichen Entwicklung hat im zweiten Jahresgutachten 1966 (Ziffer 219) ähnliche Schlußfolgerungen gezogen:
»Wenn Wachstum... mehr und mehr zugleich Strukturwandel ist, muß

rationale Wachstumspolitik mehr und mehr als Förderung dieses Wachstums verstanden werden: als progressive – nicht konservierende – Strukturpolitik.«

a) Aufgaben der sektoralen Strukturpolitik – Entwicklung und Anpassung

In den Jahreswirtschaftsberichten seit 1968, zuletzt in dem von 1975, hat die Bundesregierung dargelegt, daß sie die technische Entwicklung, vor allem in der Luft- und Raumfahrtindustrie, bei der elektronischen Datenverarbeitung und Industrie für elektronische Bauelemente, der Schiffbauindustrie und bei der Atomenergie fördern will. Die Luft- und Raumfahrtindustrie gilt als Schrittmacher für die Anwendung moderner Techniken. Da ihre Entwicklungs- und Produktionskosten so hoch sind, daß sie von privater Seite allein nicht aufgebracht werden können, hat der Bund in zunehmendem Maße in den vergangenen Jahren öffentliche Mittel bereitgestellt.

Nach dem Jahreswirtschaftsbericht 1975 der Bundesregierung soll es die wichtige Aufgabe »der zukunftsorientierten Strukturpolitik« sein, »den technischen Fortschritt in der gewerblichen Wirtschaft zu fördern. Auf diesem Hintergrund kommt dem technischen Fortschritt in der gewerblichen Wirtschaft besondere Bedeutung zu. Eine zukunftsorientierte Strukturpolitik muß zusammen mit der Technologiepolitik Impulse für die Modernisierung der Wirtschaft geben, besonders für die Entwicklung gesamtwirtschaftlich wichtiger Schlüsseltechnologien und für die Einführung technologieintensiver und ressourcensparender Produkte und Verfahren. Grundlage hierfür ist eine breit angelegte Forschung und Entwicklung in den Unternehmen. Die Bundesregierung fördert industrielle Forschung, Entwicklung und Innovationen vor allem in Bereichen, die für die Wettbewerbsfähigkeit der deutschen Volkswirtschaft unter den sich verändernden weltwirtschaftlichen Rahmenbedingungen eine Schlüsselrolle spielen« (Jahreswirtschaftsbericht der Bundesregierung, S. 16).

Die Politik zur Verlangsamung von Strukturanpassungsprozessen soll sich nur auf Ausnahmebereiche erstrecken. Nur in Ausnahmefällen, d.h. konkret, wenn aufgrund besonders gelagerter Produktions- oder Marktverhältnisse sowie schwerwiegender Spannungen oder der Häufung wirtschaftlicher Schwierigkeiten in bestimmten Regionen ein Strukturwandel nur über einen längeren Zeitraum zumutbar erscheint, soll es angebracht sein, den Anpassungsprozeß durch geeignete Mittel zu verlangsamen, denn prinzipiell soll dabei bedacht werden, daß eine Politik der Konservierung (Erhaltung) überkommener Strukturen auf lange

Sicht Wachstum und Stabilität der Gesamtwirtschaft schwer schädigen würden.
Nach der bisherigen Praxis soll die sektorale Strukturpolitik nicht dann schon eingreifen, wenn einzelne Unternehmen in Schwierigkeiten geraten. Denn es wäre sozial ungerecht, wenn alle großen Unternehmer zwar die Gewinne behalten, die Verluste aber – mit Rücksicht auf die Erhaltung der Arbeitsplätze – sozialisieren lassen können. Die sektorale Strukturpolitik will also davon ausgehen, daß prinzipiell dem Unternehmer das Risiko als Pendant (Gegenstück) zum Gewinn zu belassen ist, daß es aber volkswirtschaftlich verfehlt wäre, dort nicht einzugreifen, wo der gesamtwirtschaftliche Nutzeffekt staatlicher Hilfsmaßnahmen die ökonomischen und finanziellen Kosten ihres Eingreifens beträchtlich übersteigt.

b) Maßnahmen der sektoralen Strukturpolitik

Die Mittel der sektoralen Strukturpolitik sind recht vielfältig. Im wesentlichen kann unterschieden werden in Anpassungs- und in Umstellungshilfen. Zinsgünstige staatliche Umstellungskredite sollen Unternehmen, deren Branche in nachhaltige strukturelle Schwierigkeiten geraten ist, die Umstellung ihrer Produktionsprogramme erleichtern und dadurch den Anpassungsprozeß beschleunigen. Sie kommen vor allem dann in Frage, wenn es sich um so tiefgreifende Umgestaltungen der bisherigen Produktion handelt, daß wesentliche Teile der vorhandenen Produktionsanlagen vorzeitig ersetzt werden müssen. Solche Kredite werden bereits seit Jahren aus Mitteln des ERP-Sondervermögens (ERP: Europäisches Wiederaufbauprogramm – Marshallplanhilfe) gewährt. Sie fließen in die Textilindustrie, zu den Werften, aber auch in den Energiesektor, zur elektronischen Datenverarbeitung und neuerdings auch in die Luft- und Raumfahrtindustrie.
Wenn aus wirtschaftlichen, sozialen oder politischen Gründen gesamtwirtschaftlich notwendige und wichtige Strukturwandlungen sich wesentlich verzögern und wenn der Abbau von Überkapazitäten durch den Ausleseprozeß des Marktes und mit leichteren Anpassungshilfen nur unter Voraussetzungen möglich ist, die aus gesamtwirtschaftlichen und sozialen Gründen bedenklich erscheinen, sind als strukturpolitische Mittel Stillegungs- und Umstellungsbeihilfen vorgesehen. Mit ihnen soll die Stillegung von Überkapazitäten prämiiert und unmittelbar zu größerer Mobilität der Produktionsfaktoren angereizt werden. Ein solcher staatlicher Zuschuß zur Strukturanpassung soll allerdings nur als letztes Mittel und – wie der Staatssekretär Otto Schlecht im Ministerium für

Wirtschaft schreibt – nur aufgrund strenger Kriterien gewährt werden. Schlecht führt auf:

– Der zu erwartende gesamtwirtschaftliche Nutzen soll größer sein als der finanzielle Aufwand.

– Die nachhaltigen und länger anhaltenden Strukturschwierigkeiten für einen ganzen Wirtschaftszweig müssen evident (völlig klar und einleuchtend) sein; und die wirtschaftliche Lage der betroffenen Branche muß offengelegt werden.

– Die Benutzung der Beihilfe zur Stillegung oder Umstellung muß sichergestellt sein, u.a. durch zeitliche Begrenzung.

– Die Beihilfe darf nicht nur den Unternehmern und Eigentümern zugute kommen, sondern muß auch soziale Übergangshilfen einschließen, wenn bei Strukturanpassungen in größerem Umfang Arbeitnehmer (insbesondere ältere Arbeitnehmer) ihren bisherigen Arbeitsplatz aufgeben müssen. (68, S. 27–28)

Auf die Frage, wo die Trennungslinie zwischen der förderungswürdigen Verlangsamung von Anpassungsvorgängen und der Strukturkonservierung mit staatlichen Mitteln liege, antwortet Schlecht: »Kurzfristig gesehen, dürfte diese Unterscheidung in der Tat oft sehr schwer sein. Um zu erkennen, um welche Art von Maßnahmen es sich handelt, muß man fragen, wie lange die Strukturhilfen gewährt werden sollen und welches Ergebnis sie zeitigen sollen. Strukturanpassungshilfen sollen in einer Marktwirtschaft nur zeitlich begrenzt gewährt werden. Anschließend soll der Wettbewerb seine Regulierungsfunktion wieder übernehmen.« (68, a.a.O., S. 29)

Die Maßnahmen der sektoralen Strukturpolitik sind insgesamt gesehen außerordentlich unübersichtlich und werden auch nicht geschlossen ausgewiesen. Sie sind unter anderem Teil der Agrarpolitik, Forschungs- und Wissenschaftspolitik oder der Energiepolitik und somit stark gefächert und schwer quantifizierbar, d.h., es gibt keine zusammenfassende Darstellung über die Art der Maßnahmen und die Höhe der Mittel.

c) Ergebnisse der sektoralen (branchenbezogenen) Strukturpolitik

Mißt man die Ergebnisse der sektoralen Strukturpolitik an ihren Zielen und Grundsätzen, fallen unschwer Widersprüche auf. Zwischen den Absichten und den Tatsachen klafft eine unübersehbare Kluft. Nach den Strukturberichten der Bundesregierung sollte die sektorale Strukturpolitik unzweideutig der »Förderung des Strukturwandels« dienen. Primär sollten die Unternehmer für die notwendige Strukturanpassung verantwortlich sein und staatliche Hilfen wären hiernach lediglich als Hilfe zur Selbsthilfe und nur dann in Betracht gekommen, »wenn sich die gesamtwirtschaftlichen Rahmenbedingungen für einzelne Sektoren besonders rasch und einschneidend ändern und ein sich selbst überlassener Prozeß zu unerwünschten volkswirtschaftlichen und sozialpolitischen Konsequenzen führen würde«. Staatliche Hilfen sollten hiernach zeitlich befristet und degressiv (abnehmend) gestaltet sein. In den Schwerpunkten der Branchenstrukturpolitik, wie etwa im Steinkohlenbergbau, in der Landwirtschaft, im Verkehrssektor und z.T. auch in anderen Branchen hat sich die Bundesregierung im Konflikt zwischen Wachstums- und verteilungspolitischen Zielen ganz überwiegend für strukturkonservierend wirkende Einkommenshilfen entschieden und damit die bestehende Verteilungssituation verschärft. Oft allzu schnell und willfährig und ohne Rücksicht auf die wirtschaftspolitischen Grundsätze war man bereit, bestimmten Branchengruppen eine wettbewerbsmindernde Sonderstellung einzuräumen oder Subventionen zuzugestehen. Vor allem diejenigen Interessengruppen konnten der Staatshilfe sicher sein, die lautstark ihre tatsächliche oder vermeintliche Krisensituation aufzeigten, maximale Hilfsansprüche anmeldeten und selbst vor politischen Pressionen (Druck) nicht zurückschreckten. Von zeitlicher Befristung und allmählichem Abbau von Subventionen und wettbewerbsmindernden Regelungen ist kaum etwas zu spüren. Dagegen wachsen die Subventionen unaufhörlich und verschlingen – ohne daß Anpassungsreaktionen erfolgen – eine wachsende Summe an öffentlichen Mitteln. Zwar ist der Anteil der Erhaltungssubventionen in den letzten Jahren nach den Subventionsberichten der Bundesregierung zurückgegangen, jedoch spielen sie nach wie vor noch im Verhältnis zu den Anpassungssubventionen eine entscheidende Rolle.

Hieran zeigt sich deutlich, daß die sektorale Wirtschaftspolitik primär Strukturerhaltungspolitik ist und nicht, wie manche Politiker glauben machen wollen, im wesentlichen der Strukturanpassung von Wirtschaftszweigen dient. Unzweifelhaft haben die beträchtlichen Erhaltungssubventionen den Wachstumszielen entgegengewirkt und somit keineswegs das Prädikat »Wachstumspolitik« verdient, im Gegenteil, sie wirken eher als Wachstumsbremse.

Die sektorale Strukturpolitik weist, geht man ins einzelne, verschiedene Schwächen auf. Branchenverbände beeinflussen die sektorale Strukturpolitik, und zwar nicht öffentlich, sondern im Verborgenen.

Ministerien, die für bestimmte Wirtschaftszweige verantwortlich sind, versuchen sich so zu verhalten, daß ihr Zusammenspiel mit den Verbänden nicht allzu deutlich wird. Dies ist besonders dann der Fall, wenn die staatlichen Instanzen gesamtwirtschaftlich zweifelhaften For-

Siehe Hans-Rudolf Peters (63), sowie den Hinweis auf der Umschlaginnenseite.

derungen organisierter Interessengruppen nachgegeben haben. Erfahrungsgemäß setzen sich Produzenteninteressen zu Lasten der Gesamtinteressen immer dann durch, wenn die Vergabe der Mittel einer nicht ausreichenden öffentlichen Kontrolle unterliegt.
Die Instanzen der sektoralen Strukturpolitik haben die Methode der besten Mittelwahl nicht immer angewandt. Aufwand/Nutzen-Vergleiche, die Aufschluß über die Eignung branchenpolitischer Maßnahmen geben könnten, sind nicht angestellt worden. Gelegentlich genügte es den Politikern bereits, wenn eine hastig ergriffene Maßnahme, die Klagen und Forderungen der Produzenten einer Branche – und sei es auch nur kurzfristig – verstummen ließ, wobei eventuelle schädliche Neben- und Fernwirkungen für die Verbraucher oder andere Gruppen oft nur gering geachtet wurden. So erwies sich die sektorale Wirtschaftspolitik oft weitgehend als reine Anbieterschutzpolitik.
Gerhard Tholl führt eine Fülle von Maßnahmen der sektoralen Strukturpolitik an, »die höhere Einnahmen und niedrigere Ausgaben der Unternehmer vieler Wirtschaftszweige anstreben und die auf diese Weise deren Gewinne stabilisieren oder erhöhen sollen« (73, S. 61–68). Genannt seien hier als besonders markante Beispiele staatlichen Eingreifens: die langjährige Schutzpolitik zugunsten der Landwirtschaft, die Protektionspolitik (Förderung) zugunsten der Werften und auch gewisse Elemente der Kohlenpolitik. Es geht uns hier nicht darum, am Beispiel der Landwirtschaft die lange Tradition der Agrarschutzpolitik und die große Zahl ihrer Maßnahmen direkter und indirekter Subventionierung, der Einfuhrpolitik und der Agrarmarktordnungen zur Sicherung hoher landwirtschaftlicher Erzeugerpreise zu beschreiben, sondern auf ihre Folgen hinzuweisen. Nach der Aufzählung und Bewertung der vielen Maßnahmen der Agrarpolitik kommt Gerhard Tholl zu folgendem Ergebnis:

»Überblickt man die bisher betriebene Agrarschutzpolitik, dann wird deutlich, daß die kleinen Betriebe, in deren Interesse diese Politik angeblich gemacht wird, nicht viel von den hohen Agrarpreisen haben, weil die von ihnen vermarkteten Mengen landwirtschaftlicher Produkte zu gering sind. Die größeren Betriebe haben bei weitem den größten Nutzen von dieser Politik. Neben der Erhöhung der Einnahmen wird auch die Landwirtschaft auf der Ausgabenseite durch Finanzierungshilfen des Bundes und der Länder entlastet. Auf Bundesebene sind vor allem zu nennen: die Kredite zur Förderung von Aussiedlungen, bauliche Maßnahmen in Altgehöften und Aufstockungen, Kredite in Neusiedlungsverfahren, Beihilfen bei langfristiger Verpachtung, die Zuschüsse bei freiwilligem Landtausch, Aufbaudarlehen, Zinszuschüsse zur Besitzfestigung, zur Verbesserung der Wirtschaftlichkeit und Bürgschaften für Kredite an bäuerliche Familienbetriebe. Ähnliche Finanzierungshilfen werden zusätzlich von einzelnen Bundesländern gewährt. Hinzu kommen noch die umfangreichen Subventionen in

Form von Steuervergünstigungen. Nach den Berechnungen des Deutschen Instituts für Wirtschaftsforschung stiegen die direkten und indirekten Subventionen zugunsten der Landwirtschaft in der Bundesrepublik Deutschland von 3 070 Mrd. DM im Jahre 1959 auf 5 820 Mrd. DM im Jahre 1967. Jetzt (1972, K.N.) werden sie bei weit über 8 Mrd. DM liegen. In der gesamten EG betragen die sichtbaren Finanzhilfen insgesamt 29 Mrd. DM.
Die Arbeitsgemeinschaft der Verbraucherverbände hat für 1967 bis 1969 die Gesamtbelastung in der gesamten EG durch direkte und indirekte Subventionen der öffentlichen Hand und durch die höheren Agrarpreise aufgrund von Berechnungen des US-Landwirtschaftsministeriums zu ermitteln versucht. Sie kam zu dem Ergebnis, daß die EG-Europäer 1970 mehr als 50 Mrd. für die Agrarpolitik gezahlt haben,das sind rund 100 DM je Vier-Personen-Haushalt monatlich.« (73, S. 65)

Tholl schlußfolgert aus diesen Fakten:

»Strukturpolitisch hat die EG-Agrarschutzpolitik völlig verzerrte Daten gesetzt. Jeder landwirtschaftliche Betriebs- und Investitionsplan, der sich an den künstlich durch ausgeklügelte Interventionen aufrechterhaltenen hohen Agrarpreisen und an den heute gegebenen Preisrelationen ausrichtet, wäre nur sinnvoll, wenn der Agrarschutz auch in Zukunft erhalten bliebe. Wenn dieser Schutz einmal wegfällt bzw. auch nur eine Lockerung erfährt, erweisen sich die an den heutigen Daten ausgerichteten Investitionen in weitem Umfang als Fehlinvestition und das Problem der Umstrukturierung stellt sich dann erst in seiner vollen Schärfe.« (73, S. 64)

Aus den Ergebnissen der sektoralen Strukturpolitik lassen sich folgende Schlüsse ziehen:
Die Förderungsmaßnahmen müßten so dosiert sein, daß ein anzustrebendes Ziel mit dem geringstmöglichen Mitteleinsatz erreicht bzw. bei vorgegebenen Mitteln der höchstmögliche Grad der Zielerfüllung erlangt wird.
Dies setzt jedoch voraus, daß der Kreis der Förderungsempfänger jeweils entsprechend der Zielsetzung genau abgegrenzt wird. Es muß ausgeschlossen werden, daß diejenigen, die nach der Zielsetzung nicht unter die Förderung fallen sollen, unbeabsichtigt mit profitieren. Die Träger der sektoralen Strukturpolitik haben aber häufig die Subventionen nicht auf einen genau formulierten Förderungszweck und abgegrenzten Empfängerkreis ausgerichtet, sondern nach dem Gießkannenprinzip auf bedürftige und nichtbedürftige, lebensfähige und nichtlebensfähige Unternehmen verteilt. Eine spätere Reduzierung der Mittel unterblieb, weil es an einer effektiven Erfolgskontrolle der wirtschaftspolitischen Maßnahmen fehlt. Bisher waren die einzelnen Maßnahmen der sektoralen Strukturpolitik untereinander nur mangelhaft verbunden und auch mit der allgemeinen Wirtschafts- und Finanzpolitik nicht abgestimmt.

d) Sektorale Strukturpolitik zur Sozialisierung von Verlusten

Die Widersprüchlichkeit der sektoralen Strukturpolitik, vergleicht man ihre Ziele mit den zur Erreichung dieser Ziele eingesetzten Maßnahmen, ist mit den im letzten Abschnitt beschriebenen Ergebnissen schon aufgezeigt. Daß sektorale Strukturpolitik in ihrem Kern aber weder der Anpassung noch der Erhaltung dienen muß, sondern auch die Aufgabe haben kann, unternehmerische Fehlentscheidungen und daraus resultierende Verluste auszugleichen, läßt sich am Beispiel des Ruhrkohlenbergbaus belegen. Die Widersprüche, die einseitige Interessenorientierung an den Unternehmen und der hohe finanzielle Aufwand seitens des Staates werden von H. Schmidt unter dem Titel »Die Zeche zahlt der Staat. Sozialisierung der Verluste im deutschen Ruhrkohlenbergbau« beschrieben:

»Das im Mai 1968 erlassene Kohleanpassungsgesetz setzte als Ziel die Anpassung und Gesundung des Steinkohlebergbaus. Um eine Anpassung der Förderung an die von der öffentlichen Hand garantierte Absatzlage zu erreichen, sollten unrentable Zechen allmählich geschlossen, die Monostruktur im Ruhrgebiet abgebaut und Unternehmen anderer Wirtschaftszweige angesiedelt werden. Gleichzeitig sollte die soziale Sicherheit des Bergarbeiters gewährleistet sein, z.B. durch eine Teilfinanzierung von Feier- und Nachholschichten und Zahlung von Abfindungsgeldern an Arbeiter, die infolge von Stillegungen entlassen wurden. Ebenfalls wurden zur Verbesserung der Absatzmöglichkeiten Richtlinien verabschiedet, nach denen Beihilfen an die Grundstoffindustrie zur Abnahme von Hochofenkoks und Kokskohle gegeben wurden.
Am 18.7.1969 wurde zur Sanierung des deutschen Steinkohlebergbaus ein Vertrag zur Gründung der *Ruhrkohle AG* mit einem Grundkapital von 600 Mio. DM geschlossen. 52 Schachtanlagen und dazu 5 Brikettfabriken und 29 Kokereien mit insgesamt fast 180000 Beschäftigten wurden zu einem Mammutkonzern zusammengeschlossen. Der Plan, die Zechen im Ruhrgebiet zu einer Einheitsgesellschaft zusammenzufassen, ging auf Überlegungen der deutschen Grundstoffindustrie zurück und wurde von dem damaligen Bundeswirtschaftsministerium bereitwillig aufgegriffen. Direktes Zecheneigentum sollte in indirektes umgewandelt, die Zechen auf Kosten des Staates rationalisiert werden. Die Gruben wurden zwar zu einem hohen Preis an die gegründete Einheitsgesellschaft verkauft, aber die alten Zecheneigentümer wurden Aktionäre der Ruhrkohle AG. Die rentablen Unternehmen behielten sie und brachten durch den Verkauf nur die »Skelette ohne Fett und Fleisch« in die neue Gesellschaft ein.
Die Attraktion dieser Maßnahme liegt in dem staatlich verbürgten Kaufpreis, der eine Gewinngarantie für die Eigentümer der eingebrachten Zechen darstellt. Durch die 3,7-Milliarden-Bürgschaft von Bund und Land Nordrhein-Westfalen abgesichert, übernahm die Einheitsgesellschaft nicht nur die Schulden der alten Eigentümer in Höhe von 1,6 Mrd. DM, sie gestand diesen auch Einbringungsforderungen in Höhe von 2,1 Mrd. DM zu, welche ihnen in zwanzig Jahresraten zu je 185 Mio. DM, zu 6% verzinst, erstattet werden sollen. Damit wird zusätzlich zu den bereits genannten Subventionsmaßnahmen das gesamte Bergbaurisiko auf den Steuerzahler abgewälzt...

Zu den alten Zecheneigentümern gehören auch die Stahlkonzerne – Krupp, Hoesch, Thyssen, Salzgitter und Ilseder Hütte haben ihre Vertreter im Vorstand und Aufsichtsrat der Ruhrkohle AG –, denen es gelang, die Einheitsgesellschaft im sog. Hüttenvertrag zu verpflichten, besonders preisgünstig Koks und Kokskohle für die Stahlgewinnung zu verkaufen. Hatten die übrigen Verbraucher in den letzten Jahren steigende Preise für ihren häuslichen Bedarf zu zahlen, so bekommen die Stahlkonzerne ihre Bedarfsmengen weiterhin zu alten Preisen. Während Kokskohle normalerweise 111,– DM kostet, wird sie der Stahlindustrie zu 68,50 DM geliefert, Hüttenkoks zu ca. 80,– DM statt 128,– DM.
Mit der Begründung von Absatzschwierigkeiten wurde Anfang 1972 Kurzarbeit für 130 000 Bergleute angesetzt. Die Haldenbestände waren Ende 1971 auf 8,3 Mio. t... angewachsen. Die Ruhrkohle AG geriet in eine Liquiditätskrise. Neue Kredite, nicht nur für Investitionen, sondern auch zur Finanzierung des laufenden Geschäfts wurden benötigt. 1969 ergaben sich Betriebsverluste in Höhe von ca. 300 Mio. DM, 1970 von 400 Mio. DM.
Eine Erweiterung des Bürgschaftsrahmens durch den Bund und Nordrhein-Westfalen von ungefähr 1 Mrd. DM sollte dem kranken Ruhrbergbau zu neuem Leben verhelfen. Weitere Maßnahmen werden folgen müssen. Im Rahmen der mittelfristigen Finanzplanung sind z.B. vorgesehen:
a) die Verlängerung und Erweiterung der sog. »Verstromungsregelungen«. Durch Richtlinien soll sowohl der Bau als auch der Betrieb von Kraftwerken durch direkte Zuschüsse begünstigt werden. Für 1974 und 1975 sind dafür rd. 150 Mio. DM vorgesehen.
b) Aufstockung der Investitionshilfe für die Steinkohle (um 100 Mio. DM) für 1972.
Außerdem steht eine Zwischenfinanzierung von Kohlehalden durch den Bund zur Debatte.
Verluste werden nach altem Vorbild weiterhin durch staatliche Subventionen und Bürgschaften ausgeglichen.« (Zitiert nach 14, S. 133-135).

Bundes- und Landeshilfen für den Ruhrbergbau 1966 – 1970 (in Mio. DM)

	Bund	Nordrhein-Westfalen
Sozialleistungen für Bergarbeiter	251,1	81,5
Maßnahmen im Sozialbereich über die Unternehmen	886,2	472,0
Stillegungshilfen	407,1	66,3
Absatzhilfen	1 092,7	542,6
Strukturhilfen	2 908,7	232,0
Forschung, technische Entwicklung		65,1
Sonstige Förderung		15,7
Insgesamt	5 545,6	1 475,2
Staatshilfen insgesamt: 7 020,8		

(Auszug aus: Schmidt, H.: Die Zeche zahlt der Staat. Sozialisierung der Verluste im deutschen Ruhrkohlebergbau, in: Kapp/Vilmar (Herausg.): Sozialisierung der Verluste? Die sozialen Kosten eines privatwirtschaftlichen Systems, München 1972, S. 149 – 152), entnommen aus: Hansgeorg Conert (14).

Ausgehend von den beschriebenen strukturpolitischen Ergebnissen läßt sich die These erhärten, daß, geht man von den gesetzten Zielen und Grundsätzen der sektoralen Strukturpolitik aus, zwischen diesen Ansprüchen und der bisher praktizierten Politik eine große Diskrepanz (Abweichung) besteht.

2. Regionale Strukturpolitik (Regionalpolitik)

Die im ersten Abschnitt vorgestellte Unausgeglichenheit der Wirtschaftsstruktur, die sich durch Fehlentwicklungen des sich selbst überlassenen Marktprozesses verschärft, führt auch zu unterschiedlicher Wirtschaftskraft und Einkommensunterschieden im Vergleich zwischen den einzelnen Wirtschaftsregionen. Die unternehmerischen Standortentscheidungen, die in der Vergangenheit Monostrukturen (ein von einem Unternehmen bzw. einem Industriezweig abhängiges Wirtschaftsgebiet) in vielen Industriegebieten entstehen ließen, haben strukturelle und häufig auch konjunkturelle Instabilität solcher Räume zur Folge gehabt, was in der jüngsten krisenhaften Phase 1974/75 besonders deutlich wurde. Ganz typisch hierfür sind die Probleme in den wirtschaftsschwachen Gebieten in denen die Werke Wolfsburg, Salzgitter, Emden, Kassel und Neckarsulm der Volkswagen AG liegen. Bis in die jüngste Zeit hinein bestimmten in der Bundesrepublik einzelwirtschaftliche Zielsetzungen die räumliche Verteilung von Wirtschaft und Bevölkerung, wie es in den Materialien zum Bericht der Lage der Nation 1974 von der Bundesregierung heißt. Der Staat begnügte sich mit partiellen (teilweisen) Korrekturen der so zustande gekommenen Raumstruktur.
Mit wirtschaftspolitischen Maßnahmen sollen die regionalen Differenzierungen der wirtschaftlichen Entwicklung beeinflußt werden. Alle Maßnahmen, die die räumliche Wirtschaftsstruktur beeinflussen, festlegen, ordnen, werden als regionale Strukturpolitik (Regionalpolitik) bezeichnet. Bevor wir uns den Zielen und Maßnahmen der regionalen Strukturpolitik zuwenden, ist auf die Funktion von Raumordnung und die Beziehungen zwischen regionaler Strukturpolitik und Raumordnungspolitik einzugehen.

a) Raumordnung und Raumordnungspolitik

Das Raumordnungsgesetz des Bundes vom 8. April 1965, als »Grundgesetz« für die räumliche Entwicklung der Bundesrepublik bezeichnet, enthält als Rahmengesetz des Bundes keine konkreten Einzelmaßnahmen, sondern formuliert die »Aufgaben und Ziele der Raumordnung« im § 1 ganz allgemein. Hiernach ist die räumliche Struktur so zu entwickeln, daß sie »der freien Entfaltung der Persönlichkeit in der Gemeinschaft am besten dient«. In Grundsätzen trifft es wichtige gesellschaftspolitische Entscheidungen. Die wesentlichste ist wohl, daß alle Räume des Bundesgebietes geordnet und entwickelt, und somit in allen Teilen der Bundesrepublik gleichwertige Lebensverhältnisse geschaffen werden sollen. Dies gilt für ländliche Gebiete ebenso wie für städtische Verdichtungsräume oder für gemischte (ländlich-städtische) Bereiche. Das Gesetz bejaht die Verdichtung von Wohnungen und Arbeitsstätten ausdrücklich. Diese Verdichtung findet freilich dort ihre Grenze, wo sie zu ungesunden Lebensbedingungen führt. Es bejaht auch die Existenz des ländlichen Raumes ausdrücklich, der durch eine besondere Förderung der zentralen Orte und der Schaffung der notwendigen außerlandwirtschaftlichen Arbeitsplätze weiter entwickelt werden soll. Geht man hiervon aus, so zielt Raumordnung darauf ab, die bestmögliche räumliche Verteilung von Wohnungen und Arbeitsstätten, von wirtschaftlichen, kulturellen und sozialen Einrichtungen zu erreichen. Damit soll vor allem bewirkt werden, daß in dem einheitlichen Wirtschafts- und Lebensraum der Bundesrepublik überall gleichwertige – nicht gleiche – und den Ansprüchen an eine menschenwürdige Umwelt gerecht werdende Lebensbedingung entstehen.

Nach dem Raumordnungsgesetz ist die Bundesregierung beauftragt, alle zwei Jahre dem Deutschen Bundestag einen Raumordnungsbericht vorzulegen. Er soll über die bei der räumlichen Entwicklung des Bundesgebietes zugrunde zu legenden Tatsachen und Entwicklungstendenzen und über die Auswirkungen zwischenstaatlicher Verträge auf die räumliche Entwicklung des Bundesgebietes, besonders auf dessen regionale Wirtschaftsstruktur und über die im Rahmen der angestrebten räumlichen Entwicklung durchgeführten und geplanten Maßnahmen berichten.

Einer aktiven Raumordnungspolitik bieten sich, nach dem Raumordnungsbericht von 1972, zunehmend Ansatzpunkte, um unerwünschte räumliche Entwicklungen zu verhindern:

Zu der verhältnismäßig günstigen großräumigen Verteilung der Verdichtungsräume entstehen neue Verdichtungen in bisher ländlichen Räumen. Wohn- und Freizeitwert sowie die infrastrukturelle Ausstattung des Wohnorts bestimmen überwiegend die Wanderungen der Bevölkerung. Die Bedeutung der Arbeitskraft- und Flächenreserven sowie die Umweltqualität für die industrielle Standortwahl nehmen zu.

Im übrigen haben verschiedene vom Bundesminister des Innern veranlaßte Meinungsumfragen gezeigt, daß die Bevölkerung weitgehend den

Stadtcharakter und die wirtschaftlichen, sozialen und kulturellen Vorzüge und Leistungen der großen Verdichtungsräume nicht missen möchte, aber das Wohnen in einem gut ausgestatteten Mittelzentrum bevorzugt, wenn vom Wohnort aus der nächste Verdichtungsraum oder die nächste Großstadt über leistungsfähige Verkehrseinrichtungen gut erreichbar ist.

Zur Koordinierung der Raumordnungspolitik zwischen Bund und Ländern wurde 1967 die Ministerkonferenz für Raumordnung gebildet. Bund und Länder bemühen sich gemeinsam um eine Harmonisierung und Intensivierung ihrer raumordnungspolitischen Anstrengungen, sie haben in den letzten Jahren im Rahmen ihrer gemeinsamen Arbeit am Bundesraumordnungsprogramm wichtige Voraussetzungen für eine Neuorientierung der Raumordnungspolitik geschaffen.

Neben dem Bundesraumordnungsprogramm, das gerade der Öffentlichkeit vorgelegt wurde, haben alle Bundesländer Landesraumordnungsprogramme, Landesentwicklungspläne oder beides fertiggestellt. Diese Grundlagen reichen jedoch für die Raumordnungspraxis nicht aus, die Programme und Pläne sind nicht hinreichend konkretisiert und regionalisiert. Die Programme und Pläne lösen noch nicht die vielfachen Koordinationsprobleme zwischen den öffentlichen Gebietskörperschaften und den Fachplanungsinstitutionen.

In den Raumordnungsprogrammen und -plänen wird zwischen Verdichtungsgebieten und ländlichen, einschließlich zurückgebliebener Gebiete unterschieden. In Verdichtungsräumen sollen den Kerngebieten die Einrichtungen und Betriebe des Dienstleistungsbereiches mit der höchsten zentralen örtlichen Bedeutung als Standorte vorbehalten bleiben. Neuansiedlungen von gewerblichen Betrieben sollen nur dann zugelassen sein, wenn von ihnen keine beeinträchtigenden Imissionen (luftverunreinigende Stoffe, feste und/oder flüssige Verunreinigungen, Geräusche u.a.) ausgehen und sie keine Überlastungen des Verkehrsnetzes verursachen. Wohnungen sollen auch in den Kerngebieten im angegemessenen Umfang bereitgestellt, Grünflächen ausreichend vorgesehen und die gesundheitlichen Belastungen der Bevölkerung sowie Beeinträchtigung der Wohngebiete durch Lärm, Staub, Geruch und sonstige Imissionen durch eine geeignete Zuordnung der Wohn- und Arbeitsstätten sowie zentrale Einrichtungen auf ein vertretbares Maß vermindert, möglichst vermieden werden. Straßenüberlastungen seitens privater Pkw will man durch den Ausbau des öffentlichen Personennahverkehrs abbauen.

Der »ungesteuerten Ausbreitung von Verdichtungsgebieten« ist durch die Konzeption von Entwicklungsschwerpunkten in angemessener Ent-

fernung vom Verdichtungskern und von Entwicklungsachsen entgegenzuwirken; damit sollen nachteilige Verdichtungsfolgen allmählich abgebaut und künftige Verdichtungsnachteile so klein wie möglich gehalten werden.
Für die ländlichen Gebiete kann inzwischen die jahrelange Diskussion über die Alternativen »Aktivsanierung« (Anreize für Kapitalzufluß und Zuwanderung von qualifizierten Arbeitskräften) oder »Passivsanierung« (Schaffung von Abwanderungsmöglichkeiten) als entschieden gelten. Von kleineren Gebieten abgesehen, wird von den politischen Verantwortlichen für kein größeres, zusammenhängendes ländliches Gebiet mehr das Konzept der Passivsanierung verfochten. Allerdings bewirkt Aktivsanierung für kleinere Teilgebiete des ländlichen Raumes häufig Passivsanierung. Als Grundsätze der Aktivsanierung sollen die Bildung von Schwerpunkten (zentrale Orte) mit Einzugsbereichen von mindestens 20000 bis 40000 Einwohnern gelten. Die Konzentration soll auf den Ausbau leistungsfähiger Mittelzentren, in Ausnahmefällen Unterzentren, gelenkt und vorhandene Entwicklungsachsen gestärkt werden. Die Förderung der Industrieansiedlung wird nicht immer als sinnvoll bezeichnet, gleichrangig soll die Entwicklung des Fremdenverkehrs und der Erholungsmöglichkeiten sein, d.h., daß raumspezifische Entwicklungsmöglichkeiten zu nutzen sind.
Zu den ausgewählten, vordringlichen Aufgaben der Raumordnung gehört der Umweltschutz. Ziel des Umweltschutzes ist es, die natürlichen Lebensgrundlagen zu erhalten und zu verbessern. Die Raumordnung hat sich in der Vergangenheit zu wenig mit diesem Problem befaßt. Auf entstandene Gefährdungen der natürlichen Umwelt oder Beeinträchtigungen des menschlichen Lebens wurde bisher zumeist nur reagiert. Erst allgemein erkennbare Schäden führten zu Maßnahmen oder zu gesetzlichen Initiativen zum Schutze der Betroffenen. In jüngster Zeit hat sich die Situation insofern geändert, als in der politischen Diskussion der Umweltschutz mit im Vordergrund stand. Die Bundesregierung hat in einem Sofortprogramm die Maßnahmen zusammengestellt, die zunächst realisierbar erscheinen. In Zukunft wird es zweckmäßig sein, die Verursacher gesetzlich zu zwingen, die Quellen der Belastungen zu beseitigen. Ein Umweltprogramm ist mittlerweile vorgelegt.
Mit der wirtschaftlichen Entwicklung industrialisierter Gesellschaften ist eine zunehmende Belastung der Landschaft, ihres natürlichen Haushaltes und damit von Umwelt- und Lebensbedingungen der Menschen verbunden. Während in der Vergangenheit das Auswuchern der industriell und städtisch genutzten Räume die auffälligste Ursache der Umwelt-

verschlechterung darstellte, sind heute technische Eingriffe in die Landschaft und Vorgänge, die Wasser, Luft und Boden in der Folge einer ungezügelten profitorientierten Wirtschaftsentwicklung beeinflussen, noch gefährlicher. Die zunehmende Belastung der Landschaft ist dabei um so problematischer, als die Technologien der Erhaltung nicht gleichzeitig mit den Techniken der Zerstörung entwickelt werden.

b) Aufgaben und Ziele der Regionalpolitik

Ausgehend von den raumordnungspolitischen Grundsätzen und Zielen sollen die Maßnahmen der Regionalpolitik die strukturräumliche Entwicklung in den Regionen beeinflussen. Insoweit versteht sich die Regionalpolitik als raumorientierte Entwicklungspolitik mit dem Ziel, durch sachbereichsbezogene strukturelle Maßnahmen die Arbeits- und Lebensbedingungen zu verbessern.

Regionale Strukturpolitik wird von Bund und Bundesländern, daneben von Landkreisen, Gemeinden und kommunalen Verbänden und Institutionen der funktionalen Selbstverwaltung (z.B. Industrie- und Handelskammern) betrieben. Ihr Schwerpunkt liegt auf Landesebene.

Die Raumordnungspolitik ist, wie eingangs erwähnt, soweit sie die raum- und siedlungsstrukturellen Bereiche erfaßt, der regionalen Strukturpolitik übergeordnet. Sie soll den überfachlichen gesamträumlichen Orientierungsrahmen bilden, in dem die regionale Strukturpolitik ihre spezifischen Ziele der Verbesserung der Struktur in den Problemregionen anstrebt.

Aufgabe der Regionalpolitik war es bisher vor allem, strukturpolitische Ziele – nach funktional meist wirtschaftlichen Merkmalen – für abgegrenzte Räume zu setzen und die zur Durchsetzung dieser Ziele notwendigen Programme zu entwickeln, zu koordinieren und zu verwirklichen. Heute nehmen alle öffentlichen Gebietskörperschaften und eine Vielzahl von sehr unterschiedlich strukturierten kommunalen Planungsgemeinschaften Teilaufgaben der Regionalpolitik wahr.

Die »Verbesserung der regionalen Wirtschaftsstruktur« ist mit Artikel 91a Grundgesetz zu einer Gemeinschaftsaufgabe erklärt worden. Das gleichnamige Gesetz vom 6. Oktober 1969 sieht im Unterschied zum Raumordnungsgesetz des Bundes ausschließlich Maßnahmen für Gebiete mit wirtschaftlichen Strukturproblemen vor. Derartige Maßnahmen der regionalen Strukturpolitik, deren Förderung »mit den Grundsätzen der allgemeinen Wirtschaftspolitik und mit den Zielen der Raumordnung und Landesplanung übereinstimmen muß«, sind für Gebiete vorgesehen, deren Wirtschaftskraft erheblich unter den Bundesdurchschnitt abzusinken droht oder bereits erheblich darunter liegt, ebenso für Gebiete,

in denen sektorale Strukturwandlungen mit erheblichen negativen Rückwirkungen zu erwarten oder bereits eingetreten sind.
Hauptziel einer arbeitsorientierten, d.h. an den Interessen der abhängig Beschäftigten orientierten Regionalpolitik ist die Sicherung der Einheitlichkeit der Lebensverhältnisse in der Bundesrepublik, wie sie auch im Grundgesetz (Art. 72, Abs. 3) als politisches Ziel vorgegeben ist. Die regional ungleichen Lebensbedingungen wirken sich insbesondere und erschwerend für die abhängig Beschäftigten aus. Unterschiedliche Einkommens-, Arbeitsplatz- und Bildungschancen rücken Fragen der Beschäftigungschancen, der Arbeitsplatzsicherheit und der Lage und Qualität der Arbeitsplätze in den Vordergrund.
Heribert Kohl führt in dem Aufsatz »Gewerkschaftliche Vorstellungen und Forderungen zur Regionalpolitik« (WSI-Mitteilungen 5/1975, S. 226–232) die Einzelziele einer »integrierten arbeitnehmerorientierten Struktur- und Regionalpolitik« auf:
1. Schaffung und Sicherung von Arbeitsplätzen in strukturschwachen Gebieten. Vorausetzung hierfür wäre der vorrangige Ausbau der wirtschaftsnahen, sozialen und kulturellen Infrastruktur zur Förderung und Erhaltung der Industrieansiedlung in strukturschwachen Gebieten.
2. Konzentration auf und Förderung von Entwicklungsschwerpunkten entsprechend raumordnungspolitischer Gesichtspunkte. Bei der Siedlungsstruktur und der Abgrenzung der Einzugsbereiche ist dabei darauf zu achten, daß sich sowohl die Arbeits- als auch die Konsum- und Freizeiträume (bzw. -angebote) in erreichbarer Nähe befinden.
3. Die Schaffung differenzierter Arbeitsmärkte und die Verbesserung der niedrigen Qualifikationsstruktur (infolge fehlender Bildungs- und Ausbildungsabschlüsse), um das vorhandene Beschäftigungsrisiko vor allem in strukturschwachen Gebieten abzubauen.
4. Die regionale Erholungs- und Freizeitfunktion ist durch das natürliche Gleichgewicht (biologisch, wasserwirtschaftlich, klimatisch) zu erhalten und ihre freizeitpolitische Nutzung zu sichern. Hierfür müssen vermehrt Freiräume im Wohnungsumfeld und im Nahbereich (z.B. Freizeitparks) für Sport und Naherholung, Geselligkeit und Kultur reserviert werden. Auch unter beschäftigungspolitischen Gesichtspunkten verdient der Fremdenverkehr Beachtung.

c) Die Instrumente der regionalen Strukturpolitik

Die Erreichung der genannten Ziele setzt regionale Entwicklungsprogramme und -pläne voraus, welche die Wirtschafts- und Arbeitsmarktpolitik und die Infrastrukturpolitik miteinander verzahnen.

Für die Verwirklichung der regionalpolitischen Ziele sind bisher folgende Instrumente eingesetzt:
Die gesetzlichen Grundlagen für die regionale Wirtschaftsförderung des Bundes und der Länder sind durch das »Gesetz über die Gemeinschaftsaufgabe zur Verbesserung der regionalen Wirtschaftsstruktur« (GRW) von 1969 gegeben. Materielle Instrumente erheblicher Größenordnung bilden hierbei die staatlichen Investitionszulagen, Steuervergünstigungen sowie die Bundes- und Landeszuschüsse an die Kommunen. Hinzu treten ERP-Kredite zur kommunalen Entwicklungsförderung sowie zur Förderung der mittelständischen Wirtschaft.) Über die Mittelvergabe bei der Gemeinschaftsaufgabe entscheidet in jährlich revidierten Vierjahresplänen ein Planungsausschuß, dem der Wirtschafts- und der Finanzminister des Bundes sowie die Wirtschaftsminister bzw. -senatoren der Länder angehören. Daneben gibt es beim Bundesministerium für Wirtschaft einen beratenden »Arbeitskreis für regionale Wirtschaftspolitik«, in dem neben den kommunalen Spitzenverbänden der DIHT, der BDI, der Zentralverband des Deutschen Handwerks, der Deutsche Bauernverband sowie der DGB vertreten sind. Die regionale Förderungspolitik von Bund und Ländern erfolgt bislang über ein positives finanzielles Anreizsystem von Investitionszulagen, Darlehen, Zinszuschüssen sowie Bürgschaften (vgl. § 3 GRW).
Die bisher praktizierte Art der Regionalpolitik läßt sich am besten beispielhaft an den letzten Entscheidungen darstellen.
Am 20. März 1975 hat der von Bund und Ländern gebildete Planungsausschuß der Gemeinschaftsaufgabe »Verbesserung der regionalen Wirtschaftsstruktur« den 4. Rahmenplan dieser Gemeinschaftsaufgabe für die Jahre 1975 bis 1978 beschlossen. Bund und alle Länder – außer Bayern – haben dem 4. Rahmenplan zugestimmt. In diesem Rahmenplan sind die Fördergebiete erstmalig nach Gemeinden abgegrenzt. Insgesamt leben – wie bisher – 33,9% der Einwohner des Bundesgebietes in den Fördergebieten. Die Zahl der Schwerpunktorte, auf die die Förderungshilfen konzentriert werden, beträgt nun 327 und wurde damit um 13 Orte erhöht. Ziel des Rahmenplans von 1975 bis 1978 ist im Bereich der gewerblichen Wirtschaft die Schaffung von 431800 neuen Arbeitsplätzen (im Jahresdurchschnitt 107950) und die Sicherung von 181900 bereits im produzierenden Bereich bestehenden Arbeitsplätzen (im Jahresdurchschnitt 45475). Die Aufgliederung dieser neuzuschaffenden Arbeitsplätze nach Ländern geht aus dem Schaubild »Arbeitsplätze von morgen« hervor. Mit Anteilen von 29% der neuen und mehr als 40% der zu sichernden Arbeitsplätze wird die bevorzugte Berücksichtigung des Zonenrandgebietes deutlich.

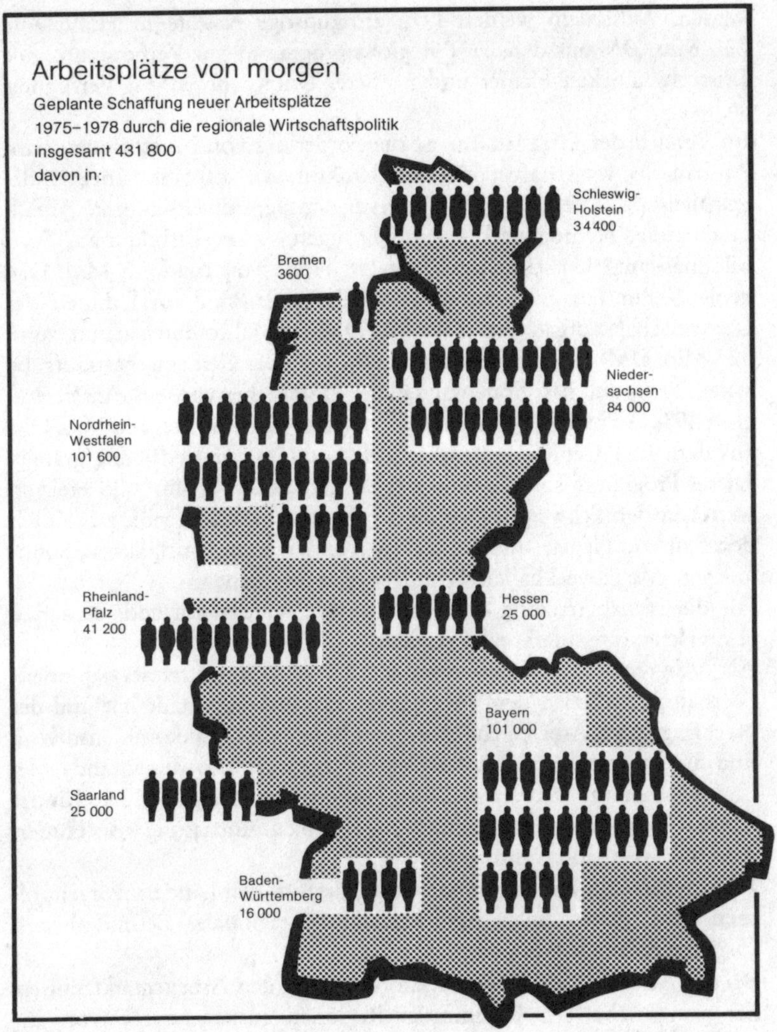

Zur Erreichung dieses Zieles sollen private Investitionen in Höhe von rund 34 Mrd. DM gefördert werden. Als Finanzierungshilfen sind im Rahmen der Gemeinschaftsaufgabe neben Investitionszulagen in Höhe von ca. 2,4 Mrd. DM, Zuschüsse aus den Mitteln der Gemeinschaftsaufgabe in Höhe von rd. 1,0 Mrd. DM (im Jahresdurchschnitt rd. 261 Mio. DM) vorgesehen; darüber hinaus können allein im Jahre 1975 Bürgschaften bis zur Höhe von insgesamt 400 Mio. DM übernommen werden. Außerdem werden 1975 zinsgünstige Kredite in Höhe von 230 Mio. DM aus dem ERP-Regionalprogramm zur Verbesserung der Leistungsfähigkeit kleiner und mittlerer Unternehmen zur Verfügung stehen.

Im Bereich der Infrastruktur ist die Förderung von Investitionen zum Ausbau der wirtschaftsnahen Infrastruktur, wie z.B. Industriegeländeerschließung, Energie- und Wasserversorgung, Abwasser- und Abfallbeseitigung, Fremdenverkehrseinrichtungen sowie Ausbildungs-, Fortbildungs- und Umschulungsstätten, in Höhe von rund 2,5 Mrd. DM geplant. Zur Finanzierung dieser Maßnahmen sind im Rahmen der Gemeinschaftsaufgabe ca. 1,3 Mrd. DM (im Jahresdurchschnitt rund 327 Mio. DM) als Zuschüsse aus den Mitteln der Gemeinschaftsaufgabe vorgesehen; auf das Zonenrandgebiet entfällt hiervon ein Anteil von etwa 49%. Außerdem werden 1975 Darlehen in Höhe von 180 Mio. DM aus dem ERP-Gemeindeprogramm des Bundes zur Verfügung gestellt. Dieses Programm soll verstärkt der Steigerung des Wohn- und Freizeitwertes in den Schwerpunktorten der Gemeinschaftsaufgabe, z.B. durch den Bau von Hallen- und Freibädern, Kindergärten, Spielplätzen, Sportanlagen, Mehrzweckhallen, Wanderwegen etc. dienen.

Für die Neuabgrenzung der Fördergebiete wurden folgende Kriterien (Unterscheidungsmerkmale) gewählt:

Als Abgrenzungskriterien werden der Arbeitskräftereservequotient (Verhältnis zwischen dem prognostizierten Arbeitsplatzdefizit und der Nachfrage nach Arbeitsplätzen in einer Region), das Einkommensniveau und die Ausstattung mit Infrastruktur verwandt. Das Zonenrandgebiet und das Saarland werden vorab als Fördergebiete festgelegt. Die Länder haben einen gewissen Spielraum zur flexiblen Anpassung von Förderregionen (»Feinabstimmung«).

Für die Auswahl der Schwerpunktorte, die von den Ländern vorgenommen wird, gelten unter Berücksichtigung regionaler Besonderheiten folgende Rahmenbedingungen:

Bei der Auswahl der Schwerpunktorte ist von den Arbeitsmarktzentren der gemeinschaftlich bestimmten Regionen auszugehen. Davon abweichende Vorschläge werden von den Ländern besonders begründet. Die Mindesteinwohnerzahl von 20 000 im Einzugsbereich soll nicht unterschritten werden. Die Gesamtzahl der Schwerpunkte pro Land soll in der Regel so bemessen sein, daß eine Einwohnerzahl von 60 000 im Einzugsbereich eines Schwerpunktes durchschnittlich nicht unterschritten wird. Zur Schaffung neuer Arbeitsplätze sind als Förderungspräferenzen Investitionszuschüsse (Subventionen) vorgesehen. Es gelten folgende Höchstgrenzen der Förderungsstaffel:

in Schwerpunktorten	15%
in übergeordneten Schwerpunktorten	
außerhalb des Zonenrandgebietes	20%
innerhalb des Zonenrandgebietes	25%
in Schwerpunktorten in extremer Zonenrandlage	25%

Das bedeutet praktisch, daß Unternehmen ihre Investitionen in den Fördergebieten im Maximalfall nur zu drei Viertel zu finanzieren brauchen. Bei einer Investition von 10 Mio. bekäme das Unternehmen 2,5 Mio. vom Staat hinzu.

Bei der Aufzählung der Maßnahmen des 4. Rahmenplans der Gemeinschaftsaufgabe »Verbesserung der regionalen Wirtschaftsstruktur« sind auch die Maßnahmen der Infrastrukturpolitik beschrieben und ihr Stellenwert für die Regionalpolitik behandelt. Die besondere Bedeutung dieses Bereichs der Regionalpolitik, insbesondere für die abhängig Beschäftigten, rechtfertigt es, etwas näher darauf einzugehen.

d) Infrastruktur und Infrastrukturpolitik

Die gesellschaftliche und wirtschaftliche Entwicklung in der Bundesrepublik hat ein Stadium erreicht, in dem weitere Verbesserungen der Lebensbedingungen – wesentliche Steigerungen des privaten Wohlergehens und grundlegende Verbesserungen der Entfaltungschancen der einzelnen und der Gesellschaft – weniger als bisher von weiteren Steigerungen des privaten Konsums abhängig sind, sondern zunehmend von Gemeinschaftsleistungen.

So ist ein erhebliches Mehr an öffentlichen Leistungen notwendig geworden, um Verluste an privaten Sorge-, Pflege- und Hilfsdiensten auszugleichen, die durch Veränderungen in den Gesellschaftsstrukturen und in den Lebensordnungen der Gesellschaft ausgelöst wurden. Wesentliche Voraussetzung hierfür ist die Verbesserung der Infrastruktur.

aa) Infrastrukturbegriff und –bedarf

Für den Begriff der »Infrastruktur« gibt es bisher noch keine allgemein gültige Definition. Im geläufigen Sprachgebrauch ist Infrastruktur der Sammelbegriff für Anlagen und Einrichtungen, die vornehmlich von Gemeinden sowie den ihnen übergeordneten Gebietskörperschaften geschaffen werden, um die Bedürfnisse zu befriedigen, die sich aus individuellen Ansprüchen und dem Gemeinschaftsleben ergeben. Infrastrukturmaßnahmen sind vor allem in folgenden Bereichen erforderlich: Verkehr, öffentliche Ver- und Entsorgung, Versorgung durch Handel und Gewerbe, Bildung, Gesundheit, Altenhilfe, Kinderhilfe und in der Freizeit.

Infrastruktur kommt aus dem Lateinischen und heißt wörtlich übersetzt Unterbau (infra = unter, unterhalb, structura = Bau, Gefüge). Aber die heutige Bedeutung wurde von den Angelsachsen geprägt: mit »infra structure« ist der Unterbau einer Organisation gemeint. Im Deutschen wurde der Begriff Infrastruktur zuerst im Verteidigungswesen verwendet.

Mehr und mehr ist das Wort Infrastruktur jedoch zu einem volkswirtschaftlichen Begriff geworden, und es wird hiermit die Grundausstattung oder der Unterbau einer Volkswirtschaft mit all denjenigen Einrichtungen gemeint, die in einer arbeitsteiligen Wirtschaft die Voraussetzung für Produktion und Verbrauch schaffen und damit das wirtschaftliche Tätigwerden erst ermöglichen, wie z.B. Verkehrswege, Elektrizitätswerke, das Bildungs- und Gesundheitssystem.

Mit dem Streben nach Wirtschaftswachstum und Wohlstandssteigerung rückten auch Fragen der Infrastruktur immer mehr in den Mittelpunkt des nationalökonomischen und wirtschaftspolitischen Interesses. Denn auf die Dauer ist eine Steigerung der Wirtschaftskraft nur möglich, wenn das Produktionspotential (Leistungsfähigkeit) und der dazugehörige Unterbau sich gleichmäßig entwickeln – wenn die Infrastruktur den wachsenden Anforderungen angepaßt wird.

Eine einheitliche Meinung, was im einzelnen zur Infrastruktur eines Landes zählt, gibt es nicht; je nach Anwendungsbereich kursieren unterschiedliche Auffassungen. Die engste Auslegung zählt zur Infrastruktur nur die Sachanlagen des Verkehrswesens und der Energieversorgung. Andere ziehen den Rahmen sehr weit und rechnen zur »institutionellen Infrastruktur« auch die gesamte öffentliche Verwaltung, die Rechtsprechung und überhaupt alle das gesellschaftliche Zusammenleben regelnden Normen. Nach der herrschenden Meinung jedoch bilden vor allem vier Bereiche des wirtschaftlichen und sozialen Lebens den Kern der Infrastruktur:

Erstens: Das gesamte Verkehrswesen – dazu gehören nicht nur Straßen, Kanäle, Schienenwege und Flugplätze sowie alle Anlagen der Verkehrsregelung und -sicherheit, sondern auch der gesamte Bereich der Nachrichtenübermittlung vom Telefon bis zur elektronischen Datenübertragung durch die Bundespost. Ökonomisch gesehen dienen alle diese Einrichtungen der Arbeitsteilung – sie machen das Wirtschaftsgebiet übersichtlich und ermöglichen den Austausch von Gütern, Dienstleistungen und Arbeitskräften.

Zweitens: Die Energie- und Wasserversorgung. Sie ist die zweite Säule der Infrastruktur; auch alle Einrichtungen der Abwasser- und Müllbeseitigung sowie zur Reinhaltung der Luft und der Gewässer werden hinzugerechnet. Erst ein intaktes Energie- und Wasserversorgungsnetz schafft die Voraussetzungen für die Aufnahme der Produktion. Und vom Stand der Energieversorgung hängen Entwicklungs- und Industrialisierungsgrad der Wirtschaft und letztlich auch die Produktivität der Arbeitskraft ab.

Drittens: Das Bildungswesen als drittes Kernstück der Infrastruktur umfaßt nicht nur Schulen und Universitäten, sondern die Gesamtheit der Forschungseinrichtungen, auch Theater, Museen und andere Kulturstätten und alles, was dazu dient, die intellektuellen und praktischen Fähigkeiten der Menschen in der Gesellschaft auszubilden und im weitesten Sinne zu fördern. Nicht zuletzt der Stand des Bildungswesens bestimmt die Wirtschaftskraft eines Landes und damit den Wohlstand seiner Bürger. Erst Forschung und Wissenschaft ermöglichten technischen Fortschritt. Und der Bildungsstand der Bevölkerung ist ausschlaggebend dafür, ob das vorhandene technische Wissen auch tatsächlich und erschöpfend angewendt und ausgewertet werden kann, z.B. sind Computer ohne geschultes Bedienungspersonal wertlos. Das wiederum setzt Ausbildungsmöglichkeiten und -fähigkeiten voraus.

Viertens: Die Einrichtungen des Gesundheits- und Sozialwesens zählen ebenfalls zur Infrastruktur. Hier sind Krankenhäuser, Altersheime, Spiel- und Sportanlagen gemeint, aber auch der Verwaltungsapparat der Sozialversicherung und die Organisation des Arbeitsmarktes, wie Arbeitsämter und Arbeitsvermittlung. In diesem Zusammenhang spricht man auch von »personaler Infrastruktur«. Ihre Funktion besteht nicht nur darin, den Arbeitsmarkt übersichtlich zu machen und die Arbeitskräfte dorthin zu lenken, wo sie am produktivsten eingesetzt und am besten entlohnt werden. Auch für soziale Sicherheit in Krankheitsfällen und im Alter muß gesorgt, ausreichende ärztliche Betreuung sichergestellt und überhaupt Fürsorge im weitesten Sinne geübt werden. Zur »personalen Infrastruktur« wird vielfach auch der Wohnungsbau gerechnet. Nicht selten ist ja die Beweglichkeit der Arbeitskräfte ein Wohnungsproblem. Was nützt es, wenn man anderorts mehr verdienen kann, aber dort kein Unterkommen findet? Infrastruktur im weitesten Sinne ist schließlich der gesamte Bereich der Stadtsanierung und Stadterneuerung.

Charakteristisch für die meisten Infrastruktureinrichtungen ist der hohe finanzielle Aufwand, den sie erfordern. Autobahnen, Krankenhäuser, Schulen und Universitäten kosten Milliarden, deren Nutzen sich erst langfristig herstellt. Deshalb ist der Staat in den meisten Fällen Träger der Infrastruktureinrichtungen, und soweit sie nicht Eigentum der öffentlichen Hand sind, unterliegen sie fast immer direkt oder indirekt staatlicher Kontrolle.

Ziel der Infrastrukturpolitik müßte es sein, der Vokswirtschaft mit den vorhandenen Finanzmitteln diejenige Grundausstattung zu geben, die ihrer Produktionskraft angemessen ist und die es ermöglicht, über wirtschaftliches Wachstum den Menschen höhere Lebensqualitäten zu schaffen. Schwierigkeiten bestehen bei der Bedarfsermittlung und Bedarfsdeckung, falls die bestmögliche Versorgung gesichert werden soll, weil für die meisten Infrastrukturleistungen nicht kostendeckende Preise, sondern sozial angemessene Entgelte (Gebühren) erhoben werden müssen. Der Bedarf läßt sich somit nicht über den Preismechanismus ermitteln. Es gibt da keine eindeutigen Kriterien; heute läßt sich noch nicht an Hand von theoretischen Modellbeispielen exakt festlegen, welche Infrastrukturausstattung nötig ist; dies ist deswegen auch besonders schwierig, weil auf lange Sicht geplant werden muß.

Universitäten, Autobahnen, Brücken und Kanäle sind langfristige Investitionen, die auch noch in ferner Zukunft den an sie gestellten Anforderungen entsprechen sollten. Erschwerend kommt hinzu, daß Fehlplanungen nicht ohne weiteres rückgängig zu machen sind z.B. kann man Brücken nicht verschrotten. Oft dienen statistische Vergleichszahlen aus anderen, bereits weiterentwickelten Ländern als Anhaltspunkte für Vorausschätzungen des künftigen Bedarfs. Überhaupt gibt der internationale Vergleich interessante Aufschlüsse über mögliche Entwicklungstendenzen. Das gleiche gilt für die Gegenüberstellung langfristiger Entwicklungslinien der verschiedenen Regionalbereiche innerhalb eines Landes.

Wirtschaftswachstum und Wohlstandssteigerung stellen immer höhere Anforderungen an die Infrastruktur. Aber die staatlichen Gelder sind knapp. Um so wichtiger ist es, daß sie so wirksam wie möglich eingesetzt werden. Eine Rangordnung für die einzelnen Investitionsvorhaben ist nötig; es müssen sogenannte Prioritäten festgelegt werden. Das alles sind politische Entscheidungen, die nicht einfach zu treffen sind. Denn nur schwer und langfristig läßt sich der gesamtwirtschaftliche Nutzen von Infrastrukturinvestitionen messen. Von manchen Investitionen profitieren Unternehmen und private Verbraucher unmittelbar; niedrigere Stromtarife senken die Kosten, bessere Verkehrsverbindungen begünstigen die Industrie-Ansiedlung. Andere Investitionen und Ausgaben, vor allem im Bildungswesen, wirken sich erst sehr langfristig aus, sind deshalb aber nicht weniger wichtig.

Die durch Investitionen bewirkte Infrastruktur ist – als Teil der »Standortbedingungen« – eine wesentliche Grundlage der materiellen und gesellschaftlichen Existenzsicherung und Weiterentwicklung. Ihre wichtigsten Merkmale lassen sich wie folgt von anderen Teilen des volkswirtschaftlichen Realkapitals abgrenzen:

– Die Infrastrukturausstattungen bieten allgemein verwendbare Vorleistungen für die Produktion und den Konsum.
– Die Infrastruktur ist »ortsgebunden«, und die Leistungserstellung und -nutzung fallen örtlich und zeitlich zusammen.
– Die Infrastruktur hat eine relativ lange Lebensdauer.
– Die Infrastruktur wird aufgrund politisch-ökonomischer und teils privatökonomischer Entscheidungen geplant, finanziert und erstellt.

Höhe und Zusammensetzung der Infrastrukturinvestitionen beeinflussen langfristig entscheidend die wirtschaftlichen Wachstumsraten und die sozialen Bedingungen eines Landes und seiner Teilräume.

Wie in anderen Ländern, so hat sich auch in der Bundesrepublik der Abstand zwischen Infrastrukturangebot und -nachfrage zunehmend vergrößert. Die notwendige Berücksichtigung der Wechselwirkungen zwischen der sozioökonomischen (gesellschaftlich-wirtschaftlicher Zusammenhang) Entwicklung eines Landes und dem Ausbau seiner Infrastruktur zwingt dazu, den gemeinschaftsbezogenen Aktivitäten wesentlich mehr Gewicht zu verleihen.

Der wirtschaftliche Fortschritt, Wachstum und Struktur des Sozialprodukts sowie die Produktivität hängen unlösbar von den absolut und anteilig steigenden Infrastrukturinvestitionen ab. Die größte Schwierigkeit für den weiteren Ausbau der Infrastruktur ergibt sich aus dem Auseinanderklaffen von Bedarf an Kollektivgütern und ihren Finanzierungsmöglichkeiten, darum müssen die Finanzierungsprobleme hier noch weiter vertieft werden.

bb) Die Finanzierung der Ausgaben für die Infrastruktur

Die Mängel in der Versorgung mit öffentlichen Gütern und die daraus entstehenden Disparitäten (Ungleichheiten) sind offenkundig. Das »Soziale Gleichgewicht« (Galbraith), d.h. das Verhältnis zwischen dem Angebot an privaten Gütern und dem an öffentlichen Gütern ist gestört. Eine Politik, die das »Soziale Gleichgewicht« herstellen will, hat die Bestimmung des künftigen Bedarfs an Infrastrukturgütern vorzunehmen und die Möglichkeiten ihrer Finanzierung einzubeziehen.

In den letzten Jahren wurden mehrere Versuche gemacht, die nötige oder wünschenswerte Entwicklung der öffentlichen Ausgaben und besonders der Infrastrukturausgaben für die kommenden Jahre zu schätzen. Alle diese Schätzungen rechnen damit, daß die öffentlichen Ausgaben insgesamt im Verhältnis zum Wachstum des Bruttosozialproduktes überproportional und schneller als die Steuereinnahmen bei den geltenden Steuersätzen anwachsen müssen, wenn eine für das künftige wirtschaftliche Wachstum und für eine sozial befriedigende Entwicklung

Bruttosozialprodukt und Ausgaben des Staates nach Verwendungszwecken

	1968 [1])			1975			1980		
	Mrd. DM	in vH des BSP	in vH der Ausg. des Staates[2])	Mrd. DM	in vH des BSP	in vH der Ausg. des Staates[2])	Mrd. DM	in vH des BSP	in vH der Ausg. des Staates[2])
Bruttosozialprodukt									
in Preisen von 1965	506,5	–	–	680,7	–	–	846,7	–	–
in jeweiligen Preisen	538,5	100,0	–	888,7	100,0	–	1 264,0	100,0	–
Ausgaben des Staates (ohne Sozialversicherung)									
in jeweiligen Preisen	173,5	32,2	100,0	315,0	35,4	100,0	467,0	36,9	100,0
A. Infrastruktur	55,4	10,2	32,0	127,0	14,3	40,4	206,0	16,3	44,2
1. Unterricht und Kultur (41, 44)[3])	14,7	2,7	8,5	41,0	4,7	13,0	74,0	5,8	15,8
2. Wissenschaft und Hochschulen (43)	6,7	1,2	3,9	18,0	2,0	5,7	32,0	2,5	6,8
3. Gesundheit und Sport (49)	6,8	1,3	3,9	15,0	1,7	4,8	24,0	1,9	5,1
4. Verkehr (55)	12,6	2,3	7,3	27,0	3,0	8,6	40,0	3,2	8,6
5. Wasserwirtschaft und Kulturbau (52, 54)	7,9	1,5	4,6	17,0	1,9	5,4	25,0	2,0	5,4
6. Wohnungsbau, Landes- und Stadtplanung, Raumordnung (57)	6,7	1,2	3,9	9,0	1,0	2,9	11,0	0,9	2,4
B. Zuschüsse an Sozialversicherung und Kriegsfolgelasten	19,9	3,7	11,5	26,0	2,9	8,2	32,0	2,5	6,9
C. Subventionen und sonstige Sozialleistungen	27,8	5,2	16,1	44,0	5,0	13,9	62,0	4,9	13,2
D. Ordnung und Sicherheit	32,6	6,1	18,8	59,0	6,6	18,7	79,0	6,3	16,9
E. Sonstiges	37,8	7,0	21,8	59,0	6,6	18,8	88,0	6,9	18,8

1) Vorläufige Zahlen
2) Ohne Sozialversicherung
3) Positionen der Finanzstatistik (Nettoausgaben);
vgl. Statistisches Jahrbuch für die BRD 1970, S. 376

Quellen: Siegfried Katterle, Probleme der Infrastrukturpolitik, in: WWI Mitteilungen 24. Jahrgang (1971), Heft 2/3, S. 60 ff. Statistisches Jahrbuch für die BRD 1970; Schröder, D., Die Größenordnung der öffentlichen Ausgaben für die Infrastruktur in der Bundesrepublik Deutschland bis 1985, in R. Jochimsen, U.E. Simonis (Hrsg.), Theorie und Praxis der Infrastrukturpolitik (Schriften des Vereins für Socialpolitik NF Band 54), Berlin 1970. Entnommen aus dem Geschäftsbericht der Neuen Heimat 1970/1971.

optimale Ausstattung mit Infrastrukturgütern erreicht werden soll.
Die Tabelle »Bruttosozialprodukt und Ausgaben des Staates nach Verwendungszwecken« zeigt eine Projektion (Vorausberechnung) der Staatsausgaben (Ausgaben von Bund, Ländern und Gemeinden) bis 1980. Sie ist einem im Auftrag des Bundeskanzleramtes von der Prognos AG in Basel erstatteten Gutachten entnommen. Diese Projektion rechnet damit, daß die Staatsausgaben bis 1980 auf fast 37% des Bruttosozialprodukts (1968: 32,2%) erhöht werden müssen und die Ausgaben für die Infrastruktur von 1968 mit 10,2% auf 16,3% bis 1980 steigen.
Besonders hohe Ausgabensteigerungen sind für die Infrastrukturbereiche Bildung (Unterricht) und Wissenschaft, Gesundheit, Verkehr und Wasserwirtschaft angesetzt, der Anteil dieser Infrastrukturausgaben am Bruttosozialprodukt soll sich bis 1980 auf mehr als 15% (1968: 9%) erhöhen.
Eine »optimale« Ausstattung mit Infrastrukturgütern oder ein »befriedigendes« Verhältnis zwischen der Produktion privater und öffentlicher Güter kann nicht wertfrei bestimmt werden. Der künftige Bedarf an Infrastrukturgütern muß in sehr wesentlichem Umfang durch politische Entscheidungen festgelegt werden und ist zu bestimmen im Hinblick auf die künftige Gestalt, die unsere Gesellschaft haben soll.
Ergänzt man die Projektion (Vorausberechnung) der öffentlichen Ausgaben durch eine Berechnung der öffentlichen Einnahmen aufgrund der geltenden Steuersätze, so ergeben sich Finanzierungslücken für die projektierten Ausgaben der öffentlichen Haushalte. Um den nötigen Anstieg der staatlichen Ausgaben in ihrem absoluten Umfang und ihrem Verhältnis zum Bruttosozialprodukt zu finanzieren, muß sowohl die Möglichkeit höherer Staatsverschuldung wie die Möglichkeit der Erhöhung von Steuern ins Auge gefaßt werden.
Da die Ausdehnung des Anteils der öffentlichen Ausgaben am Bruttosozialprodukt die Erhöhung der Ausgaben für Infrastrukturinvestitionen ermöglichen soll, liegt es nahe, die öffentliche Verschuldung zu erhöhen und die Finanzierung teilweise durch Vergabe zusätzlicher Staatsanleihen zu ermöglichen. Durch eine Politik der Staatsverschuldung wird empfohlen, den Staatsbürger an der Vermögensbildung der öffentlichen Hand zu beteiligen. Damit würde auch erreicht, daß den privaten Unternehmen der bisher gewohnte Gewinnerzielungs- und Selbstfinanzierungsspielraum erhalten bliebe.
Fragt man bei der Finanzierung der Infrastrukturinvestitionen nach der sozial gerechten Aufbringung der Mittel, d.h. wer und in welchem Umfang diese Ausgaben finanzieren soll, ist auch die Frage zu beantworten, ob und in welcher Höhe die abhängig Beschäftigten heranzuziehen sind.

Eine Finanzierung durch Anleihen, also im Wege der Staatsverschuldung, würde die steuerliche Belastung der Arbeitnehmer zwar nicht unmittelbar erhöhen. Eine Belastung der abhängig Beschäftigten wird dennoch nicht vermieden.

»Güterwirtschaftlich kann die Beanspruchung der Produktionsmöglichkeiten für gegenwärtig erstellte öffentliche Leistungen (auch Investitionen) nicht in die Zukunft verschoben werden. Auch bei Anleihefinanzierung muß auf alternative gegenwarts- oder zukunftswirksame Nutzung der Produktionsmöglichkeiten verzichtet werden.
Die Einkommensverteilung wird langfristig ebenfalls negativ beeinflußt. Anleihen werden in der Regel von Beziehern hoher Einkommen gezeichnet. Die Rückzahlung der Anleihen einschließlich Verzinsung aus dem dann zwangsläufig erhöhten allgemeinen Steueraufkommen schafft erneut mehr Einkommen bei den bereits einkommensmäßig begünstigten Personen zu Lasten des Einkommens der übrigen Bevölkerung. Die Einkommens- und Vermögenskonzentration verschärft sich.
Wenn eine etwa gleichmäßige Zeichnung der Anleihen durch die gesamte Bevölkerung erreicht wird, ergeben sich für die Arbeitnehmer keine Vorteile. Das so gebildete Vermögen wird bei der Rückzahlung aus erhöhten Steuern durch Konsumverzicht der Arbeitnehmer finanziert. Eine sogenannte Vermögensbildung in Arbeitnehmerhand (außerhalb des Produktivvermögens) erweist sich als verdeckter Zwangssparprozeß. Anleihefinanzierung kann demnach als eine aufgeschobene Steuerfinanzierung mit negativen Verteilungswirkungen gekennzeichnet werden.« (Jürgen Kunze, 53, S. 50)

Dieses Ergebnis gibt Anlaß, die Möglichkeiten der Steuerfinanzierung zu untersuchen. Zunächst ist davon auszugehen, daß sich die volkswirtschaftliche Steuerquote auch bei gleichbleibenden Steuersätzen infolge des progressiven (ansteigenden) Tarifs der Lohn- und Einkommensteuer tendenziell leicht erhöht. Diese Erhöhung hat sich jedoch in den letzten Jahren weitaus am stärksten bei der Lohnsteuer ausgewirkt, während das Aufkommen aus den Gewinnsteuern (Einkommen- und Körperschaftssteuer) infolge der nachhinkenden Veranlagung und infolge vielfältiger Steuerausweichmöglichkeiten weit zurückgeblieben ist.
Eine Finanzierung aus direkten Steuern kann in einer Erhöhung der veranlagten Einkommen- und Körperschaftssteuer und der Lohnsteuer bestehen. Die Erhöhung des Tarifs kann mit einer wesentlichen Verschärfung der Progression, also einer Erhöhung der Steuersätze bei steigenden Einkommen verbunden werden.
In der Diskussion um eine Verschärfung der Progression (Steigerung) spielt die Erhöhung des Spitzensteuersatzes eine zentrale Rolle. Für eine gerechtere Einkommensverteilung ist eine wesentliche Erhöhung des Spitzensteuersatzes sicherlich notwendig. Dennoch sollte die materielle

Wirkung nicht überschätzt werden. Einmal kann auch bei einer verschärft progressiven (ansteigenden) Besteuerung von hohen Einkommen und Gewinnen eine Überwälzung in die Preise und damit auf die Konsumenten nicht ausgeschlossen werden. Weiterhin ist die finanziell wesentliche Begünstigung der hohen Einkommen im gegenwärtigen Tarifsystem in den Manipulationsmöglichkeiten der Steuerbemessungsgrundlage durch eine Vielzahl von Vergünstigungen zu sehen.
Eine sozial gerechte Finanzierung eines höheren Staatsanteils durch eine Tarifanhebung bei den direkten Steuern könnte die formale Progression (Spitzensteuersatz) und die tatsächliche Progression (durch den Abbau von Vergünstigungen) verschärfen. Das scheint mit den herkömmlichen Mitteln der Steuerpolitik prinzipiell möglich zu sein. Eine Erhöhung der direkten Steuern kann demnach mit Einschränkungen (Überwälzungsgefahr) verteilungspolitisch positiv ausgestaltet werden. Das notwendige steuerliche Gesamtaufkommen erfordert jedoch auch eine höhere Besteuerung der abhängig Beschäftigten, weil die Einnahmen aus einer Verschärfung der Progression (Steigerung des Spitzensteuersatzes) nicht zur Finanzierung der Infrastrukturinvestitionen ausreichen würden.
Bei den indirekten Steuern hat die Mehrwertsteuer die bei weitem größte Bedeutung. Eine Erhöhung der Mehrwertsteuer hat jedoch eindeutig negative Wirkungen auf die Einkommensverteilung. Die Mehrwertsteuer wird in der Regel vollständig überwälzt und damit von den Konsumenten, also überwiegend von den abhängig Beschäftigten, getragen.
Jürgen Kunze kommt nach einem Durchspielen der verschiedenen Finanzierungsinstrumente zu dem Ergebnis,

»daß eine sozial gerechte Ausgestaltung der Finanzierung eines höheren Staatsanteils am ehesten durch eine Erhöhung der direkten Steuern erreichbar ist. Auch dabei sind die Grenzen eng gezogen. Eine Steigerung des Staatsanteils in der Größenordnung von 7 bis 8 Prozentpunkten ist alleine über die direkten Steuern unter aufkommenspolitischen Gesichtspunkten jedoch kaum möglich. Da die anderen Finanzierungsinstrumente die Einkommensverteilung zumindest nicht verbessern, sind die Aussichten für eine Reformfinanzierung, die zusätzlich die Einkommensverteilung erheblich verbessert, pessimistisch zu beurteilen. Bei realistischer Betrachtung ist vielmehr mit einer bestenfalls verteilungsneutralen Erhöhung der Staatsquote zu rechnen.« (53, S. 51)
Littmann schätzt die Situation noch ungünstiger ein: »Es dürfte ein kaum lösbares Unterfangen sein, auf der Basis des gegenwärtigen staatlichen Einnahmesystems der Bundesrepublik die zunehmenden Aufwendungen für öffentliche Güter zu finanzieren.« (30, S. 34)

Der Schluß, der hieraus gezogen werden kann, heißt für die abhängig Beschäftigten: Wenn überhaupt die Finanzierung der Infrastrukturinvestitionen durchgesetzt werden kann, werden sie sie überwiegend selbst

finanzieren. Eine größere Gerechtigkeit scheint über diesen Weg unter den bestehenden Verhältnissen nur geringe Chancen zu haben.
Jedoch selbst wenn eine Erhöhung des Staatsanteils über eine Erhöhung der Steuern auch der abhängig Beschäftigten in ihrem Interesse läge, weil eine überproportionale Zunahme der öffentlich-sozialen Dienste gerade ihre Lebenssituation verbessern könnte, blieben diese Maßnahmen in ihrer Wirksamkeit fraglich, schreibt Jürgen Kunze (30, S. 51/52) und kommt zu folgenden Schlußfolgerungen:
Der Einsatz der aufgeführten Finanzierungsinstrumente zur Erhöhung der Staatsquote muß wirkungslos bleiben, wenn damit nicht auch eine Veränderung der Produktionsstruktur durchgesetzt werden kann. Denn eine höhere Staatsquote zur Finanzierung innerer Reformen zielt auf eine andere Nutzung der volkswirtschaftlich verfügbaren Ressourcen (Hilfsmittel). Die Produktion des privaten Bereichs muß zurückgedrängt werden, um die Produktion öffentlicher Güter und Leistungen ausweiten zu können. Die Veränderung der Produktionsstruktur erfordert eine Veränderung der Investitionsstruktur zugunsten der öffentlichen Investitionen.
Diese Strukturveränderungen folgen nicht automatisch aus dem Einsatz der Finanzierungsinstrumente. Der dadurch zunächst hervorgerufene Nachfrageentzug kann durch die betroffenen Unternehmen zum Teil durch Überwälzung über Preissteigerungen, die Lohnsteigerungen provozieren, ausgeglichen werden. Eine geplante und zunächst auch finanziell abgesicherte Erhöhung der Staatsquote kann so güterwirtschaftlich unwirksam werden. Die Entwicklung der staatlichen Aktivitäten in den letzten Jahren ist dafür ein Beispiel. Trotz nominell überproportionaler Expansion der Staatshaushalte ist der reale staatliche Anteil am Produktionspotential nicht gestiegen.
Dies sind Anzeichen dafür, daß die Unternehmen in der Lage sind, mit ihrer Unternehmenspolitik die staatliche Reformpolitik zu durchkreuzen und ihre Expansionspläne durchzusetzen. Mit den bisherigen wirtschaftspolitischen Instrumenten scheint man die staatlichen Ziele nicht durchsetzen zu können. Um eine Verbesserung des Instrumentariums in Richtung auf eine Struktursteuerung, die einen unmittelbaren Einfluß in die verschiedenen Wirtschaftsbereiche ermöglicht, wird man bei dem strukturellen Machtvorteil der Unternehmen nicht herumkommen.
Die Differenzierung der Verbrauchssteuern und der Mehrwertsteuersätze nach Produktionsbereichen und Produktionsgruppen wäre bei entsprechender Ausgestaltung einen Versuch wert, um hiermit die Investitionsentscheidungen der Unternehmen in die strukturell gewünschte Richtung zu beeinflussen. Für die Exporte könnte über entsprechende Regelungen

ähnliches versucht werden. Die Differenzierung der Mehrwertsteuersätze mag ein Ansatzpunkt sein, zweifelhaft bleibt jedoch, ob eine sozial gerechte Finanzierung der Infrastruktur mit ihr und auch darüber hinaus mit der bisherigen Wirtschafts- und Finanzpolitik möglich ist.
Eine Wirtschaftspolitik, die darauf verzichtet, die Entwicklung der gesamtwirtschaftlichen Produktionsstruktur unmittelbar zu beeinflussen, wird auf Grenzen beim Durchsetzen ihrer gesellschaftspolitischen Reformen stoßen. Dies gilt jedoch nicht nur für die Infrastrukturpolitik, sondern, wie bei der Beurteilung der Strukturpolitik noch aufzuzeigen sein wird, auch für ihre anderen Maßnahmen.

e) Ergebnisse und Probleme der regionalen Strukturpolitik

Erfolgskontrollen der regionalen Strukturpolitik gibt es erst in Ansätzen. Darum können systematisch aufbereitete Ergebnisse noch nicht vorliegen. Jedoch lassen sich die hauptsächlichen Problembereiche aus Arbeitnehmersicht aufzeigen. Mit Erfolgskontrollen auf Bundesebene ist erst nach Verabschiedung des Gemeinsamen Regionalen Aktionsprogramms 1969 begonnen worden. Vorher wurden in einigen Bundesländern z.T. nicht einmal die Anzahl der geförderten Arbeitsplätze – geschweige denn die Qualität der Beschäftigungsbedingungen – erfaßt.
Wie Sonderuntersuchungen des Instituts für Raumordnung im Auftrag des Bundesministers für Arbeit und Sozialordnung zeigen, wurden von 1955 bis 1969 – mithin bis zur Verabschiedung des Gemeinsamen Regionalen Aktionsprogramms – 2800 Industriebetriebe mit etwa 230 000 Arbeitsplätzen in den Fördergebieten des Bundes geschaffen. Da die Industriebeschäftigten in diesen Gebieten im gleichen Zeitraum von 0,82 auf 1,22 Millionen um etwa 50 vH erheblich stärker zugenommen haben als die Bevölkerung (von 12,04 auf 12,66 Millionen um 5 vH), folgert die Bundesregierung, daß die Industrieansiedlungen in den Fördergebieten »zu einer Stärkung der Wirtschaftskraft« in diesen Regionen beigetragen hat (Raumordnungsbericht 1972, S. 53, ff.).
Von 1969 bis 1971 – mithin nach Inkrafttreten des Gemeinsamen Regionalen Aktionsprogramms – wurden insgesamt 2000 Neuansiedlungen von Betrieben und 5000 Betriebserweiterungen mit einem Investitionsvolumen von insgesamt 19 Mrd. DM gefördert. Dadurch wurden 300 000 Arbeitsplätze geschaffen.
Wie die Bundesregierung in ihrem Raumordnungsbericht 1972 feststellt, lassen sich folgende positive regionale Entwicklungstendenzen beobachten:
– Die regionalen Ungleichgewichte in der Bevölkerungsverteilung verringern sich durch rückläufige Bevölkerungsentwicklung in den Ballungs-

zentren und Bevölkerungszunahme in ländlichen Räumen – vor allem in den Entwicklungszentren.

– Die Ungleichgewichte in der Erwerbstätigenstruktur scheinen ebenfalls abzunehmen: »In zahlreichen Landkreisen, die innerhalb der Räume der Regionalen Aktionsprogramme der Gemeinschaftsaufgabe »Verbesserung der regionalen Wirtschaftsstruktur« liegen, ist die Zahl der Erwerbstätigen im produzierenden Gewerbe – absolut und relativ erheblich – gestiegen. Eine positive Tendenz ist auch im Dienstleistungsbereich festzustellen.« (Raumordnungsbericht 1972, S. 47)

Dieses sehr positiv gezeichnete Bild der regionalen Entwicklung fällt beim genaueren Hinsehen nicht mehr ganz so schön aus. Betrachtet man die Regionalstrukturen mehr im einzelnen, und ruft man sich in diesem Zusammenhang noch einmal die Ziele in Erinnerung, fallen Lücken zwischen Soll und Ist auf. Nach dem Raumordnungsbericht der Bundesregierung 1972 sollen mindestens folgende Ziele (wobei hier eine Verwechslung von Zielen und Mitteln vorzuliegen scheint) erreicht werden:

- Schaffung zusätzlicher und qualitativ hochwertiger Arbeitsplätze;
- größere Vielseitigkeit der regionalen Arbeitsmärkte;
- Berücksichtigung der Umweltbedingungen bei der Industrieansiedlung;
- Hilfen für gewerbliche Investitionen;
- Ausbau der wirtschaftlichen Infrastruktur;
- Stärkung des Wohn- und Freizeitwertes.

Die von der Bundesregierung in ihrem Raumordnungsbericht gezogene Konsequenz, daß »regionale Wirtschaftspolitik als innere Entwicklungspolitik eine regionalisierte Wachstumspolitik in eine qualitative Wohlfahrtspolitik« umsetzt, wobei regionale Wirtschaftspolitik und Raumordnungspolitik gemeinsame Ziele verfolgen, dürfte daher nicht nur zu optimistisch sein. Sie vernachlässigt zudem die beträchtlichen Zielkonflikte sowohl innerhalb der beiden Bereiche zwischen den verschiedenen Planungsebenen und Fachbereichen als auch vor allem zwischen der vorrangig wachstumspolitisch orientierten regionalen Strukturpolitik und der neben den wirtschaftlichen auch gesellschaftliche Bereiche umfassenden Raumordnungspolitik.

Diese Konflikte werden klare politische Entscheidungen erforderlich machen. Dies gilt um so mehr, je weiter im Rahmen der regionalen Strukturpolitik zu konkreten Aktionen übergegangen wird.

Bevor dies mit Fakten weiter abgesichert wird, kann zunächst einmal festgestellt werden, daß die regionale Strukturpolitik vorrangig wirtschaftlich ausgerichtet war.

»Die vorrangig wirtschaftliche Ausrichtung der regionalen Strukturpolitik zeigt sich besonders deutlich in den zwischen Bund und Ländern abgestimmten regionalpolitischen Grundsätzen im Rahmen der »Gemeinschaftsaufgabe zur Verbesserung der regionalen Wirtschaftsstruktur«. Danach wird angestrebt, »eine optimale regionale Wirtschaftsstruktur zu schaffen und in allen Gebieten dafür zu sorgen, daß ungenutzte bzw. schlecht genutzte Produktionsfaktoren für das allgemeine Wirtschaftswachstum mobilisiert werden. Durch die regionale Wirtschaftspolitik sollen die Wirtschaftskräfte in den strukturschwachen Gebieten gesteigert und bessere Arbeits- und Einkommensmöglichkeiten geschaffen werden«. Das aus verteilungspolitischen Erwägungen besonders wichtige Ziel – die Bereitstellung besserer Arbeits- und Einkommensmöglichkeiten – wird erst an letzter Stelle genannt, ist mithin den übrigen wachstumsorientierten Zielen nachgeordnet...

Ausdruck für die vorrangig wirtschaftliche Ausrichtung der regionalen Strukturpolitik sind zudem Abgrenzung und Auswahl der Förderregionen. Die derzeitigen Förderregionen wurden auf der Grundlage folgender Strukturkennziffern ermittelt: Bruttoinlandsprodukt pro Kopf der Bevölkerung, Realsteuerkraft, Industriebesatz, Bevölkerungsdichte, Wanderungssaldo. Hierbei handelt es sich um Vergangenheitswerte. Auch aus diesen Abgrenzungsmerkmalen ist deutlich ersichtlich, daß die Schaffung und Sicherung dauerhafter und qualitativ ausreichender Arbeitsplätze zur Beschäftigung vorhandener Arbeitsreserven kaum berücksichtigt wird....

Entsprechend der wirtschaftlichen Ausrichtung der regionalen Strukturpolitik beschränken sich auch die mehrjährigen Rahmenpläne auf die Quantifizierung der Anzahl der in einzelnen Schwerpunktorten zu schaffenden Arbeitsplätze. Alle weiteren für die Arbeits- und Lebenssituation der Arbeitnehmer wesentlichen qualitativen regionalen Merkmale bleiben unberücksichtigt: z.B. Dauerhaftigkeit und sektorale sowie berufliche Struktur der zu schaffenden Arbeitsplätze, die erforderlichen Einrichtungen der wirtschaftlichen, sozialen und kulturellen Infrastruktur, die ökologischen Voraussetzungen.

Eine weitere Folge dieser vorrangig wachstumspolitisch orientierten regionalen Strukturförderung ist die Überbetonung der Ansiedlung von Industriebetrieben. Die Förderung des beschäftigungsexpansiveren privaten und öffentlichen Dienstleistungssektors sowie die Nutzung von Infrastruktureinrichtungen als Anreiz für wirtschaftliche Entwicklung werden dabei weitgehend vernachlässigt.

Aus dieser einseitigen ökonomischen Zielorientierung der regionalen Strukturpolitik ergibt sich weiterhin ein Konflikt mit den Grundsätzen des Raumordnungsprogramms, in dessen Rahmen sich die regionale Strukturpolitik einzufügen hat. Es ist schwer einsichtig, wie eine vorrangig am Wirtschaftswachstum ausgerichtete Förderung von Industrieansiedlungen dem obersten Ziel des Bundesraumordnungsprogramms gerecht werden kann: der Schaffung gleichwertiger Lebensbedingungen in allen Teilräumen – d.h. ›ein quantitativ und qualitativ ausreichendes Angebot an Wohnungen, Erwerbsmöglichkeiten und öffentlichen Infrastruktureinrichtungen in zumutbarer Entfernung... und eine menschenwürdige Umwelt‹. (Bundesraumordnungsprogramm).« (24, S. 2–4)

Die bisherigen Ergebnisse der regionalen Strukturpolitik, deren Erfolg – wie schon erwähnt – an der Anzahl der neu geschaffenen Arbeitsplätze und der dazu aufgewendeten Investitionssummen und öffentlichen Fördermittel gemessen wurde, müssen bei genauerem Hinsehen skeptischer beurteilt werden.

Trotz der Verringerung der quantitativen Ungleichgewichte in der regionalen Bevölkerungsverteilung halten die Abwanderungen aus den unterentwickelten Gebieten an. Die Abwanderungen aus den schwach strukturierten Räumen erfassen überwiegend junge Personen und Erwerbstätige. Auch ein Teil der Ausländer, die zunächst in die schwächer strukturierten Regionen gezogen waren, wandern nach Ablauf der bei der Anwerbung abgeschlossenen Einjahresverträge in die Verdichtungsgebiete ab. Dem anhaltenden Verlust eines großen Teils der nachwachsenden Generation steht eine Zunahme der Rentner sowie neu angeworbener Ausländer gegenüber. So liegen z.B. die Gebiete mit den höchsten Anteilen der über 65 Jahre alten Personen in Bayern nicht mehr in den Verdichtungsräumen, sondern im Alpenvorland, Niederbayern, Westmittelfranken und Oberfranken. Die schwach strukturierten Räume werden somit für Industrieansiedlungen immer weniger interessant, der Abstand in der Erwerbsquote, Entwicklung des Bruttoinlandsprodukts pro Kopf der Bevölkerung sowie der Steuerkraft der kommunalen Haushalte vergrößert sich zugunsten der Verdichtungsräume und zuungunsten der unterentwickelten Gebiete.
Die negativen Entwicklungstendenzen konnten offensichtlich in einigen Fällen auch nicht durch die regionalen Fördermaßnahmen aufgehalten werden. Trotz regionaler Strukturförderungsmaßnahmen ist es nicht gelungen, die Betriebe zu einer Verbesserung der Struktur ihrer veralteten Produktionsprogramme zu veranlassen. Der strukturbedingte Beschäftigungsrückgang in einigen Branchen sowie Regionen konnte nur z.T. durch Neuansiedlungen von Industriebetrieben ausgeglichen werden. Es besteht weiterhin ein erhebliches Gefälle in der Verfügbarkeit von Arbeitsplätzen von den Verdichtungsgebieten und Ballungsrandzonen zu den ländlichen Räumen. Der beschäftigungsexpansive Dienstleistungssektor ist in den Ballungsräumen überdurchschnittlich vertreten. Umgekehrt weisen gerade die bereits unterentwickelten ländlichen Räume einen vergleichsweise besonders hohen Anteil schrumpfender Wirtschaftsbereiche auf.

Auch bei der Lohn- und Gehaltsentwicklung je Beschäftigten bestehen erhebliche Nachteile in den unterentwickelten Gebieten. 1969 lagen die Löhne und Gehälter je Beschäftigten in den zurückgebliebenen Gebieten insgesamt um 22 vH unter dem Bundesdurchschnitt. Der Abstand war am größten für die unterentwickelten Räume in Hessen mit 27 vH, am niedrigsten für das Saarland mit 10 vH.
In diesem Zusammenhang ist weiterhin auf die erheblichen regionalen Ungleichgewichte in der Verteilung der Bildungs- und vor allem Ausbildungsmöglichkeiten hinzuweisen. In einer kürzlich veröffentlichten Untersuchung zur regionalen Ungleichheit der beruflichen Bildungschancen kommt das Institut für Arbeitsmarkt- und Berufsforschung zu folgenden Ergebnissen: »Eingeschränkt sind die

Berufswahlmöglichkeiten in Flächenregionen und in Gebieten mit einseitiger Wirtschaftsstruktur (unter anderem in Niedersachsen, im Ruhrgebiet, in Rheinland-Pfalz). Die zahlreich vorhandenen Schulabgänger müssen dort unter weniger Ausbildungsplätzen und -berufen als im Bundesgebiet durchschnittlich angeboten werden, ihre Wahl treffen. Ausbildungsmöglichkeiten für Handwerksberufe finden sich darunter häufig; Ausbildungsplätze für Angestelltenpositionen oft nur wenige.« (Angaben nach 22, S. 145)

Aus der Sicht der abhängig Beschäftigten stehen die Wirkungen der regionalen Strukturpolitik auf die Zahl und Qualität der Arbeitsplätze im Vordergrund. Erhebliche Zweifel an ihrem Erfolg sind bei einer Untersuchung der Qualität der neu geschaffenen Arbeitsplätze angebracht. Die Ergebnisse aus verschiedenen Untersuchungen hat Ursula Engelen-Kefer zusammengetragen:

»(1) Aufschlußreich sind in diesem Zusammenhang die Ergebnisse einer Untersuchung der mit öffentlichen Mitteln geförderten Industrieanlagen in Ostfriesland (Bundesausbaugebiet: zu Beginn der 60er Jahre geprägt durch Landwirtschaft und Kleingewerbe). Hierbei wird festgestellt, daß zwar das Wirtschaftswachstum und die Beschäftigung verbessert werden konnten. Insbesondere war ein Abbau der globalen und saisonalen Arbeitslosigkeit sowie Unterbeschäftigung zu beobachten. Einschränkend für den internen Wachstumseffekt der geförderten Investitionen dürfte sich jedoch erweisen, daß die Industrieansiedlung vorwiegend in der Ausgliederung von Zweigwerken aus Ballungsgebieten bestand, die ihre Erträge zumindest teilweise an die Muttergesellschaften transferieren sowie kein entsprechender Ausbau der Infrastruktur als notwendige Voraussetzung für die weitere Entwicklung erfolgte. Gleichzeitig entstanden im Verlaufe der mit öffentlichen Mitteln geförderten Industrialisierung qualitative Arbeitsmarktungleichgewichte, welche die Beschäftigungssituation der Betroffenen teilweise verschlechterten:

– *fachlicher Art* zwischen den weggefallenen Arbeitsplätzen in Landwirtschaft und kleinen Gewerbebetrieben sowie den neu geschaffenen Arbeitsplätzen im industriellen Bereich – vor allem Zweigbetriebe des Investitionsgütersektors, dominiert von drei Großkonzernen: VW, Rheinstahl, Olympia AG – da die betroffenen Arbeitnehmer oft nicht über die erforderlichen beruflichen Qualifikationen verfügen.

– *räumlicher Art,* da die bisher flächenmäßig gestreuten Beschäftigungsmöglichkeiten zugunsten der Konzentration von Arbeitsplätzen in zentralen Orten zurückgingen, ohne daß die Erwerbstätigen zu der hierzu erforderlichen regionalen Mobilität bereit waren.

– *qualifikationsmäßiger Art,* da die neugeschaffenen Arbeitsplätze in ihren Leistungsanforderungen – vorwiegend physische und nervliche Belastungen – nicht mit den Leistungsmerkmalen der freigesetzten Arbeitskräfte übereinstimmen.

Die Folge dieser qualitativen Ungleichgewichte im Verlauf der mit öffentlichen Mitteln geförderten Industrieansiedlung war die Entqualifizierung sowie Unterbeschäftigung und Arbeitslosigkeit einiger Gruppen von Erwerbspersonen.

Insgesamt sind also weder die mit der regionalen Strukturförderung angestrebten gesamtwirtschaftlichen Wachstumsvorstellungen noch die Verbesserung der Lebens- und Arbeitssituation der am meisten benachteiligten Bevölkerungsschichten erreicht worden. Die Stukturprobleme mit besonderen Nachteilen für einzelne Arbeitnehmergruppen scheinen sich eher noch verstärkt zu haben.

(2) Ähnliche Probleme wie bei der Industrieansiedlung in Ostfriesland sind auch bei Wirtschaftsförderungsmaßnahmen in Niederbayern zu beobachten. Dies läßt sich aus Untersuchungen des Instituts für Arbeitsmarkt- und Berufsforschung ersehen, wobei öffentlich geförderte industrielle Ansiedlungsmaßnahmen für verschiedene kleinräumige Regionen mit insgesamt 1 Mill. Einwohnern über 15 Jahre erfaßt wurden. Etwa 45 vH aller Industriebeschäftigten in diesen Förderregionen arbeiteten in öffentlich subventionierten Betrieben. Erste Ergebnisse dieser Erfolgskontrolle zeigen, daß

– die Abwanderungen aus den geförderten Regionen anhalten;

– das Einkommensgefälle zwischen stärker und geringer entwickelten Regionen sogar zugenommen hat;

– die Industriestruktur (als Folge der mit öffentlichen Mitteln geförderten Industrialisierung) von schrumpfenden Branchen mit hoher Konjunkturanfälligkeit sowie besonders ertragsschwachen Betrieben dominiert wird (Verbrauchsgüterindutrien – vor allem Textil- und Bekleidungsindustrie);

– eine Verschlechterung der beruflichen Qualifikationsstruktur stattgefunden hat: einem besonders hohen Anteil an un- und angelernten Arbeitnehmern steht ein entsprechend niedriger Anteil von Facharbeitern und Angestellten gegenüber;

– 60 vH der geförderten Betriebe außerhalb von Schwerpunktregionen angesiedelt wurden – zum Teil in Gemeinden mit wenigen tausend Einwohnern; die im Gemeinsamen Regionalen Aktionsprogramm geforderten Mindesteinwohnerzahlen für Entwicklungsschwerpunkte wurden mithin keinesfalls eingehalten, vielmehr erfolgte eine weite flächenmäßige Streuung, wodurch der Wachstumseffekt derartiger Industrieansiedlungen beträchtlich in Frage gestellt sein dürfte;

– 40 vH der angesiedelten Betriebe Zweigwerke waren, was ebenfalls beschränkende Auswirkungen auf den internen Wachstumseffekt derartiger Industrieansiedlungen haben kann;

– über 17 vH der angesiedelten Betriebe inzwischen wieder stillgelegt wurden – in den Landkreisen war der Prozentsatz der stillgelegten Betriebe erheblich höher.

Diese beiden Beispiele für die Problematik der qualitativen Beschäftigungswirkungen der regionalen Strukturpolitik bestätigen eindrücklich die aus den generellen regionalen Entwicklungstendenzen erkennbare Verstärkung der Ungleichgewichte in den Beschäftigungschancen für die Arbeitnehmer. In beiden Fällen zeigt sich sehr deutlich, daß die regionale Lenkung von Investitionen über finanzielle Anreize zu einer verstärkten Verlagerung privatwirtschaftlicher Kosten auf die Allgemeinheit und die benachteiligten Arbeitnehmer führt – z.B. durch: Konservierung veralteter Produktionsstrukturen sowie ertragsschwacher Betriebe; Finanzierung von Investitionen, die nach wenigen Jahren wieder abgezogen werden; Entwertung beruflicher Qualifikationen; Notwendigkeit zu beruflicher Umschulung; Zwang zur regionalen Mobilität; Beschäftigung unterhalb des beruflichen Qualifikationsniveaus; vorzeitige Pensionierung.« (22, S. 146/147)

f) Gewerkschaften und regionale Strukturpolitik

Bei der Behandlung der Probleme der Strukturpolitik sind auch ihre Mängel dargestellt und ist gefragt worden, wieweit die Interessen der abhängig Beschäftigten berücksichtigt wurden. Hieraus ergeben sich Ansatzpunkte für eine unter den gegebenen Bedingungen veränderte Strukturpolitik, die stärker Arbeitnehmerinteressen beachtet.
Ursula Engelen-Kefer hat »Gewerkschaftliche Ansätze regionaler Strukturpolitik« in den Gewerkschaftlichen Monatsheften, H. 1/1975, S. 1–10, beschrieben. Ihre Überlegungen, die auch Eingang gefunden haben in Anträge an den DGB-Bundeskongreß im Mai 1975 in Hamburg, geben wir hier wieder:

»1. Oberstes Ziel der regionalen Strukturpolitik sollte die Verbesserung der Arbeits- und Lebensbedingungen in strukturell gefährdeten Gebieten sein. Eine notwendige Voraussetzung hierzu ist die Schaffung und Sicherung vollwertiger dauerhafter Arbeitsplätze, die Beschäftigungsmöglichkeiten für die vorhandenen Arbeitskräfte bieten. Dabei kommt es neben der Schaffung neuer Arbeitsplätze vor allem auf eine regional ausgewogene Verteilung der vorhandenen und zu errichtenden Arbeitsplätze an.
2. Von daher ist in Frage zu stellen, ob die finanzielle Förderung privater Kapitalinvestitionen in regionalen Entwicklungsschwerpunkten ein geeignetes regionalpolitisches Instrumentarium darstellt. Da im Mittelpunkt der regionalen Strukturpolitik die Verbesserung der regionalen Beschäftigungssituation stehen sollte, wäre zu prüfen, ob nicht an Stelle der Investitionen die Beschäftigung direkt gefördert werden könnte. Denn finanzielle Anreize für Investitionen begünstigen besonders kapitalintensive Produktionsverfahren, was den Beschäftigungserfordernissen in unterentwickelten Gebieten nicht immer förderlich ist, vor allem, wenn größere Arbeitskräftereserven aus der Landwirtschaft bzw. kleinen Gewerbebetrieben beschäftigt werden sollen.
3. Förderungsmaßnahmen, die sich vor allem auf die Verbesserung der Beschäftigungsmöglichkeiten richten, könnten zudem mit Auflagen hinsichtlich der Qualität der zu schaffenden Arbeitsplätze verbunden werden. Hierbei müßte ebenfalls die sozio-ökonomische Struktur der arbeitsuchenden Bevölkerung berücksichtigt werden – vor allem: Anteil von Männern und Frauen, altersmäßige Gliederung der Arbeitsuchenden, Ausbildungsstand, bisherige Tätigkeit.
4. Da finanzielle Anreizsysteme allein offensichtlich nicht die gewünschten regionalpolitischen Erfolge aufweisen, wäre zu erwägen, ob nicht gleichermaßen Auflagen für zusätzliche Investitionen in Ballungskernen zu erlassen wären, so daß von daher schon ein Anreiz gegeben werden könnte, in Randzonen und ländlichen Gebieten zu investieren. Eine entsprechende indirekte Förderung zur Schaffung von Arbeitsplätzen in weniger entwickelten Gebieten könnte davon ausgehen, daß zunächst die erforderliche wirtschaftliche und soziale Infrastruktur geschaffen wird. Mit einem derartig diversifizierten regionalpolitischen Instrumentarium wäre zu verhindern, daß lediglich krisenanfällige Zweigwerke mit gering qualifizierten Arbeitsplätzen in Entwicklungsregionen geschaffen werden, wie es bisher weitgehend der Fall zu sein scheint.

5. Welche Kombination von regionalpolitischen Maßnahmen im Einzelfall anzuwenden ist, hängt entscheidend von dem wirtschaftlichen und sozialen Entwicklungsstand der betreffenden Region selbst ab. Z.B. dürfte eine indirekte Förderung der Schaffung von Arbeitsplätzen über Infrastrukturinvestitionen für bereits entwickelte, jedoch strukturgefährdete Regionen, weniger sinnvoll sein als für unterentwickelte ländliche Räume. Es wäre daher sicherlich ebensowenig zweckmäßig, die Förderung von Infrastrukturinvestitionen in jedem Fall als Allheilmittel der regionalen Strukturpolitik zu betrachten wie bisher die finanziellen Anreizsysteme für Kapitalinvestitionen.
6. Eine derartige Differenzierung und Schwerpunktverlagerung in Zielrichtung sowie Instrumentarium der regionalen Strukturpolitik müßte ebenfalls Konsequenzen für die Abgrenzung und Auswahl der Förderregionen haben. Dabei wären neben den bisher verwendeten wirtschaftlichen Strukturkennziffern – Bruttoinlandsprodukt pro Kopf, Realsteuerkraft, Industriebesatz, Wanderungssaldo, Bevölkerungsdichte – folgende Merkmale zu berücksichtigen: Arbeitsplatzdefizite, Struktur der Erwerbsbevölkerung, Angebot an Bildungs-, Ausbildungs- und Weiterbildungseinrichtungen, Versorgung mit Infrastruktureinrichtungen, Struktur der Nachfrage nach Arbeitskräften. Hierbei müßten vor allem erforderliche zukunftsorientierte Kennziffern entwickelt werden.
7. Eine an den Arbeitnehmerinteressen orientierte regionale Strukturpolitik würde ebenso die stärkere Einschaltung der Arbeitsministerien, der Bundesanstalt für Arbeit sowie der Gewerkschaften an den regionalpolitischen Entscheidungen erforderlich machen.
8. Schließlich kann eine nachhaltige Verbesserung der Arbeits- und Lebensbedingungen in strukturschwachen Regionen nur dann erreicht werden, wenn die regionale Strukturpolitik eine mit allen anderen Bereichen der Raumordnungspolitik abgestimmte regionale Entwicklungspolitik verfolgt. Unbedingt erforderlich ist darüber hinaus, daß weitere Maßnahmen der Wirtschafts- und Sozialpolitik, die regional wirksam sind, bewußt und geplant zur Verbesserung der Arbeits- und Lebensbedingungen in gefährdeten Regionen eingesetzt werden. Besondere Bedeutung kommt hierbei Maßnahmen der Bildungs-, Aus- und Weiterbildungspolitik zu sowie der sektoralen Strukturpolitik. Nur derartige umfassende regionalpolitische Strategien, die je nach dem konkreten Einzelfall unterschiedlich zu gewichten sind, können dem Anspruch einer an den Arbeitnehmerinteressen orientierten regionalen Entwicklungspolitik gerecht werden. Hieraus ergeben sich institutionelle und inhaltliche Konsequenzen für die Ausweitung der Mitbestimmung auf Betriebs- und Unternehmensebene sowie im überbetrieblichen Bereich.« (24, S. 9/10)

Die Bedeutung der Strukturpolitik für die Arbeits- und Lebensbedingungen der abhängig Beschäftigten und ihrer Familien erfordert von den Gewerkschaften eine noch stärkere Mitwirkung und Mitverantwortung. Neben dem notwendigen Ausbau des Instrumentariums gilt es daher, auch institutionelle Änderungen durchzusetzen. Hierzu wären Wirtschafts- und Sozialräte auf Landesebene und auf der Ebene der Regionalen Planungsgemeinschaften einzurichten. Für die Gewerkschaften stand bisher naturgemäß die Tarifpolitik im Mittelpunkt ihrer Aktivitäten, und die Sozialpolitik, vorwiegend verstanden als Sozialsicherungspolitik, genoß Priorität (Vorrang). Die herkömmliche Sozialpolitik kann jedoch gegenüber Fehlentwicklungen, die im ökonomischen Bereich begründet liegen, nur reagieren. Darum müßte der Wirtschaftspolitik im allgemeinen und der Stukturpolitik im besonderen ein größeres Gewicht beigemessen werden.

IV. PROBLEME UND GRENZEN DER STRUKTURPOLITIK

Bei der Darstellung der Ziele und Maßnahmen der sektoralen und regionalen Strukturpolitik ist schon auf Schwierigkeiten beim Einsatz des Instrumentariums, auf Zielkonflikte, auf Widersprüche und Probleme eingegangen worden. Diese Kritik soll hier noch einmal aufgegriffen und für die Strukturpolitik insgesamt geleistet werden. Neben den Koordinationsproblemen möchten wir nochmals auf den Mittelaufwand und die Mittelverwendung bei strukturpolitischen Maßnahmen eingehen und den Widerspruch zwischen der Subventionierung der Privatwirtschaft einerseits und dem gesellschaftlichen Finanzbedarf andererseits aufgreifen, um noch einmal die Grenzen für Wirtschaftspolitik im kapitalistischen System aufzuzeigen. Hierbei kommt es uns darauf an, im Zusammenhang mit den Zielen der Strukturpolitik ihre Orientierung an vornehmlich unternehmerischen Zielen herauszuarbeiten.

1. Koordinations-(Abstimmungs-)probleme

Kein anderes Gebiet der Wirtschaftspolitik weist eine solche Vielzahl von Entscheidungsinstanzen auf wie gerade die Strukturpolitik. Dies bewirkt, daß Probleme aus der mangelnden Koordination zwischen den Trägern, wie Bund, Ländern, Gemeinden und anderen Institutionen (Einrichtungen) entstehen. Manche Probleme sind insofern weniger sachbedingt als vielmehr das Ergebnis eines Neben- und Gegeneinander. Wird eine Instanz nur unvollständig oder gar nicht informiert, kann es zu Entscheidungen kommen, die sich in ihren Auswirkungen durchkreuzen oder gegenseitig behindern. Anhand weniger Beispiele läßt sich dies veranschaulichen. Ein in der Literatur oft genanntes Beispiel für eine Nichtabstimmung zwischen verschiedenen Maßnahmen sind auf der einen Seite die Stillegungsprämie für überschüssige Mühlenkapazitäten und auf der anderen Seite die gleichzeitige Aufbauhilfe für neue Mühlen zugunsten heimatvertriebener Mühlenbesitzer. Zwei verschiedene Instanzen handelten hier gegenläufig, da es an der Koordination mangelte.

Die »Frankfurter Allgemeine Zeitung«, Nr. 48, vom 26.2.1974, berichtete über die Schwierigkeiten, ein Raumordnungsprogramm zu erstellen. Die Schwierigkeiten begannen schon damit, aufgrund der jahrelangen in einigen Bundesländern praktizierten Landesentwicklungsplanung, einheitliche für Bund und Länder verbindliche Begriffsbestimmungen (Terminologie) zu finden. Erst nach einer Einigung über die Begriffe konnte man sich dann über die Grundvorstellung und Ziele im Detail verständigen und versuchen, die Unterschiede in den Grundsätzen der Planung zwischen Bund und Ländern einander anzupassen. Inwieweit dies bei den unterschiedlichen Auffassungen gelungen ist, kann hier nicht beantwortet werden. Weshalb es so lange dauerte, bis ein »Bundesprogramm für Raumordnung« vorlag, wurde damit begründet, daß 130 bis 140 Ressorts des Bundes und der elf Länder unter einen Hut gebracht werden mußten. Mit der Einführung des Gesetzes der »Gemeinchaftsaufgabe zur Verbesserung der regionalen Wirtschaftstruktur« sollte eine Koordination (Abstimmung) der verschiedenen Maßnahmen der regionalen Strukturpolitik erreicht werden. Die bestehende unübersehbare Vielfalt und Vielzahl regionalpolitischer Förderungsmaßnahmen der verschiedenen Fachbereiche und Verwaltungsebenen, die nebeneinander bestanden, sollte abgelöst werden. Untersuchungen über Strukturförderungsmaßnahmen kommen zu dem Ergebnis daß dies nicht gelungen ist.
So ergab z.B. eine Untersuchung über Strukturförderungsmaßnahmen für Hagen, daß im Untersuchungszeitpunkt 1970 dort 7 verschiedene Regionalförderungsprogramme bestanden, für die 9 verschiedene Stellen verantwortlich waren. Dabei haben auch sie offensichtlich keine ausreichende Differenzierung der einseitigen Wirtschaftsstruktur von Hagen ermöglichen können. Derzeit ist Hagen besonders stark von Beschäftigungseinbrüchen betroffen, ohne ausreichende alternative Arbeitsplätze anbieten zu können.
Koordinierungsprobleme bestehen weiter in dem Mangel, daß die regionale Strukturpolitik nicht mit anderen regional wirksamen wirtschafts- und sozialpolitischen Maßnahmen abgestimmt wird. Dies gilt vor allem für die sektorale Strukturpolitik, die Raumordnungspolitik, die Konjunkturpolitik und die Arbeitsmarktförderung und hier insbesondere für die beruflichen Anpassungsmaßnahmen und für die Verteilung von Bildungs- und Ausbildungsmöglichkeiten.
Hierzu schreibt Ursula Engelen-Kefer:

»Soll eine Verbesserung und gleichgewichtigere regionale Verteilung der Arbeits- und Lebensbedingungen erreicht werden, bedarf es des koordinierten Einsatzes aller oben genannten wirtschafts- und sozialpolitischen Maßnahmen, die regional wirksam sind. So ist es leicht einsichtig, daß die Schaffung hinreichend qualifizierter

Arbeitsplätze u.a. gleichzeitig entsprechende Aus- und Weiterbildungsmaßnahmen erforderlich machen wird. Umgekehrt bedarf es eines ausreichenden Angebots qualifizierter Arbeitsplätze, sollen die Möglichkeiten beruflicher Aus- und Weiterbildung von den betroffenen Arbeitnehmern genutzt werden. Weiterhin kommt der branchenmäßigen Zusammensetzung bei der Schaffung neuer Arbeitsplätze in Förderregionen entscheidende Bedeutung für Dauerhaftigkeit und Qualität der Arbeitsplätze sowie Auswahlmöglichkeiten für die zu beschäftigenden Arbeitskräftereserven zu. Ebenfalls sind auch bei kurzfristigen konjunktur- und beschäftigungspolitischen Maßnahmen immer mehr die regionalen und sektoralen strukturpolitischen Erfordernisse zu berücksichtigen, soll die Krisenanfälligkeit für die Zukunft vermindert werden. Eine Abstimmung der regionalen Strukturförderung mit allen anderen Bereichen der Raumordnungspolitik ist ebenso unerläßlich, soll eine gleichgewichtige regionale wirtschaftliche und soziale Entwicklung erfolgen. Diese für den Erfolg jeglicher regionalen Strukturpolitik ausschlaggebenden Zusammenhänge sind bisher weder in der Wissenschaft noch in der praktischen Politik hinreichend erkannt und noch weniger durchgesetzt.
Dabei sind die Mängel nicht nur in der regionalen Strukturpolitik selbst zu suchen, sondern ebenso in der unzureichenden regionalen Ausrichtung anderer regional wirksamen Maßnahmen. In diesem Zusammenhang sind vor allem die berufliche Aus- und Weiterbildung zu nennen, die entscheidenden Einfluß auf die regionalen Arbeits- und Lebensbedingungen haben sowie vielfach erst die Voraussetzung für die Schaffung und Nutzung neuer Arbeitsplätze bieten. Daher gibt es um so mehr zu Bedenken Anlaß, wenn erhebliche regionale Ungleichgewichte in der Verteilung der Aus- und Weiterbildungsmöglichkeiten bestehen. Dabei ist ein starkes Gefälle von den Ballungsgebieten zu den ländlichen Gebieten hin zu beobachten. Zu der quantitativen Benachteiligung von ländlichen Gebieten in der Ausstattung mit Aus- und Weiterbildungsmöglichkeiten kommt noch die Verteilung auf verschiedene Berufskategorien und Bildungs- sowie Qualifizierungsniveaus. Bisherige Untersuchungen lassen auch hierbei eine eindeutige Schlechterstellung der ländlichen Gebiete erkennen.« (24, S. 5/6)

Die hauptsächliche Verantwortung für die regionale Strukturpolitik liegt bei den Wirtschaftsministerien des Bundes und der Länder. Zwar besteht die Verpflichtung zur Abstimmung mit anderen Ressorts (Ministerien), und durch die Einrichtung von interministeriellen Gremien sollte dies erleichtert und abgesichert werden, jedoch scheinen in der Praxis auf Bundes- und auch auf Landesebene erhebliche Probleme aufzutreten. Die für Arbeitnehmer wesentlichen Aspekte der Verteilung, Dauerhaftigkeit und Qualität der neu zu schaffenden Arbeitsplätze fanden nur dort Berücksichtigung, wo die Bundesanstalt für Arbeit an der Förderung beteiligt war. Als Mangel ist generell die außerordentlich geringe Einflußnahme der Arbeits- und Sozialministerien zu bezeichnen, weil sie von ihrer Aufgabenstellung her gesehen stärker auf die Erreichung der außerökonomischen Ziele dringen könnten. Die abhängig Beschäftigten, an deren Arbeits- und Lebensbedingungen die Entscheidungen orientiert sein sollten, müßten stärker an diesen Entscheidungen beteiligt werden.

2. Subventionen als Mittel der Strukturpolitik

Als entscheidende Instrumente der Strukturpolitik wurden Finanzhilfen und Steuervergünstigungen genannt. Nach dem Vierten Subventionsbericht für den Zeitraum 1971 bis 1974 der Bundesregierung wurden an Subventionen (Finanzhilfen und Steuervergünstigungen) von Bund und Ländern 1974 rund 47 Mrd. DM gezahlt. Diese Mittel sind in ihrer Gesamtheit nicht für strukturpolitische Maßnahmen ausgegeben worden, jedoch ist es in unserem Zusammenhang zweckmäßig, einen Blick auf Subventionen im allgemeinen und für die Strukturpolitik im besonderen zu tun.

So alarmierend hoch man die gesamten Subventionen und ihre Steigerungsraten auch bewerten mag, Schwierigkeiten bereitet die Frage, was überhaupt als Subvention bezeichnet werden soll. Unter Wissenschaftlern, aber auch in der politischen Praxis gibt es bis heute keinen allgemein zu verwendenden Subventionsbegriff.

Diese Begriffsverwirrung hat nicht nur akademischen Wert, sondern ist eminent politisch, denn die Definition des Subventionsbegriffs bestimmt darüber, was bei der Erfassung des gesamtwirtschaftlichen Subventionsvolumens als Subvention gelten soll. Neben der Definition und den Angaben über Subventionen in der volkswirtschaftlichen Gesamtrechnung ist die wichtigste Quelle für diesen Fragenkomplex der sogenannte Subventionsbericht der Bundesregierung, den sie nach § 12 des Gesetzes zur Förderung der Stabilität und des Wachstums der Wirtschaft (Stabilitäts- und Wachstumsgesetz, StWG) alle zwei Jahre vorlegen muß. Der Gesetzgeber hat keine Definition des Subventionsbegriffes gegeben, und da die Bundesregierung sich an die Vorschriften von § 12 Stabilitäts- und Wachstumsgesetz halten muß, ist die gängige Bezeichnung »Subventionsbericht« inoffizieller Art. Offiziell wird im Subventionsbericht auch nur von Finanzhilfen und Steuervergünstigungen gesprochen.

Größtenteils in Anlehnung an § 12 Stabilitäts- und Wachstumsgesetz sind Finanzhilfen im Subventionsbericht wie folgt definiert:

»*Finanzhilfen* sind Geldleistungen des Bundes an Stellen außerhalb der Bundesverwaltung, um

1. Produktionen oder Leistungen in Betrieben oder Wirtschaftszweigen zu erhalten oder an neue Bedingungen anzupassen,
2. den Produktivitätsfortschritt und das Wachstum von Betrieben oder Wirtschaftszweigen zu fördern,
3. in wichtigen Bereichen des volkswirtschaftlichen Marktprozesses für private Haushalte bestimmte Güter und Leistungen zu verbilligen und die Spartätigkeit anzuregen.«

Unter *Steuervergünstigungen* versteht der Subventionsbericht »spezielle Abweichungen von der allgemeinen Steuernorm, die für die öffentliche Hand zu einer Einnahmeminderung führen.«

Ob damit der Subventionsbegriff in brauchbarer Weise definiert ist, kann man allerdings bezweifeln, soll hier aber nicht weiter untersucht werden.
Kritisch wäre hier nur anzumerken, daß die Subventionsberichte keine lückenlose Übersicht aller Subventionen bieten und andererseits auch an anderen Verzerrungen leiden, die das Subventionsvolumen zu hoch ausweisen. Neben den Subventionen an Unternehmen werden allgemeine, willkürlich ausgewählte Hilfen für private Haushalte mit erfaßt, wie etwa die Sparförderung und das Wohngeld. Das ist sachlich unhaltbar und vermindert den Aufklärungswert.
Vollends unbrauchbar ist die Definition der Steuervergünstigungen. Hier kann man sich zunächst lange darüber streiten, was eine »spezielle Abweichung von der allgemeinen Steuernorm« ist. Keinesfalls können jedoch alle derartigen Abweichungen den Subventionen zugerechnet werden, so z.B. nicht die Steuerausfälle, die durch den Arbeitnehmer- und Weihnachtsfreibetrag oder aus der Abzugsfähigkeit der Kirchensteuer als Sonderausgabe entstehen, um nur wenige Beispiele zu nennen, die im Subventionsbericht als Steuervergünstigungen aufgeführt sind. Hier wird deutlich, daß dieser Bericht in einer ganzen Reihe von Fällen seinen Namen zu Unrecht trägt.
Der Sache angemessener ist folgende Begriffsbestimmung, die den bisher angestellten kritischen Überlegungen Rechnung trägt:

»Subventionen sind öffentliche Übertragungen (Finanzhilfen) und Steuervergünstigungen, die Unternehmen bzw. ganzen Wirtschaftszweigen gewährt werden. Übertragungen und Steuervergünstigungen zugunsten privater Haushalte sind ebenfalls Subventionen, wenn sie der Verbilligung bestimmter Güter und Leistungen dienen.« (41, S. 105)

Bei einer Darstellung des quantitativen (mengenmäßigen) Umfangs der Subventionen in der Bundesrepublik sind wir trotz aller Mängel auf das Zahlenmaterial der Subventionsberichte angewiesen. Mit der Tabelle »Finanzhilfen und Steuervergünstigungen in der Bundesrepublik im Jahre 1973« wird versucht, die oben erwähnten Mängel mit einigen groben Korrekturen zu vermeiden, indem die Ergebnisse des Vierten Subventionsberichts für das Jahr 1973 zusammenfassend dargestellt werden, und zwar einmal insgesamt, zum anderen unter Ausklammerung des Bereichs »Sparförderung und Vermögensbildung« und der sogenannten »Sonstigen Steuervergünstigungen«, die überwiegend im Rahmen des Einkommen- und Lohnsteuerrechts privaten Haushalten zugute kom-

Finanzhilfen und Steuervergünstigungen in der Bundesrepublik im Jahre 1973
Ergebnisse des Vierten Subventionsberichts der Bundesregierung[1])

Wirtschaftszweig bzw. Zweckbestimmung	Finanzhilfen				Steuervergünstigungen	Finanzhilfen und Steuervergünstigungen insgesamt	Anteile in vH	
	Bund	Länder	ERP-Wirtschaftsplan	Insgesamt			einschl. Sparförderung, Vermbg. und sonstige Steuerverg.	ohne Sparförderung, Vermbg. und sonstige Steuerverg.
	in Milliarden DM [2])							
Ernährung, Landwirtschaft, Forsten	3,70	0,88	–	4,58	2,05	6,63	14,1	23,6
Gewerbliche Wirtschaft	1,73	1,15	1,31	4,19	7,22	11,41	24,2	40,7
Verkehr	0,61	0,45	0,05	1,11	0,90	2,01	4,3	7,2
Städtebau und Wohnungswesen	2,37	3,49	–	5,86	2,12	7,98	16,9	28,5
Sparförderung und Vermögensbildung	3,07	1,16	–	4,23	3,83	8,06	17,1	–
Sonstige (Steuervergünstigungen)	–	–	–	–	11,04	11,04	23,4	–
Insgesamt	11,48	7,13	1,36	19,97	27,16	47,13	100	100
Ohne Sparförderung, Vermögensbildung und sonstige Steuervergünstigungen	8,41	5,97	1,36	15,74	12,29	28,8[3])		

1) Bericht der Bundesregierung über die Entwicklung der Finanzhilfe des Bundes und der Steuervergünstigungen für die Jahre 1971 bis 1974 gemäß § 12 des Gesetzes zur Förderung der Stabilität und des Wachstums der Wirtschaft (StWG) vom 8. Juni 1967 (Vierter Subventionsbericht), Bundestagsdrucksache Nr. 7/1144
2) Finanzhilfen: Sollzahlen in den Haushaltsplanentwürfen für 1973
Steuervergünstigungen: Grobschätzungen
3) 59,4 vH der Finanzhilfen und Steuervergünstigungen insgesamt
(Entnommen aus 41, S. 106)

men. Diese Positionen fallen mit einigen Ausnahmen bei den Steuervergünstigungen nicht unter den von uns gewählten Subventionsbegriff. Wie bereits gesagt, umfaßt die Definition der Finanzhilfen im Subventionsbericht nur diejenigen des Bundes. Nachrichtlich sind im Vierten Subventionsbericht aber auch die Finanzhilfen der Länder und des ERP-Wirtschaftsplans (verbilligte Kredite aus den Rückflußmitteln der amerikanischen Marshallplan-Hilfe, die als ERP-Sondervermögen vom Bund verwaltet und vergeben werden) mit aufgeführt, so daß sie hier berücksichtigt werden konnten.

Wie aus der Tabelle hervorgeht, machten Finanzhilfen und Steuervergünstigungen 1973 den wahrhaft gewaltigen Betrag von über 47 Milliarden DM aus. Davon entfiel mit über 27 Milliarden DM oder 57,6 vH der Löwenanteil auf die Steuervergünstigungen. Allerdings fallen die Aufwendungen und Einnahmeverzichte für Sparförderung und Vermögensbildung (Spar- und Wohnungsbauprämien, Sparzulagen nach dem 624-DM-Gesetz, steuerliche Begünstigung des Bausparens), die sich der Staat 8 Milliarden DM kosten läßt, sowie die sonstigen Steuervergünstigungen (11 Milliarden DM) sehr stark ins Gewicht. Zieht man diese Positionen ab, so bleiben – ganz grob gerechnet – für die »echten« Subventionen immerhin 28 Milliarden DM übrig, wovon die gewerbliche Wirtschaft mit 11,4 Milliarden (rund 41 vH) den dicksten Brocken kassiert. Mit dieser Summe ist das tatsächliche Ausmaß der Subventionen aber noch unterbelichtet. Es fehlen vor allem die sogenannten Marktordnungsausgaben, mit denen die Preise für deutsche landwirtschaftliche Erzeugnisse aus dem Agrartopf des Brüsseler EG-Haushalts gestützt werden (1973 ungefähr 2 Milliarden DM) sowie die Subventionierung der Bundesbahn aus dem Bundeshaushalt (1973 knapp 9 Milliarden DM). Aus den oben genannten Gründen fehlen diese Beträge im Subventionsbericht. Zählt man sie hinzu, so klettert die »echte« Subventionssumme auf rund 39 Milliarden DM.
Um diese Summe zu veranschaulichen: Sie entspricht dem Volumen der gesamten Investitionen des Staates im Jahre 1973 (ebenfalls 39 Milliarden DM) oder dem Jahreseinkommen von 2,6 Millionen Arbeitnehmern, wenn man ein Monatseinkommen von 1500 DM zugrunde legt.
Wenn von den Subventionen die Rede ist, fällt häufig das Wort »Dschungel« – mit Recht: Sparförderung, Vermögensbildung und sonstige Steuervergünstigungen nicht mitgezählt, umfaßt der Vierte Subventionsbericht bei den Finanzhilfen des Bundes 123 und bei den Steuervergünstigungen 116 Einzelpositionen. Zusammen mit 25 Posten im ERP-Wirtschaftsplan sind dies 264 einzelne Subventionsarten – ohne die nicht weiter detaillierten Subventionen der Bundesländer. Die Reihe beginnt mit der Zinsverbilligung für landwirtschaftliche Investitionen und endet bei verbilligten ERP-Krediten für die Modernisierung der deutschen Handelsflotte. Hier einige Beispiele, um die Rede vom Subventionsdschungel zu illustrieren: Der Staat fördert den Absatz von Fischen, die Entwicklung neuer Flugzeugtypen und das Messewesen, gewährt Prämien für die Rodung von Obstbäumen, Produktionszuschüsse für Firmen, die Wochenschaufilme produzieren, Abwrackhilfen für die mittelständische Binnenschiffahrt. Er finanziert den Einbau von Badezimmern in Bauernhöfen ebenso wie die Kohlehalden und verbilligt

Erztransporte von Lothringen zum Saarland. Häufig genannte Kuriositäten sind eine Steuervergünstigung für Vollblutzuchtbetriebe, um dieses »Kulturgut« zu fördern (sie soll allerdings wegfallen) und eine Salzsteuerbefreiung für Salz, das Heringsfischer zum Einsalzen ihres Fangs verwenden (sie existiert seit 1868). (Alle Angaben nach 41, S. 107/108)

Zweifelsohne war es nützlich, auf diesen »Subventionsdschungel« hinzuweisen, um den Umfang der Mittel und den Kreis der Mittelverwender aufzuzeigen. Jedoch für unseren Zusammenhang wichtiger ist es, auf die nicht unbeträchtlichen Mittel einzugehen, die für strukturpolitische Maßnahmen verwendet wurden. Ein erster Bereich ist der der regionalen Strukturpolitik. An Finanzhilfen (Investitionszuschüssen) und Steuervergünstigungen (sogenannte Investitionsprämien) sind 1973 Unternehmen knapp 4,5 Mrd. DM zugeflossen.
Eine zweite Art von finanziellen Anreizen mit strukturpolitischer Zielsetzung bilden die staatlichen Zuschüsse für die industrielle Forschung und technologische Entwicklung in bestimmten Schlüsselbereichen des »Technischen Fortschritts« (z.B. Kernenergie, Datenverarbeitung, Luft- und Raumfahrt). Allein die Zuschüsse des Bundes für die Forschung und Entwicklung in Unternehmen stiegen im Zeitraum 1964–1972 von 534 Millionen DM auf rund 2,4 Mrd. DM, haben sich also mehr als vervierfacht. Den Vogel schießt hier der Luftfahrzeugbau (einschließlich Raumfahrt) ab, wo nahezu 80 vH der Forschungsinvestitionen unmittelbar von der öffentlichen Hand finanziert werden. (Alle Daten aus 41, S. 112)
Nur bei 10 bis 15% der im »Subventionsbericht« der Bundesregierung ausgewiesenen Finanzhilfen und Steuervergünstigungen läßt sich eine Erfolgskontrolle durchführen. Zu diesem Ergebnis kommt das Bundeswirtschaftsministerium in einer Mitteilung über die Kosten-Nutzen-Analyse als Mittel der Erfolgskontrolle für Subventionen. Nach der Bundeshaushaltsordnung sind »für geeignete Maßnahmen von erheblicher Bedeutung Nutzen-Kosten-Untersuchungen anzustellen«. Voraussetzungen für diese Untersuchungen sind: Es muß sich um ausgabenwirksame Maßnahmen handeln, und die Maßnahmen müssen von erheblicher finanzieller Bedeutung sein. Damit fällt der große Block der Steuervergünstigungen aus den Subventionen als »Nichtausgabenwirksamer-Maßnahmenteil« nach dem gegenwärtigen Erkenntnisstand heraus, obwohl dieser Block annähernd 70% des Subventionsvolumens umfaßt. Von den verbleibenden 30% des ursprünglichen Subventionsumfanges sind mehr als 50% als gesellschafts- und sozialpolitische Maßnahmen zu motivieren, die für die privaten Haushalte gedacht sind und somit auch nicht in Betracht kommen. Weil darüber hinaus in vielen Fällen die

Zuwendungen eine solche Größe aufweisen, daß es sich nicht um Maßnahmen von »erheblicher finanzieller Bedeutung« handelt, bleiben für die Anwendung von Nutzen-Kosten-Untersuchungen Subventionen von lediglich 10 bis 15% des Gesamtumfanges übrig. Abgesehen einmal von diesem geringen Prozentsatz der Subventionen, die einer Kontrolle unterzogen werden könnten, sieht das Bundesministerium für Wirtschaft auch die generelle Schwierigkeit einer Erfolgskontrolle. Rein statistische Angaben über die Verwendung dieser Mittel reichen vielfach nicht aus. Sie beantworten letztlich nämlich nicht die Frage, wie die wirtschaftliche Entwicklung in den jeweiligen Bereichen ohne staatliche finanzielle Interventionen (Eingriffe) verlaufen wäre. Nur soweit finanzielle Hilfen das Verhalten der Subventionsempfänger in dem vom Staat gewünschten Sinne beeinflussen, kann nämlich von einem Erfolg der jeweiligen Maßnahme gesprochen werden. Ein wirtschaftspolitischer Eingriff wäre aber überflüssig, wenn er Anhaltspunkte dafür gegeben hätte, daß die Subventionsempfänger sich auch ohne finanzielle Anreize nicht anders verhalten hätten, als es bei der Gewährung der Hilfen zur Bedingung gemacht wurde. (Handelsblatt Nr. 176, vom 13./14.9.74.)

Da nach Ansicht des Bundesministeriums für Wirtschaft die Nutzen-Kosten-Untersuchungen zeitraubend, aufwendig und anspruchsvoll sind, wäre ihre Anwendung daher vom Grundsatz her auf einige größere Subventionsmaßnahmen zu konzentrieren, bei denen die gesamtwirtschaftlichen Auswirkungen als bedeutend angesehen werden können. Geht man von diesen Ergebnissen des Bundesministeriums für Wirtschaft aus, bleibt die Schlußfolgerung, daß die Bundesregierung weder bei den 27,1 Milliarden DM Steuervergünstigungen noch den Finanzhilfen von 11,5 Milliarden DM, das sind 9,5% der gesamten Bundesausgaben – also fast 10% – keine Erfolgskontrolle besitzt, d.h., diese Mittel, die recht unkoordiniert verwendet werden, unterliegen keiner Kontrolle und keiner Bindung an gesamtwirtschaftliche Ziele. Insofern ist verständlich, wenn dieser Mittelaufwand, der ja auch alternativ für andere wirtschaftspolitische und gesellschaftspolitische Aufgaben eingesetzt werden könnte, und dessen Wirkungen auf die Einkommens- und Vermögensverteilung beträchtlich sind, sehr umstritten ist.

Insbesondere die Mittel, die den Unternehmern zufließen, bzw. die ihnen in Form von Steuervergünstigungen erlassen bleiben, tragen dazu bei, die bestehende Ungleichmäßigkeit der Einkommens- und Vermögensverteilung weiter zu verschärfen. Dabei steht außer Zweifel, daß diese Lasten größtenteils aus Steuermitteln finanziert werden, die im wesentlichen von den abhängig Beschäftigten finanziert werden, sei es direkt aus der Lohnsteuer – die zur ergiebigsten Steuerquelle geworden ist –,

sei es indirekt über die Mehrwertsteuer oder über die sonstigen Verbrauchssteuern, die auf den Preisen der Konsumgüter lasten.
Eng im Zusammenhang mit den Wirkungen auf die Einkommens- und Vermögensverteilung steht die Verwendung von öffentlichen Mitteln für Subventionen und andererseits der zunehmende Engpaß, Mittel für die wichtigen gesellschaftspolitischen Zukunftsaufgaben bereitzustellen. Es ist bekannt, daß für die Finanzierung wichtiger gesellschaftspolitischer Zukunftsaufgaben riesige Milliardenbeträge erforderlich sind. Für diesen Zweck kann auch nicht die Steuerbelastung beliebig erhöht werden. Notwendig erscheint es vielmehr, die öffentlichen Haushalte im Rahmen

Investitionsbedarf der Gemeinden bis 1980

Investitionen	Bedarfseinheit	Kosten 1963 – 1980 in Mrd. DM in Preisen von 1962
Neue Schulen aller Stufen	492 630 Räume	93,0
Laufende Ausgaben für Schulen		31,0
Schulinvestitionen insgesamt		124,0
Straßenbau in den Gemeinden		49,1
Öffentliche Stellplätze		7,3
Öffentlicher Schienennahverkehr (nur öffentliche Zuschüsse)		10,0
Verkehrsinvestitionen insgesamt		66,4
Elektrizitäts- und Wasserversorgung (nur öffentliche Zuschüsse)		1,0
Abwasserbeseitigung (nur öffentliche Zuschüsse)		10,0
Müllbeseitigung (nur öffentliche Zuschüsse)		12,0
Luftreinhaltung (nur öffentliche Zuschüsse)		1,0
Ver- und Entsorgung insgesamt		24,0
Krankenhäuser	170 000 Betten	14,0
Erholungs-, Spiel- und Sportanlagen	200 Mill. qm	9,0
Altersheime	740 000 Plätze	7,0
Gesundheits- und Erholungsinvestitionen insgesamt		30,0
Summe aller kommunalen Investitionen bis 1980		244,4

Quelle: H. Afheldt: Infrastrukturbedarf bis 1980, Prognos-Studien 2, Stuttgart 1967, zit. nach: Evers/Lehmann: Politisch-ökonomische Determinanten für Planung und Politik in den Kommunen der Bundesrepublik, Offenbach a.M., 1972, S. 180 (14, S. 126)

des Möglichen umzustrukturieren, d.h., das Wachstum der öffentlichen Ausgaben viel stärker nach gesellschaftspolitischen Prioritäten (Rangfolge) zu ordnen. Ein hohes und wachsendes Subventionsvolumen stellt selbstverständlich ein großes Hindernis dar, wenn es darum geht, den Reformfinanzierungsspielraum auszuweiten.

3. Gesellschaftlicher Finanzbedarf und Subventionierung der Privatwirtschaft

In den letzten Abschnitten sind Art und Umfang der Subventionen des Staates in Form von Finanzhilfen und Steuervergünstigungen vorgestellt worden. Geht man von diesen beträchtlichen Summen aus und vergleicht sie mit den strukturpolitischen Ergebnissen, wird ihr gesellschaftspolitischer Wert fraglich. Die Widersprüche dieser Politik werden augenfällig an den einerseits sehr hohen Zuwendungen an die privaten Unternehmen und andererseits an dem Problem, die notwendigen Infrastrukturinvestitionen zu finanzieren. An der Finanzsituation und Kommunalpolitik der Gemeinden läßt sich dies recht gut veranschaulichen.
Den Investitionsbedarf der Gemeinden schätzt die Prognos AG in einem Gutachten von 1963 bis 1980 in Preisen von 1962 auf 244,4 Mrd. DM (vgl. Tabelle S. 150).

Ausgaben und Einnahmen der öffentlichen Haushalte 1985
Schätzung in Mrd. DM

	Ausgaben	Einnahmen	Saldo[1])	Saldo [2])
Bund	224	254	+30	− 6
Länder	256	201	−55	−55
Gemeinden	179	117	−62	−62
Sozialversicherung	246	189	−57	−21

1) ohne 2) einschl. der Zuschüsse des Bundes an die Sozialversicherung
Quelle: Schröder, D.: Öffentliche Ausgaben für die Infrastruktur in der BRD bis 1985, in: Theorie und Praxis der Infrastruktur, Berlin 1970, zit. nach: Evers/Lehmann, S. 158 (14, S. 128).

Anteile der Gebietskörperschaften am Gesamtsteueraufkommen %

	Bund	Lastenausgleich	Länder	Gemeinden
1961	52,9	2,6	31,2	13,3
1965	55,3	1,6	30,7	12,4
1971	53,8	0,9	33,2	12,1

Quelle: Evers/Lehmann, a.a.O., S. 141 (14, S. 127)

Geht man von den zur Verfügung stehenden Mitteln aus (vgl. Tabelle) sind die Finanzierungsengpässe sehr ausgeprägt.

Zu einem Teil hängen diese Probleme mit der Aufteilung des Gesamtsteueraufkommens zusammen. Die Gemeinden haben den geringsten Anteil, der dazu in den letzten Jahren noch relativ gesunken ist (vgl. Tabelle).

Nur 12% des gesamten Steueraufkommens (1971: 172 Mrd. DM) fließen den Kommunen zu, die über 60% aller Investitionen leisten müssen (vgl. Tabelle).

Gemeindeanteil an den Sachinvestitionen aller Gebietskörperschaften für ausgewählte Aufgabenbereiche 1949 – 1964

Aufgabenbereich	Gemeindeanteil in %
Kommunale Anstalten und Einrichtungen	91,2
Wirtschaftsförderung	89,8
Unterricht	88,2
Förderung des Wohnungsbaus	88,2
Gesundheitswesen	85,2
Wirtschaftsunternehmen	66,5
Soziale Angelegenheiten	61,4
Verkehr	51,3
Kultur	18,2
insgesamt	61,1

Quelle: zit. nach: Evers/Lehmann, a.a.O., S. 182 (14, S. 128)

Den Kommunen wurden verfassungsrechtlich Aufgaben übertragen, ohne zugleich die dafür erforderlichen Mittel sicherzustellen. In einem Spiegel-Report über die Finanzlage der westdeutschen Kommunen, SPIEGEL vom 3.1.1975, »Die Gemeinden holt der Deubel«, wird der »Finanzielle Tiefgang« der Kommunen und ihre politische und finanzielle Abhängigkeit von Bund und Ländern, »deren Zahlungsbereitschaft von der aktuellen Finanzlage abhängt, nicht aber an den Bedürfnissen der Städte orientiert ist«, beschrieben:

»An öffentlicher Armut ist wahrlich kein Mangel: Die 260 000-Einwohner-Stadt Wiesbaden hat lediglich ein Hallenbad und nur zwei Altenheime. Eine dringend benötigte Umgehungsstraße würde 200 Millionen Mark kosten.

Die Prüfer fanden, daß allein das veraltete städtische Krankenhaus, in dem jeder fünfte öffentliche Bedienstete der Stadt arbeitet, jährlich 40 Millionen Mark

Zuschüsse verschlingt. Die Schulen kosten 60 Millionen. Das Aufkommen der Gewerbesteuer aber sank binnen Jahresfrist von 82,5 auf 72 Millionen Mark…
Kassels Stadtverordnete entschlossen sich bereits Anfang 1971 zur Härte. Sie weigerten sich, den Haushaltsplan für 1971 mit einem Defizit von 33,7 Millionen Mark zu verabschieden. Kämmerer Gerhard Kühne erließ ein generelles Einstellungsverbot; nur jede zweite freiwerdende Personalstelle wurde neu besetzt; lediglich 60 Prozent der Mittel für Instandsetzung und Unterhaltung wurden freigegeben; ein Defizit von 14,6 Millionen Mark blieb…
Das Stadtkrankenhaus kostet jährlich 15 Millionen Mark. Für jeden Polizisten gibt das Land Hessen 15 000 Mark im Jahr, er kostet aber 20 000 Mark. Notwendiger Stadt-Zuschuß: 10 Millionen. Die Kasseler Schuldächer müßten für 3 Millionen Mark erneuert oder repariert werden, das Geld fehlt. Für den Straßenunterhalt werden 5 Millionen benötigt, 1,9 Millionen stehen im Plan 1972. Kühne warnt: »Der Bürger in der Großstadt steht in Gefahr, ein Bürger zweiter Klasse zu werden.«…«
(Auszug aus: »Die Gemeinden holt der Deubel«, Spiegel-Report über die Finanzlage der westdeutschen Kommunen, Der Spiegel vom 3.1.1972, S. 42 und 44.)

Obwohl auf der einen Seite das Geld fehlt, so daß nicht einmal die wichtigsten Aufgaben finanziert werden können, geben andererseits die Gemeinden horrende Summen für Industrieansiedlungen, d.h. für die private Industrie aus.
»Die Kommunen können ihre chronische – und durch Bau- und Personalkosten-Steigerungen sich ständig verschärfende – Finanznot in der Regel… nur dann spürbar mildern, wenn es ihnen gelingt, zusätzliche Industrien anzusiedeln. Bei der Suche nach ansiedlungswilligen Unternehmen aber sehen sich die miteinander konkurrierenden Gemeinden genötigt, sich gegenseitig mit Zugeständnissen an die Industrie zu überbieten – ein Mechanismus, der fortwährend Steuergelder in private Taschen leitet…« (SPIEGEL, Nr. 10/1972, 28.2.1972)
Unter dem Titel »Hart am Rande der Legalität« wird in dem Spiegel-Report über Industrieansiedlungen in Westdeutschland berichtet:

»… bei ihren oft verzweifelten Versuchen, auch Gemeinden mit minderen Standortqualitäten zu höheren Gewerbesteuereinnahmen zu verhelfen, sind Rathauspolitiker nicht selten bereit, beispielsweise zum Schutz der Umwelt erlassene Gesetze bewußt zu mißachten…
Je ärmer die Gemeinde dran ist, desto verzweifelter versucht sie in der Regel, durch Geldgeschenke an die Industrie ihre Attraktivität – und damit die Chance künftiger Mehreinnahmen – zu erhöhen. Fast überall in Westdeutschland können Unternehmen bei Betriebsgründungen und Standortverlagerungen daher mit Erfolg Investitionszuschüsse und günstige Kredite verlangen, dazu verbilligte oder kostenlose Grundstücke samt Verkehrsanbindung und Energieversorgung – vom Industriegleis bis zum Fernschreibanschluß.
Die Konsequenzen dieses kommunalen Konkurrenzkampfes muten absurd an: Selbst Gemeinden, die so finanzschwach sind, daß es an Klassenräumen für

die Kinder und an Betten für die Krankenhäuser mangelt, sehen sich gezwungen, kapitalstrotzenden Wirtschaftsriesen Investitionsspritzen zu geben. Dabei fördern auch Bund und Länder mit Milliardenbeträgen die Industrieansiedlung...
Oftmals wird... kaum ein Wort von dem bekannt, was sich – so der Kasseler Ratsherr... Eichel – da abspielt, wenn wir in Stadtverordnetenversammlungen die Öffentlichkeit ausschließen und mit der Industrie Grundstückverträge abschließen, von denen wir dann der Öffentlichkeit sagen, dies sei Wirtschaftsförderung, aber nicht sagen: Dies ist Umverteilung, Vermögensverteilung in die Hand derjenigen, die bereits haben...«
Im Jahre 1960 siedelte Bochum ein Zweigwerk der Adam Opel AG an. Die Stadt kaufte Gelände für 10 bis 15 Mark pro Quadratmeter und reichte es für 2 Mark an Opel weiter – Verlust: über 20 Millionen Mark.
Die Stadt zahlt ferner 12 Mill. Mark Abstand an eine Bergwerksgesellschaft für die vorzeitige Stillegung einer Zeche, über 15 Millionen für Bergschädensicherungen an den neuen Opel-Gebäuden, fast 5,5 Millionen für Straßenbaumaßnahmen zugunsten Opels, rund 2 Millionen für Anschluß des Betriebsgrundstücks an die Stadtentwässerung sowie sonstiges.
Insgesamt subventionierte Bochum die Autofabrik mit 54781235 Mark aus der eigenen Kasse. »... Und obwohl das Werk sich vergrößerte, wie niemand in Bochum es erwartet hatte..., haben mittlerweile Berechnungen ergeben, daß die Stadt ihre Investitionen, vorausgesetzt, daß sich Opel-Erzeugnisse weiterhin so gut verkaufen wie bislang, erst nach drei Jahrzehnten wieder hereingeholt haben wird.«
(Auszug aus: Hart am Rande der Legalität, Spiegel-Report über Industrieansiedlungen in Westdeutschland, in: Der Spiegel Nr. 10/1972 vom 28.2.1972)
Ein hohes und wachsendes Subventionsvolumen stellt selbstverständlich für die Vergrößerung des Reformfinanzierungsspielraums ein großes Hindernis dar. Die Summe für Subventionsprojekte einerseits und Reformprojekte andererseits stehen dabei häufig in einem krassen Mißverhältnis zueinander, das um so ärgerlicher ist, weil mit Subventionen keine Probleme gelöst, sondern nur neue geschaffen werden.
Auch hierzu ein Beispiel: Der Computerunternehmer Nixdorf und die AEG gründeten vor gut zwei Jahren mit je 50 vH Beteiligung ein Unternehmen für den Bau von Großcomputern, die Telefunken Computer GmbH (TC), Konstanz. Als »nationales Prestigeunternehmen« (Der Spiegel vom 11.3.1974) sollte die Firma den amerikanischen Computer-Giganten auf dem europäischen Markt die Stirn bieten. Bonn hat der TC bis Ende vergangenen Jahres 73 Millionen DM als Entwicklungszuschüsse zur Verfügung gestellt. Das ist genausoviel, wie im Bundeshaushalt 1974 für die Förderung überbetrieblicher Ausbildungsstätten insgesamt zur Verfügung gestellt wird. Die TC befindet sich aber bereits jetzt in der Verlustzone, da man sich bezüglich des Absatzes der Großcomputer hoffnungslos verkalkulierte. 300 bis 400 Millionen DM Umsatz wollte man erzielen, es wurden jedoch nur 104 Millionen DM. Das wäre vorhersehbar gewesen, hätte man einen Blick nach USA geworfen:
»Bis zum Sommer 1971 waren von den US-Firmen IBM, Univac und Control Data weltweit überhaupt erst 540 vergleichbare Anlagen verkauft worden. Der Niedersachse Nixdorf glaubte, allein bis zu 100 Großrechner jährlich verkaufen zu können.« (Der Spiegel vom 11.3.1974)
Nun droht 400 TC-Arbeitnehmern die Entlassung, und Bonn soll weiter mit erhöhten Zahlungen zur Kasse gebeten werden. (Angaben nach 41, S. 114)

Diese Analyse zeigt die begrenzte Handlungs- und Durchsetzungsfähigkeit des Staates gegenüber dem ökonomischen System der Privatwirtschaft, die Schwierigkeit, bestimmte Ziele durchzusetzen. Sicher ist auch, daß diese »sozial-ökonomische Machtfrage« nicht mit den bisherigen Instrumenten staatlicher Wirtschaftspolitik zu lösen ist.

4. Unternehmensinteressen und strukturpolitische Ziele

Die unserer Gesellschaftsordnung zugrunde liegende Handlungs- und Entscheidungsfreiheit der Unternehmensleitungen grenzt den Spielraum staatlicher Wirtschaftspolitik entscheidend ein. Über strukturpolitische Maßnahmen in Form von Anreizen, d.h., über eine Verbesserung der Gewinnsituation kann versucht werden, auf die Unternehmen einzuwirken. Das bedeutet letztlich, daß die strukturpolitischen Ziele nur erreichbar sind, wenn die an ihnen orientierten Maßnahmen den Unternehmen interessant erscheinen.

Eine Information im HANDELSBLATT Nr. 224 vom 22./23.11.1974 unter »Industrieanlagen« mag dies veranschaulichen. So wirbt der Landkreis Helmstedt, Amt für Wirtschaftsförderung, unter der Überschrift »Wo sich die Investitionen noch wirklich lohnen« in einer Information für Unternehmer, die sich mit Standortfragen beschäftigen, mit folgenden Fakten: »Industriebevölkerung und entsprechendes Arbeitskraftpotential, voll erschlossenes Industrie- und Gewerbegelände. Günstige Strompreise, Erdgas, günstiger Wohnungsmarkt. Drei Gymnasien und vier Realschulen, Berufs- und Berufsfachschulen. Günstige Infrastruktur, hoher Freizeitwert, ausgedehnte Waldgebiete, Frei- und Hallenbäder. Aber auch: 25% Investitionshilfe in den übergeordneten Schwerpunkten Helmstedt und Schöningen (Investitionszulage 7,5%, Investitionszuschuß 10,5%). Sonderabschreibungen. Sie arbeiten quasi schon mit Gewinn, bevor sie angefangen haben zu produzieren.«

Für sich selbst sprechen auch die beiden willkürlich ausgewählten Anzeigen aus dem »Spiegel«, denn sie zeigen, wie weit die Angebote öffentlicher Stellen gehen müssen, wenn das Verhalten privater Unternehmen in eine strukturpolitisch gewünschte Richtung gelenkt werden soll.

Was bei solchen Pauschalangeboten an Unternehmen im Blick auf wirtschaftspolitische Ziele, aber auch unter dem Gesichtspunkt der Mittelverwendung herauskommt, mögen folgende Beispiele demonstrieren. Wie stark die Ergebnisse der Strukturpolitik sich von ihren Zielen entfernen können, zeigt ein Bericht im »Spiegel« Nr. 19/1972 auf.

»Der ungezügelte Bau von Hotelriesen und Appartement-Hochhäusern im Harz hat in der Bevölkerung eine Protestwelle ausgelöst...

Anfang dieses Jahres wandte sich zum Beispiel die Arbeitsgemeinschaft für Umwelt- und Naturschutz in Braunschweig in einem Alarmruf an alle Harzfreunde. »Mit Appartementhäusern, Eigentumswohnungen und Hotelhochbauten«, so argumentierten die Naturschützer, »wird neben spekulativen Gewinnen nur einem ganz kleinen finanziell bessergestellten Bevölkerungskreis Exklusivität geboten, während die breite Masse der Bevölkerung als wirklich Erholungssuchende von diesen Orten vertrieben wird.«

Ausgelöst wurde die Protestwelle durch einen im Harzland noch nie dagewesenen Bauboom. Bis Ende nächsten Jahres sollen in der idyllischen Berg- und Tallandschaft so viele Ferienbauten entstehen, daß sich die Zahl der Hotelbetten von zur Zeit 38310 auf 56000 erhöhen wird. Kosten der Bau-Offensive: rund 640 Millionen Mark.

Die ortsfremden Baulöwen nehmen auf Landschaft und Baustil des norddeutschen Erholungsgebietes wenig Rücksicht. In Hohegeiß zum Beispiel errichtet die Hamburger Rüster KG für 40 Millionen Mark 345 Hotel-Appartements, die 17 Geschosse hoch in den Himmel ragen. Die gleiche Baugesellschaft hat ein 30-Millionen-Objekt in Bad Lauterberg (310 Appartements) mit 16 Geschossen begonnen.

In der idyllischen Bergstadt Altenau bilden fünf Betontürme der Engelhardt-Gruppe Hannover eine Skyline, die der Stadt bei Naturschützern und Feriengästen bereits den Namen »Manhattan des Harzes« eingetragen hat. Beschwerden aus der Bevölkerung über das 4000-Betten-Zentrum, das sich die Gesellschaft 100 Millionen Mark kosten läßt, wehrt Engelhardt-Geschäftsführer Hans-Georg Ungefug mit der Bemerkung ab: »Bei so großen Projekten spielen ästhetische Bedenken keine Rolle.«

Duldung und Unterstützung der Gemeindeväter sichern sich die fremden Bauherren durch spendable Mitgift. So freut sich der Hohegeißer Bürgermeister Richard Holitschke, durch seine Baulöwen »kostenlos zu einem Hallenbad und einem Kurhaus zu kommen, die uns im Wettbewerb gegenüber den anderen Harzkurorten noch fehlten...«

Über das Geld... brauchen sich die Bauunternehmer keine Sorgen zu machen... Zu den Käufern der Appartements gehören vor allem Ärzte und andere wohlhabende Freiberufler. Wenn sie sich verpflichten, den neu erworbenen Besitz zu vermieten, können sie vom Staat Investitionszulagen bis zu zehn Prozent der Kaufsumme kassieren...

Der flotte Appartementabsatz vor Baubeginn ist für die Baugesellschaften freilich nicht der einzige Anreiz. Verlockender sind die Vergünstigungen des Zonenrand-Förderungsgesetzes, das ihnen für Grundstücke und Gebäude 30 Prozent, für Einrichtungen und andere bewegliche Güter gar 50 Prozent Sonderabschreibungen gewährt.

Wer neue Arbeitsplätze und Fremdenverkehrseinrichtungen schafft, kann aus dem am 1. Januar 1972 in Kraft getretenen Rahmenplan zur Verbesserung der regionalen Wirtschaftsstruktur, den Bund und Länder gemeinsam finanzieren, weit höheren Profit schlagen: In sogenannten »Schwerpunkten« des Zonenrandgebietes dürfen Unternehmer staatliche Investitionszuschüsse bis zu 25 Prozent kassieren.

Die großzügigen Steuergeschenke hindern die neuen Gastronomen nicht daran, die Pensionspreise im Harz kräftig in die Höhe zu treiben. Betrug der Durchschnittshöchstpreis für einen Tag Vollverpflegung mit Übernachtung bisher 30,50 Mark, so liegt er in den neuen Hotels bei 45 Mark. In den vom Revita-Hotel in Bad Lauterberg noch vor Fertigstellung des Hauses verschickten Prospekten und Preislisten kostet ein Einbettzimmer mit Vollpension pro Tag gar 93 Mark... Obwohl die alteingesessenen Gastronomen einen hohen Preisvorteil haben, fürchten sie dennoch langfristig um ihre Existenz. So ermittelte die Braunlager »Zweckgemeinschaft Jermerstein«, daß durch das Maritim-Projekt rund 80 alteingesessene Hotels, Pensionen und Privatzimmervermieter bedroht sind.«

Die gesamtwirtschaftliche Unsinnigkeit anderer staatlicher »Wirtschaftsförderungen« mögen folgende Beispiele veranschaulichen: DER SPIEGEL vom 9.3.1970 berichtete unter dem Titel »Rausgeschmissenes Geld«, daß der finanzstarke KAUFHOF-Konzern in Saarbrücken ein Kaufhaus baute und dessen ohnehin rosige Gewinnchancen von Bonn durch einen Millionenzuschuß weiter aufgebessert wurden, daß die Leichtmetall-Gesellschaft in Essen jeden Arbeitsplatz mit etwa 75000 DM prämiiert bekam, obgleich Essen wegen der niedrigen Energiepreise für die Aluminiumerzeugung sowieso schon ein besonders geeigneter Standort ist. »Fast die Hälfte der Milliardenprämie kommt überdies auch noch Konzernen zugute, die wegen ihrer modernen, kapitalintensiven Fertigungsverfahren nur 12% der neuen Arbeitsplätze anbieten.«

Die Subventionsbegünstigung der Unternehmer ist besonders dort eklatant, wo Finanzhilfen und Steuervergünstigungen massiert in Wirtschaftszweige fließen, die durch eine starke Unternehmens- und Vermögenskonzentration gekennzeichnet sind. Ein typisches Beipiel ist die Luft- und Raumfahrtindustrie, von der schon einmal die Rede war. Sie wird vom Bund mit Zuschüssen in Höhe von rund 250 Millionen DM jährlich subventioniert. Am Gesamtkapital im Flugzeugbau waren Anfang 1969 drei Konzerne zu 95 vH beteiligt: Die Messerschmitt-Bölkow-Blohm GmbH (München), die Vereinigte Flugtechnische Werke Fokker GmbH (Bremen) und die Dornier AG (Friedrichshafen). Das Kapital dieser Unternehmen befindet sich überwiegend in Familienbesitz und ist mithin personell stark konzentriert. Der größte Konzern, Messerschmitt-Bölkow-Blohm, gehört zu 65 vH den Familien Blohm (27,1 vH), Messerschmitt (23,3 vH) und Bölkow (14,6 vH). (Angaben nach 41, S. 115)

In jüngster Zeit hat die Industrieansiedlung an der Unterelbe Schlagzeilen gemacht. Es handelt sich um den amerikanischen Konzern Reynolds. Das US-Unternehmen wurde mit nie dagewesenen staatlichen Subventionen von 227 Mio. DM für die Infrastruktur und 534 Mio. DM Bürgschaftsübernahme des Landes Hamburg zur Ansiedlung an die Elbe gelockt und soll jetzt wieder abgestoßen werden. Das könnte nach Meinung des Ersten Bürgermeisters der Freien und Hansestadt Hamburg, Ulrich Klose, bedeuten, daß das Land Hamburg nochmals zwischen 30 und 150 Mio. DM aufzubringen hat. Experten sprechen jedoch von Folgekosten in der Höhe von

1 Mrd. DM, die das Land Hamburg zuschießen müßte. Der Fall verdient es, wegen seiner Einmaligkeit und prinzipiellen Bedeutung vorgestellt zu werden.
Die »Hannoversche Allgemeine Zeitung« vom 22.5.75 beschrieb unter der Überschrift »Die Zeitbombe ›Reynolds‹ tickt«, den Hintergrund der strukturpolitischen Maßnahmen:

»Die Freie und Hansestadt Hamburg sucht fieberhaft nach Interessenten für ein fast neues Aluminiumwerk. Die Fabrikationsanlagen befinden sich auf einem 130 Hektar großen Gelände in Altenwerder an der Unterelbe und bestehen aus einem Verhüttungsbetrieb und einer separaten Walzanlage, beide zusammen im Wert von 665 Millionen Mark. 1350 Arbeiter und Angestellte sind dort beschäftigt. Wer bereit ist, einen Leasingvertrag mit einer Laufzeit von 25 Jahren zu einer Kostenmiete von etwa 52 Millionen Mark im Jahr abzuschließen, kann das Werk am 1. Oktober 1975 übernehmen. Nach Ablauf des Vertrages wird die Anlage voll in den Besitz des Mieters übergehen. Der Mieter hat dann – so formulierten es unlängst die Experten in der Hamburger Behörde für Wirtschaft, Verkehr und Landwirtschaft –, »ohne die Marktrisiken des großen Kapazitätssprunges einer eigenen Neuanlage tragen zu müssen«, eine Produktionsstätte für Aluminium erworben, die technologisch Bestwerte erreicht.
Doch bis jetzt hat dieses Angebot, das Hamburg wie Sauerbier der Aluminiumbranche präsentierte, nur eine einzige ernsthafte Nachfrage gefunden. Und dies ist verblüffenderweise der derzeitige Eigentümer der Werksanlagen: der weltweit tätige US-amerikanische Aluminiumproduzent Reynolds, der 90 Prozent der Kapitalanteile des als Gesellschaft mit beschränkter Haftung gegründeten Hamburger Unternehmens hält, will diese seine Anteile mit Ablauf des Monates September für den Gegenwert von nur einer deutschen Mark der Stadt Hamburg übereignen. Vom 1. Oktober an will Reynolds dann Teile seines früheren Eigentums von der Hansestadt zurückmieten. Genau gesagt: Die Walzanlage will das US-Unternehmen auf Leasingbasis voll weiterbetreiben, von der Hütte will es nach der gleichen Methode ein Drittel der Produktionskapazität übernehmen. Und während der Laufzeit des auf ein Vierteljahrhundert abgeschlossenen Mietvertrages kann Reynolds sein früheres Eigentum jederzeit wieder zurückkaufen.
Dieses Verwirrspiel um Leasing und Rückkauf, das auf den ersten Blick wie ein grandioser Schildbürgerstreich anmutet, dokumentiert, daß auch ein reiches Bundesland wie Hamburg bei einer Partnerschaft mit einem Multiunternehmen den kürzeren ziehen kann. Der US-Aluminiumproduzent war 1969 mit enormen hamburgischen Unterstützungsgeldern zur Ansiedlung an der Elbe bewogen worden. Reynolds sollte, so wünschte es sich Wirtschaftssenator Helmuth Kern, als Musterbeispiel für eine Politik der Industrieansiedlung im Unterelberaum gelten.
Der Stadtstaat, der sich mit zehn Prozent am Stammkapital dieses Werkes beteiligte, zahlte insgesamt 227 Millionen Mark an Subventionen direkt oder indirekt in die Kassen von Reynolds. Ferner bürgte Hamburg bei Banken für Reynolds-Kredite über 534 Millionen Mark. Die Unternehmer aus den USA gelangten sehr viel leichter zu dem 650-Millionen-Mark-Projekt: Sie reisten mit sage und schreibe nur 14 Millionen über den Atlantik an die Elbe und brachten zusätzlich zum Buchwert von 16 Millionen ein konzerneigenes Verarbeitungswerk in Nachrodt in Westfalen in das Unternehmen ein. Mit 30 Millionen waren sie dabei.

Dieses im Verhältnis zu den Gesamtinvestitionen kaum nennenswerte Risiko von Reynolds hätte nie eine konkrete Bedeutung bekommen, wenn der Aluminiummarkt stabil geblieben wäre. Als Folge einer weltweiten Überkapazität sanken jedoch die Erlöse, und Reynolds Hamburg GmbH (Produktionsbeginn Ende 1973) marschierte in die roten Zahlen. Der Verlust ist nach Schätzungen in der Wirtschaftsbehörde derzeitig auf etwa 160 Millionen Mark, der Höhe des Stammkapitals, angelaufen. Er dürfte sich bis Ende September um weitere 25 bis 30 Millionen Mark erhöht haben. Dazu kommt, daß der Obstzüchter Wilhelm Langeloh per Verwaltungsgerichtsurteil durchsetzte, daß wegen befürchteter Umweltschäden ein Drittel der insgesamt 270 Elektrolysezellen der Hütte vorerst noch nicht in Betrieb gesetzt werden darf.

Nach soviel Ärger beschloß Reynolds den Teilrückzug von der Elbe. Den Grund erfuhren führende Mitglieder des DGB in der Hansestadt vom Senat, der Landesregierung: Bevor der Konzern in den USA von Bilanzverlusten aus seiner Hamburger Beteiligung bedroht werde, wolle er sein Werk an der Elbe lieber aufgeben. Von einer Verringerung des Risikos erwarte man daher auch einen Entlastungseffekt für das Konzernkapital.

SPD-Fraktionschef Ulrich Hartmann schimpfte nach solchen Erklärungen zwar im Hamburger Landesparlament, er erwarte von der amerikanischen Firma, »daß sie sich nicht billig davonstiehlt«, dem Senat aber blieb nichts anderes übrig, als im Sinne des zwischen Hamburg und Reynolds vertraglich beschworenen »Grundsatzes der Partnerschaft« gute Miene zu bösem Spiel zu machen: Wenn Reynolds zum Konkursrichter geht, werden 534 Millionen Mark an Staatsbürgschaften fällig.

Angesichts dieser Zeitbombe, die Tag für Tag hörbarer tickt, sind die von Reynolds ausmanövrierten hamburgischen Politiker weiter zu erheblichen Zugeständnissen an den US-Multi bereit. Nach dem derzeitigen Verhandlungsstand will die Hansestadt das mit 160 Millionen Mark verschuldete Werk in der Tat so übernehmen. Auch die prognostizierten 25 bis 30 Millionen Mark an weiteren Verlusten gehen zunächst zu Lasten der Staatskasse, sollen aber später nebst Zinsen von Reynolds zurückgezahlt werden. Ferner will Hamburg die Leasingraten für die Anlaufzeit stark ermäßigen: Beim Walzwerk sollen sie sich in den ersten beiden Jahren auf 25 Prozent und im dritten und vierten Jahr auf 50 Prozent der normalen Jahresrate belaufen, bei der Hütte im ersten Jahr auf 50 und im zweiten auf 75 Prozent.

Hamburg aber leistet noch weitere Hilfe zur Entlastung der Konzernbilanz: Die Stadt will zusätzliche Bürgschaften für noch erforderliche Investitionen im Walzwerk (20 bis 25 Millionen Mark zeichnen, für die Liquidität des Unternehmens (dem Zahlungsunfähigkeit droht) sorgen (geschätzter Aufwand ca. 40 Millionen Mark) und Reynolds außerdem das Geld für den Rückkauf seines Nachrodter Verarbeitungswerkes vorstrecken (16 Millionen Mark).

Solange das Produktionsverbot des Verwaltungsgerichtes für ein Drittel der Anlage besteht, wird Hamburg die gesamte Leasingsumme für die Hütte (40 Millionen Mark) zwischen 6,8 und 13,1 Millionen Mark kürzen müssen. Der Grund: Die Hansestadt hat Reynolds auch noch das Risiko einer Produktionsbeschränkung wegen möglicher Umweltsgefährdung abgenommen.

Doch die Verhandlungen über Millionenbeträge fanden bis jetzt auf äußerst unsicherem Boden statt. Es ist noch nicht sicher, welche oder welches Unternehmen die nach dem Reynolds-Drittel noch freibleibenden anderen zwei Drittel der Hütte übernehmen werden, um die vom Senat geplante Beteiligungsgesellschaft mit einem Stammkapital von 60 Millionen Mark gründen zu können. Zwar sind die bundes-

eigenen Vereinigten Aluminiumwerke (VAW) und ein österreichischer Staatsbetrieb in der Diskussion. Aber die Österreicher haben sich bisher noch nicht an der Elbe blicken lassen, und bei VAW wird nach einer ersten grundsätzlichen Zustimmung des Vorstandes im Aufsichtsrat Widerstand hörbar: Wieso sollen wir neue Kapazitäten übernehmen, so heißt es dort, wo wir angesichts der Marktsituation selbst mit reduzierter Kapazität fahren und Verluste machen?
Seit diese berechtigte Frage bekanntgeworden ist, wird in Hamburg eifrig gerechnet. Etliche Parlamentarier von SPD und FDP, die bei einem Reynolds-Vertrag das letzte Wort haben, überlegen zur Zeit, ob bei dem weiterhin akuten Risiko im Aluminiumgeschäft ein Konkurs als Ende mit Schrecken nicht billiger kommt als ein langjähriger Schrecken ohne Ende.«

Wie stark der Druck ist, den private Unternehmen auf politische Instanzen auszuüben vermögen, illustriert die Drohung des Elektrokonzerns AEG-Telefunken den politischen Instanzen der Stadt Frankfurt gegenüber. Nach der Frankfurter Rundschau (Nr. 132 vom 11.6.1975) machte der Konzern in einem Schreiben an den Magistrat der Stadt das Verbleiben seiner Hauptverwaltung mit rund 4000 Arbeitsplätzen in Frankfurt von einer Genehmigung zum Bau eines Hochhauses am Theodor-Stern-Kai abhängig. Damit wurde die Stadt in Zielkonflikte gebracht. Einerseits ist sie an der »Sicherung« der 4000 Arbeitsplätze interessiert und daran, den Hauptsitz der AEG in Frankfurt zu behalten, andererseits ist sie an Auflagen der Flächennutzung gebunden, die aber die von der AEG beantragte höhere Ausnutzung ihres Grundstücks nicht zulassen. Eine evtl. Wirtschaftsförderung über einen solchen Weg könnte einen Präzedenzfall schaffen, so daß im Falle einer Genehmigung Berufungsfälle entstünden.
Noch pikantere Züge bekommt dieses Vorgehen der AEG, wenn es zutrifft, was Gerüchte behaupten, daß nämlich der Konzern am Main gar nicht selbst bauen will.

»Diesen Gerüchten zufolge bastelt man bei der AEG an folgendem Konzept: Die Stadtverordnetenversammlung genehmigt den Bau eines Hochhauses mit der Ausnutzungsziffer 3,0 GFZ für das Gelände am Theodor-Stern-Kai, wo bereits jetzt ein Teil der AEG-Hauptverwaltung steht. Ohne diese Baugenehmigung auszunutzen, verkauft die AEG dann dieses Gelände. Wegen der Erlaubnis zum Bau eines Hochhauses steigert sich der Wert des Grundstückes um mehrere Millionen Mark – die Schätzungen der Experten in der Stadtverordnetenversammlung schwanken zwischen sechs und acht Millionen Mark.
Mit – unter anderem – diesem Geld wolle dann der Elektrokonzern städtische Grundstücke in Niederrad zwischen der Golf- und Goldsteinstraße kaufen, die jetzt noch als Kleingärten genutzt werden, um sich dort eine neue Hauptverwaltung zu bauen. Auch hier müßte ein den Wünschen der AEG entgegenkommender Bebauungsplan erst noch aufgestellt werden.
Unter dem Strich käme bei diesen Entscheidungen der Stadtverordnetenversammlung ein Millionen-Gewinn für die AEG heraus, ohne daß der Konzern dafür auch nur einen Finger rühren müßte.

Ein Sprecher des Unternehmens bestätigte am Montag auf Anfrage der FR, daß man »langfristig« an den Bau einer neuen Hauptverwaltung in Frankfurt denke. Es sei allerdings noch nicht entschieden, ob am Main oder auf dem Kleingartengelände in Niederrad. Das hänge auch von der Bereitschaft der Stadt ab, den Wünschen des Konzerns entgegenzukommen. Falls man sich für Niederrad entscheide, so hieß es in der Stellungnahme aus dem AEG-Haus, würde man das Gelände am Main verkaufen. Die erhöhte Ausnutzungsziffer, räumte der AEG-Sprecher ein, würde das Grundstück für Interessenten gewiß attraktiver als im derzeitigen Zustand machen.« (Frankfurter Rundschau, Nr. 132/11.6.1975)

In gewisser Weise sind diese Fälle exemplarisch für die Strukturpolitik. Sie zeigen das Scheitern der Strukturpolitik in verschiedenen Bereichen, das bewirkt wird durch mangelnde Planung mit anschließender Sozialisierung der Verluste, die Verquickung von Arbeitsplatzinteressen mit den Gewinninteressen der Unternehmer bei bestimmten Subventionen und unterstreicht das Mißverhältnis zwischen der Subventionierung eines einzelnen Industrieprojekts und dem Mangel an Mitteln für wichtige Reformprojekte.

Alle aufgeführten Beispiele, die um andere vermehrt werden könnten, verweisen auf das zentrale Problem, daß, solange die Autonomie der Investitionsentscheidungen unangetastet bleibt, die Durchsetzungsmöglichkeiten strukturpolitischer Konzeptionen stark eingeschränkt sind. Bisher konnten Investitionen zwar angeregt werden, aber eine qualitative Beeinflussung der Investitionen war weder bei der sektoralen noch bei der regionalen Strukturpolitik möglich. Nicht einmal eine Mittelbindung in Form von Auflagen konnte durchgesetzt werden, so daß die Erfolge der Strukturpolitik im Verhältnis zu den aufgewendeten Mitteln in einem grotesken Mißverhältnis stehen. Selbst die Möglichkeit der Produktionseinstellung oder der Produktionsverlagerung ist nicht zu verhindern. Unternehmen schaffen z.B. in den Fördergebieten Anlagen an, die sie nach der vorgeschriebenen Frist in andere Produktionsstätten verlagern, d.h., es werden Produktionsmittel subventioniert, die dann in Betriebe dieses Unternehmens, die keiner Förderung unterliegen, verlagert werden. Der Staat, so läßt sich zusammenfassen, gibt Mittel in beträchtlichem Umfange aus, ohne durchsetzen zu können, daß sie in seinem Sinne verwendet werden. Geht man von der Höhe der Subventionen aus, die nicht die beabsichtigten strukturpolitischen Folgen zeigen, dann ist der Aufwand beachtlich, und es ist die Frage erlaubt, wieweit nicht möglicherweise der Staat bei eigener Mittelverwendung größere und an seinen Zielen orientierte Effekte erreichen könnte.

Des weiteren muß in diesem Zusammenhang auf ein verteilungspolitisches Problem aufmerksam gemacht werden, denn die zum Teil erheblichen Subventionen, die Unternehmen zugehen, fließen vermögensrechtlich den Eigentümern dieser Unternehmen zu, d.h., es werden gesellschaftliche Mittel privatisiert, ohne daß der Staat Einfluß auf sie behält. Es vollzieht sich eine Umverteilung zugunsten derer, die bereits besitzen.

5. Widersprüche und Grenzen der Strukturpolitik am Beispiel der Forschungspolitik

Im letzten Abschnitt ist – durch Einzelbeispiele belegt – auf die Schwächen der Strukturpolitik eingegangen worden. Im folgenden sollen an der Forschungspolitik, die in einem weiteren Sinne der Strukturpolitik zuzuordnen ist, die Grenzen wirtschaftspolitischer Maßnahmen unter gegebenen Bedingungen beispielhaft herausgearbeitet werden.

In einem Aufsatz »Forschungspolitik nach dem Forschungsbericht IV der Bundesregierung« zeigen Siegfried Katterle und Ulrike Mertes in den WSI-Mitteilungen 5/1974, S. 173–182, grundsätzliche Probleme beim Einsatz wirtschaftspolitischer Maßnahmen im ökonomischen System der Bundesrepublik auf. Nach dem IV. Forschungsbericht soll sich die Forschungspolitik künftig stärker an den gesellschaftspolitischen Problemen der Bundesrepublik orientieren und im Zusammenhang mit der beabsichtigten Reformpolitik gesehen werden. Für das Jahr 1971, für das Angaben auch über die Forschungs- und Entwicklungsausgaben in den Unternehmen vorliegen, ergibt sich folgendes Bild über den Gesamtumfang der Forschungs- und Entwicklungsausgaben:

Ausgaben für Forschung und Entwicklung in der Bundesrepublik

			Mrd. DM
F + E-Ausgaben der Unternehmen			8,7
Stiftungen und Spenden der Unternehmen für F + E			0,3
F + E-Ausgaben des öffentlichen Gesamthaushalts			8,7
darin:	F + E-Ausgaben des BMFT	2,8	
	F + E-Ausgaben des Bundesministeriums für Verteidigung	1,2	
	F + E-Ausgaben der übrigen Bundesressorts	0,8	
			17,7

Quelle: Gesellschaftliche Daten 1973, hrsg. vom Presse- und Informationsamt der Bundesregierung und Leistung in Zahlen 1972, hrsg. vom Bundesinisterium für Wirtschaft (47, S. 174)

Die Übersicht zeigt, daß die von den Unternehmen selbst finanzierte und nach privatwirtschaftlichen Zielsetzungen duchgeführte Forschung und Entwicklung den gleichen Umfang erreicht wie die Ausgaben des öffentlichen Gesamthaushalts; mit anderen Worten: private Träger von Forschung und Entwicklungspolitik entscheiden über das gleiche Mittelvolumen wie die öffentlichen Träger von Forschungs- und Entwicklungspolitik. Darüber hinaus flossen 1971 von den öffentlichen Ausgaben für Forschung und Entwicklung 1,7 Mrd. DM unmittelbar den Unternehmen zu, so daß die Gesamtausgaben der Unternehmen für Forschung und Entwicklung 10,4 Mrd. DM erreichten. Weitere Aufschlüsse gibt die nachstehende Analyse der Forschungs- und Entwicklungsausgaben der Unternehmen nach Wirtschaftsgliederung »Ausgaben der Unternehmen für Forschung und Entwicklung im Jahr 1971«. Die privaten Träger von Forschungs- und Entwicklungspolitik konzentrieren sich, wie die Übersicht ergibt, auf fünf forschungsintensive Branchen.

Ausgaben der Unternehmen für Forschung und Entwicklung im Jahr 1971

		Insgesamt		Von den Unternehmen finanziert	
		Mrd. DM	vH	Mrd. DM	vH
Ausgaben der Unternehmen für F + E		10,4	100	8,7	100
darin:	Chemische Industrie	2,5	24,0	2,5	28,5
	Elektrotechnik	2,4	23,3	2,1	24,2
	Straßenfahrzeugbau	1,5	14,0	1,5	17,4
	Luftfahrzeugbau	1,3	12,4	0,3	3,8
	Maschinenbau	1,2	11,4	1,0	11,9

Quelle: H. Echterhoff-Severitt: Forschung und Entwicklung in der Wirtschaft 1971, Beilage zu „Wirtschaft und Wissenschaft", Heft 2 bis 3/1973. (47, S. 175)

In diesen Branchen, die durchweg eine hohe Unternehmenskonzentration aufweisen, wurden 1971 mehr als 85 vH der gesamten Ausgaben der Unternehmen für Forschung und Entwicklung vorgenommen. Hier hat sich eine Entwicklung fortgesetzt, die auch schon in weiter zurückliegenden Jahren beobachtet wurde.

In der Regel finanzieren diese Unternehmen die von ihnen für nötig befundenen Forschungsprogramme über den Preis. Wo dies nicht möglich ist, weil kein ausreichend großer Markt geschaffen werden kann oder weil der Markt für bestimmte Produkte erst entwickelt werden muß, springen die öffentlichen Träger von Forschungs- und Entwicklungspolitik ein, indem sie entweder die nötigen Mittel für Produktinnovationen (Entwicklung) den Unternehmen unmittelbar geben oder aber den Markt schaffen für Produkte, die zuvor ebenfalls mit ihrer Unterstützung entwickelt wurden. So werden 77 vH der in den Unternehmen des Luftfahrzeugbaus betriebenen Forschung unmittelbar von der öffentlichen Hand finanziert (Förderung von Weltraum- und Luftfahrtforschung durch das Bundesministerium für Forschung und Technologie, Forschungsmittel des Bundesministeriums für Verteidigung). Andererseits sind die öffentlichen Träger von Forschungspolitik gegenwärtig dabei, durch das zweite Datenverarbeitungsprogramm den Markt für Produkte der elektrotechnischen Industrie zu schaffen, die durch das erste Datenverarbeitungsprogramm mit Hilfe öffentlicher Mittel entwickelt wurden. Der Subventionierung der Produktinnovation (Entwicklung) folgt die Subventionierung des Marketing (Markt- und Absatzforschung). Eine Koordinierung (Abstimmung) der Forschungspolitik scheint schwierig, weil eine Vielzahl von öffentlichen Trägern (Bund und Länder und hier wieder verschiedene Ressorts) und Wissenschaftsorganisationen (Max-Planck-Gesellschaft, Deutsche Forschungsgemeinschaft), die eine gewisse Selbständigkeit besitzen, zusammenarbeiten. Das Bundesministerium für Forschung und Technologie kontrolliert gegenwärtig nur etwa 32 vH der Forschungs- und Entwicklungsausgaben des öffentlichen Gesamthaushalts, sein Anteil an den gesamten Forschungs- und Entwicklungsausgaben beträgt nur 15 vH.

Wenn schon eine Koordinierung der öffentlichen Träger der Forschungspolitik Schwierigkeiten bereitet, so liegt die Möglichkeit forschungspolitischer Rahmenplanung durch den Staat in noch weiterer Ferne. Katterle und Mertes weisen darauf hin, daß nicht nur Koordinationsmängel die Formulierung einer selbständigen Forschungspolitik der öffentlichen Träger erschweren oder verhindern, sondern daß die Formulierung politischer Zielsetzungen und ihre Durchsetzung gegenüber der gesellschaftlichen Umwelt weiter erschwert werden:

- »durch die Eindeutigkeit der privatwirtschaftlichen Ziel- und Erfolgskriterien der privaten Träger von Forschungspolitik,
- durch die gegenüber den politischen Trägern homogenere Interessenstruktur der privaten Träger von Forschungspolitik,
- durch die Präponderanz (Übergewicht, K.N.) privatwirtschaftlicher Zielkriterien auch bei gesellschaftspolitischen Entscheidungen.« (47, S. 174/175)

Wer eine Umorientierung der Forschungspolitik in Richtung auf eine stärkere Förderung derjenigen Bereiche, die einer Verbesserung der

Lebensqualität dienen, erwartet hatte, findet diese Erwartung nicht bestätigt.
Ein Vergleich der für Forschung und Entwicklung aufgewendeten Mittel veranschaulicht, daß die gesellschaftspolitisch wichtigen und somit förderungswürdigen Bereiche, wie u.a. Gesundheit, Ernährung, Umweltplanung und Umweltschutz, Raumordnung oder die für die abhängig Beschäftigten bedeutungsvollen wie Arbeitswelt und technischer Wandel, in sehr bescheidenem Maße berücksichtigt werden.

Von den 8,7 Mrd. DM, die der öffentliche Gesamthaushalt 1971 für Forschung und Entwicklung ausgegeben hat, entfallen auf

	Mill. DM	vH
Gesundheitswesen (einschließlich medizinischer Forschung an Hochschulen und Hochschulkliniken)	930	10,7
Ernährung	65	0,7
Umweltgestaltung, Umweltschutz (ohne Reaktorsicherheit und Strahlenschutz)	39	0,4
Raumordnung	8	0,1
Städtebau, Siedlungswesen, Wohnungsbau, Bautechnik	20	0,2
Arbeitswelt und technischer Wandel	6	0,1
Bildungswesen	60	0,7

Quelle: Forschungsbericht IV, Übersicht 4

Ganz andere Größenordnungen sowohl dem finanziellen Umfang der staatlichen Förderung als auch den Zielvorstellungen nach weisen demgegenüber die großen Fachprogramme des Bundesministeriums für Forschung und Technologie auf. Erhaltung und Steigerung der technischen Leistungs- und der wirtschaftlichen Wettbewerbsfähigkeit ist hier nach wie vor dominierendes Ziel. Der Forschungsbericht bemerkt dazu, daß die Bundesrepublik »auf einigen wichtigen Gebieten der technologischen Entwicklung... heute im internationalen Vergleich keine Spitzenposition hält«; die Bundesregierung sieht »eine Gefahr für die Wettbewerbskraft unseres Landes, wenn es nicht gelingt, wenigstens auf den Gebieten wichtiger Schlüsseltechnologien zur Spitzengruppe aufzuschließen«.
Die Prioritäten (Rangfolge) der Forschungsgebiete und die Gewichtung der Mittel, die diesen Gebieten zufließen, wirft die Frage auf, welchen Spielraum eine Forschungspolitik öffentlicher Träger besitzt oder gewinnen kann, um eine selbständige Forschungspolitik im ökonomischen System durchzusetzen. Da privatwirtschaftliche Zwecksetzungen (Rationalitätskriterien) gesellschaftlich vorherrschend sind, liegt es nahe, »daß das ökonomische System seine Zielsetzungen dem politischen System aufdrängt und sich einer Kontrolle und Korrektur durch das politische System weitgehend entzieht«. (47, S. 175)

Die Frage ist, welche Funktion öffentliche Planung von Forschung angesichts der Autonomie (Selbständigkeit) und des Übergewichts des ökonomischen Systems in unserer Gesellschaft gewinnen kann.

»Der › gesellschaftliche Bedarf ‹, den die öffentliche Forschungspolitik zur Geltung bringen möchte, wird durch das ökonomische System definiert und vorgegeben, sofern es dem politischen System nicht gelingt, selbständige politische Kriterien zu entwickeln und diese gesellschaftlich durchzusetzen.« (47, S. 175/176)

Katterle und Mertes haben mit Daten und Zitaten die These belegt, daß die staatliche Forschungsförderung an den Interessen der privaten Unternehmen orientiert ist.

Einen Beleg für die Orientierung der staatlichen Forschungsförderung an den Interessen der Industrie bieten die Angaben über die Verteilung der Ausgaben nach unterschiedlichen Zuwendungsempfängern: Im Soll-Ansatz für 1973 sind für die Förderung von Forschungseinrichtungen 1,172 Mrd. DM, für die Projektförderung 1,526 Mrd. DM ausgewiesen. Von diesen 1,526 Mrd. DM entfallen allein auf Unternehmen der Wirtschaft 1,007 Mrd. DM. Von 1967 bis 1973 sind die Zuwendungen für Forschungs- und Entwicklungsmaßnahmen der Unternehmen von 0,166 Mrd. DM auf 1,007 Mrd. DM, also um 507 vH gestiegen. (47, S. 176)

Was für die Forschungspolitik insgesamt gesagt werden kann – daß sie von einer forschungspolitischen Rahmenplanung und dem Erreichen der selbst gesetzten Ziele weit entfernt ist –, läßt sich ähnlich auch für die einzelnen Forschungsprogramme feststellen. Wobei hier auf die Programme, die für die abhängig Beschäftigten von besonderer Bedeutung sind, hingewiesen werden muß. Daher soll etwas näher auf das Programm zur »Förderung der technologischen Forschung und Entwicklung« eingegangen werden.

Dieses Programm umfaßt mehrere Teilprogramme, die darauf gerichtet sind, »durch gezielten Einsatz öffentlicher Mittel eine verstärkte Forschungs- und Entwicklungstätigkeit dort zu bewirken, wo zu erwarten ist, daß ihre Ergebnisse in besonderem Maße zur Lösung kritischer Probleme oder zur Ausnutzung zukunftsträchtiger Möglichkeiten von allgemeiner Bedeutung in den einzelnen Lebensbereichen beitragen werden« (Vorbemerkung zu Kapitel 3003 des Bundeshaushaltsplans 1973).

Unter diesem Gesichtspunkt verdienen besonders die Programme unter der Titelgruppe »Förderung der technologischen Forschung und Entwicklung« Beachtung. Es läge nahe, die Förderung von Forschungsprogrammen gerade unter dem Gesichtspunkt einer Verbesserung der Lebensbedingungen für große Gruppen unserer Gesellschaft zu stellen. So wäre zu erwarten gewesen, daß Entwicklung und Förderung der »Schlüsselbereiche der Technologie«, wie es im Programm heißt, im Zusammenhang und im Hinblick auf die Bedeutung gesehen werden, die Technologie für die »Verbesserung der Lebensbedingungen« haben oder gewinnen könnte. Man vermißt, daß Infrastrukturtechnologien (Nah- und Fernverkehrssysteme, umweltfreundliche Antriebsarten, Versorgungs- und Entsorgungssysteme) und die Entwicklung neuer Technologien im Wohnungs- und Städtebau bevorzugt als fördernde Schlüsselbereiche anerkannt wurden. Dies ist schon deswegen bedauerlich, weil es sich hier um Bereiche handelt, deren Industrialisierung von der autonomen Unternehmenspolitik der Konzerne bisher verhindert werden konnte, was zu erheblichen Erschwernissen gerade für öffentliche Vorhaben im Zusammenhang mit der Planung und Durchführung »innerer Reformen« führte.

Auch bei den Ausgaben für »technische Verbesserungen der industriellen Arbeitswelt« ist nicht erkennbar, inwieweit diese Förderung von Technologien der »Verbesserung der Lebensbedingungen« von Arbeitnehmern in ihrer Arbeitssituation dient. Es hat den Anschein, als seien die geförderten Projekte nicht in einen umfassenden Ansatz zur Humanisierung der Arbeitswelt eingefügt.

Der Bereich der Technologien zur »Verbesserung der Lebensbedingungen« ist sehr eng eingegrenzt. Er umfaßt vor allem Entwicklungsaufgaben im Bereich des Umweltschutzes, insbesondere verbesserte Entsorgungstechniken sowie Technologien für umweltfreundliche Produkte und Verfahren. Damit ist in diesem Titel die Entwicklung technologischer und organisatorischer Möglichkeiten zur Humanisierung der Arbeitsbedingungen von der Entwicklung der »Lebensbedingungen« ausgenommen.

Auch der jüngst veröffentlichte Bericht über das vom Bundesministerium für Forschung und Technologie gemeinsam mit dem Bundesministerium für Arbeit und Sozialordnung geplante Forschungsprogramm »Humanisierung der Arbeitswelt« eröffnet hier noch keine befriedigende Perspektive. Das Programm scheint einseitig auf die Entwicklung technischer Hilfsmittel zur Erleichterung von Arbeitsprozessen angelegt zu sein, nicht aber auf die technologische und organisatorische Umgestaltung von Arbeitsprozessen mit dem Ziel, restriktive (einengende) Formen industrieller Arbeit abzulösen und Selbstbestimmung und Mitbestimmung bei der Gestaltung der Arbeit zu ermöglichen.(47, S. 179)

Bedauerlich ist darüber hinaus, daß nicht versucht wird, neue Formen der Zusammenarbeit zwischen Technikern und Sozialwissenschaftlern sowie den im Betrieb Betroffenen zu finden, was eine weitverbreitete und auch im Forschungsbericht IV dokumentierte Haltung verändern könnte, »Tech-

nische Neuerungen« als Datum zu nehmen, ohne die »bestimmten gesellschaftlichen Bedingungen« zu hinterfragen, unter denen die Neuerungen »entwickelt und eingesetzt« werden. Würden dagegen die gesellschaftlichen Bedingungen industrieller Arbeit in die Untersuchungen einbezogen, so würde »Umstrukturierung nicht nur als technisches Problem gelöst; sie wird bewußt in den Zusammenhang und die Auseinandersetzung der Interessen gestellt. Es geht um neue Machtverhältnisse und nicht nur um neue Techniken«. (Gerhard Leminsky)
Ähnliches läßt sich für die Förderung der Forschungs- und Entwicklungsvorhaben für das Gesundheitswesen sagen. Die Erläuterungen hierzu offenbaren das gleiche Muster

»der nachträglichen Eingrenzung und Reparatur von schädlichen Folgen einer gegebenen und als nicht beeinflußbar angesehenen Entwicklung, wie es soeben am Beispiel der Aussagen über Arbeitswelt und technischen Wandel kritisiert wurde.
Dieses reaktive Verständnis von Medizin ist bereits im Forschungsbericht IV dokumentiert, wo medizinischer Grundlagenforschung und klinischer Forschung die Aufgabe zugewiesen wird, den durch »Umschichtungen in der Wirtschafts- und Erwerbsstruktur« und durch den »Wandel der Umwelt... stetig wachsenden Anforderungen gerecht zu werden«. Eine von der Qualität des Lebens her argumentierende Medizin, die dazu beitragen könnte, Grenzen für technische Neuerungen, für Umschichtungen der Wirtschaftsstruktur und für den Wandel der Umwelt zu ziehen, wird nicht erwogen.« (47, S. 179/180)

Zusammenfassend läßt sich sagen, daß die Forschungspolitik als ein Teil der Strukturpolitik unter gegebenen Verhältnissen stark an den Interessen der privaten Unternehmen orientiert ist und daß innerhalb der verschiedenen Forschungsprogramme, weder vom finanziellen Umfang noch von den Zielen her betrachtet, von einer Verlagerung der Forschungspolitik hin zu mehr gesellschaftspolitischen Zielen im Interesse der abhängig Beschäftigten gesprochen werden kann.

C. Gesellschaftspolitik als Strukturpolitik

Die Auseinandersetzung mit der Strukturpolitik hat gezeigt, daß sie eine auf das Ziel »wirtschaftliches Wachstum«, d.h. auf die Erhöhung des Sozialprodukts gerichtete Politik ist. Jedoch ähnlich der Konjunkturpolitik hat sie mehr den Charakter einer auf Fehlentwicklungen reagierenden als einer gestaltenden Politik. Die Strukturpolitik hat sicherlich teilweise auch Interessen der abhängig Beschäftigten berücksichtigt, war jedoch in ihrem Kern zwangsläufig darauf gerichtet, über Anreize unternehmerische Entscheidungen zu beeinflussen und damit ebenso zwangsläufig an deren Interessen angelehnt.

Eine an Arbeitnehmerinteressen orientierte Politik müßte von anderen Zielen ausgehen und einen anderen Charakter haben. Unter einer an den Interessen der abhängig Beschäftigten, im folgenden als »arbeitsorientierte Interessen« bezeichnet, orientierten Politik sollen Maßnahmen verstanden werden, die die Lebenslagen, d.h. den Spielraum zur Selbstentfaltung aller abhängig Beschäftigten und ihrer Familien verbessern.

Die Notwendigkeit dieser Politik zur aktiven Gestaltung der wirtschaftlichen, sozialen und kulturellen Beziehungen ergibt sich aus den Fehlentwicklungen bzw. Widersprüchen der vorrangig an Kapitalverwertungsinteressen orientierten arbeitsteiligen hochindustrialisierten Wirtschaft.

Das Bruttosozialprodukt sowie die Pro-Kopf-Quote des Privatverbrauchs, mithin der durchschnittliche materielle Lebensstandard, ist zwar kontinuierlich gestiegen (von 1960 bis 1970 um etwa 5% im Jahr), jedoch sind die Ungleichgewichte in der Verteilung der gesamtwirtschaftlichen Wertschöpfung zwischen der abnehmenden Zahl der Selbständigen und der entsprechenden kontinuierlich steigenden Zahl der Unselbständigen größer geworden.

Ein in diesem Rahmen besonderes Problem stellt das bereits behandelte Ungleichgewicht in der Verteilung zwischen privaten und öffentlichen Gütern dar. Die an der privatwirtschaftlichen Kapitalrentabilität orientierte Produktion führt zu einem Überangebot an privaten Gütern, was wiederum die Schaffung einer entsprechenden Nachfrage voraussetzt,

während die Befriedigung kollektiven Bedarfs – der mit zunehmenden materiellen Möglichkeiten ebenfalls steigt – durch wirtschaftliche, soziale und kulturelle Infrastruktur vernachlässigt wird. Das gilt insbesondere für die Infrastrukturbereiche, die für die abhängig Beschäftigten von Bedeutung sind, wie: Wissenschaft, Bildung, Vorschulerziehung und Kindertagesstätten, Verkehrswesen (vor allem Nahverkehr), Gesundheitswesen, Wohnungswesen, Städtebau, Umweltgestaltung, Einrichtungen zur Freizeitgestaltung sowie zur Befriedigung kultureller Bedürfnisse.
Durch die Anhäufung privater Konsumgüter über die wirklichen Bedürfnisse hinaus werden volkswirtschaftliche Ressourcen (Mittel) aufgezehrt, ohne eine Verbesserung des Lebensstandards zu erreichen, wobei die Lebensqualität insgesamt sogar eine Verschlechterung erfährt. Dies wird noch verschärft durch die Notwendigkeit, negative wirtschaftliche, soziale und ökologische (Ökologie: hier insbesondere die Beziehungen der Menschen zu ihrer Umwelt) Begleiterscheinungen der privatwirtschaftlichen Produktion zu beseitigen.
Die kontinuierlichen, an Kapitalinteressen orientierten Veränderungen der wirtschaftlich-technisch-organisatorischen Produktionsbedingungen vollziehen sich, ohne daß den Anpassungsschwierigkeiten der betroffenen Arbeitnehmer Beachtung geschenkt wurde.
Bei einem gleichzeitigen Interesse an der Verbesserung des materiellen Wohlstandes und der sozialen Sicherheit richtet sich das Interesse der Arbeitnehmer deswegen auch stärker auf die Entfaltungsmöglichkeiten bei der Arbeit. Der technische Stand der Produktion garantiert ein ausreichendes ökonomisches Fundament und verfügt über genügend wissenschaftliche Kapazitäten, um belastende Arbeitssituationen zu beheben oder doch wenigstens einzuschränken. Jedoch gerade hieran wird der Widerspruch deutlich, der darin liegt, daß die Gesellschaft, die einerseits den »Technischen Fortschritt« ermöglichte, andererseits unfähig ist, das entstandene Potential voll auszuschöpfen.
Die hier beispielhaft aufgezeigten Widersprüche der vorrangig an privaten Kapitalnutzungsinteressen orientierten Wirtschaftsentwicklung gefährden einmal eine kurz- und langfristig gleichgewichtige wirtschaftliche Entwicklung. Zum anderen beeinträchtigen sie die Lebenslagen, d.h. den Spielraum zur Selbstentfaltung aller abhängig Beschäftigten und ihrer Familien und vertiefen die Unterschiede in der Verteilung der Lebenslagen auf einzelne Bevölkerungsgruppen. Besonders benachteiligt sind Personenkreise, die unter privaten ökonomischen Rentabilitätserwägungen tatsächlich oder vermeintlich eine geringere Leistung erbringen bzw. deren Interessenvertretung relativ schwach ist, insbesondere Frauen, Ältere, Leistungsverminderte, Ausländer.

Diese Fehlentwicklungen und Widersprüche resultieren aus den Grundprinzipien eines an privatwirtschaftlicher Kapitalrentabilität orientierten Wirtschafts- und Gesellschaftssystems, aus privater Verfügungsgewalt über die Produktionsmittel und aus der unter Konkurrenzbedingungen stattfindenden Lenkung der Wirtschaftspläne der einzelnen Unternehmen durch den Marktmechanismus.
Die Widersprüche dieses Systems traten mit zunehmender wirtschaftlicher Entwicklung immer deutlicher zutage. Das automatische Gleichgewicht der wirtschaftlichen Entwicklung ist eine Fiktion, konjunkturelle und strukturelle Störungen bestimmen das Bild. Der Marktmechanismus wurde durch die wirtschaftliche Konzentration eingeschränkt, Fehlsteuerungen der Produktionsfaktoren ließen sich nicht vermeiden. Die Zunahme staatlicher Eingriffe konnte die Diskrepanz (Abweichung) zwischen privatwirtschaftlicher Nutzenmaximierung und gesamtwirtschaftlicher Wohlfahrt nicht einschränken. Die einzelwirtschaftliche Planung hat sich zuungunsten der staatlichen Planung verstärkt.
Die Annahme hat sich nicht bestätigt, daß die sozialen Konflikte zwischen Kapitaleignern und Lohnabhängigen infolge steigenden materiellen Lebensstandards und zunehmender Absicherung der Lebensrisiken über den Ausbau der Systeme der sozialen Sicherung in den Hintergrund treten würden. Auch der Ausgleich der mangelnden Selbstentfaltungsmöglichkeiten bei der Arbeit durch Verbesserung der Arbeitsplatzbedingungen, durch finanzielle Absicherung sowie durch Verlagerung der Selbstentfaltung auf den Freizeitsektor dürfte auf längere Sicht nicht möglich sein.
Erforderlich ist vielmehr eine Sichtbarmachung vorhandener und potentieller sozialer Konflikte sowie die Entwicklung einer emanzipatorischen und gesellschaftspolitischen Strategie auf der Grundlage »arbeits-« und nicht »kapitalorientierter« Interessen. Die Bedeutung der materiellen Existenzsicherung durch eine aktive Lohnpolitik sowie durch Absicherung von Lebensrisiken, die in den gewerkschaftlichen Strategien der ersten beiden Nachkriegsjahrzehnte Vorrang hatten, nimmt mit steigenden Einkommen relativ ab. Demgegenüber bekommen gesellschaftliche Rahmenbedingungen, die die gesamte Lebenslage der abhängig Beschäftigten bestimmen, stärkeres Gewicht. Hierzu gehören: Qualität der Arbeit, demokratische Organisation des Wirtschaftsprozesses, Bildungsmöglichkeiten, Freizeit, Wohnung, Verkehrssystem, Umwelt usw. Auch die gewerkschaftlichen Aktivitäten müßten sich daher in stärkerem Maße darauf richten, solche, die gesamte Lebenslage beeinflussende Bedingungen auf betrieblicher und überbetrieblicher Ebene im Sinne der Arbeitnehmerinteressen zu gestalten. Insbesondere deswegen, weil der Lohnpolitik der

Ansätze zur Entwicklung eines emanzipatorischen Gesellschaftsmodells (Exemplifizierung)

Oberstes Ziel: Verbesserung der Lebenslagen – d. h. Erhöhung des Spielraums zur Selbstentfaltung für alle abhängig Beschäftigten und ihre Familien.

Teilziel: Verbesserung der Arbeitssituation – d.h. Erhöhung des Spielraumes zur Selbstenfaltung bei der Arbeit.

Soll (arbeitsorientierte Interessen)	*Ist* (kapitalorientierte Interessen Erzielung einer höchstmöglichen Kapitalrentabilität – korrigiert um Beseitigung der negativen sozialen Konsequenzen d. soziale Absicherung)	*Gesellschaftspolitische Ziele*
Einkommen Sicherung Steigerung, *Vermögen* Verteilung	– gesamtwirtsch. Einkommensmaximierung – relative Konstanz der Lohnquote – zunehmende Gefährdung der Arbeitnehmereinkommen durch Inflation – ungleiche Belastung mit öffentlichen Abgaben zuungunsten der Arbeitnehmer – Verstärkung der einseitigen Konzentration des Sachvermögens auf Selbständige	– gesamtwirtsch. Einkommensoptimierung – Veränderung der Einkommensverteilung zugunsten der Arbeitnehmer – Verringerung der Spielräume zur Preiserhöhung – gleichmäßigere Verteilung der öffentlichen Abgaben – gleichmäßigere Vermögensverteilung
bedarfsgerechte Versorgung mit materiellen und immateriellen privaten und öffentlichen Gütern und Diensten	– Überangebot an privaten Konsumgütern → manipulierte Übernachfrage → Verringerung d. nicht d. Reproduktion dienenden freien Zeit – Mangel an öffentlichen Gütern (wirt-	– Verlagerung d. Produktion von privaten Konsumgütern, soweit sie lediglich der Befriedigung manipulierter Scheinbedürfnisse dienen, auf öffentliche Güter – Verbesserung der Umweltbedingungen,

	schaftliche, soziale, kulturelle Infrastruktur) – Verschlechterung d. Umweltbedingungen – unzureichende Wohnqualität – unzureichende Mit- und Selbstbestimmungschancen vor allem im wirtschaftlichen Bereich – Unzureichende Informations- und Kommunikationsmöglichkeiten	Wohnqualität und Freizeitqualität – Erhöhung d. Mit- und Selbstbestimmungschancen im wirtsch. Bereich – Verbesserung d. Informations- u. Kommunikationsmöglichkeiten
Arbeitsplatzsicherheit unter Einschluß beruflicher und in Einzelfällen regionaler Mobilität	– gesamtwirtschaftliche Vollbeschäftigung – strukturelle Arbeitsplatzunsicherheiten infolge wirtschaftlich-technisch-organisatorischer Änderungen (sektoral, beruflich, regional) – unzureichende berufliche Anpassung – unzureichende Mobilität des Faktors Kapital – unzureichende Sicherung für arbeitsmarktpolitische Problemgruppen: Frauen, Ältere, mangelhaft und einseitig Qualifizierte, Leistungsgeminderte, Ausländer (Problematik von: Kündigungsschutz, Rationalisierungsschutz, Sozialpläne)	– Gewährleistung gesamtwirtschaftlicher Vollbeschäftigung – Gestaltung wirtschaftlich-techn.-organisatorischer Änderungen unter Beachtung der Auswirkungen auf die Arbeitsplätze und Arbeitssituation – Bereitstellung ausreichender beruflicher Anpassungmaßnahmen als Teil einer gesamten Bildungskonzeption – Lenkung der Kapitalien in geeigneter Quantität und Qualität an die Stellen der Unterbeschäftigung – Besondere Berücksichtigung der Problemgruppen

Gewerkschaften zur Erhöhung des Anteils der Arbeitnehmer am Produktionsergebnis zunehmend engere Grenzen gesetzt sind; vor allem durch die Kompensation (Ausgleich) der Nominallohnerhöhungen, durch Rationalisierungen, die möglicherweise die Arbeitsbedingungen sogar verschlechtern, und durch Preisüberwälzungen infolge der allseitigen Machtkonzentration zugunsten der immer geringer werdenden Schicht derjenigen, die Verfügungsgewalt über Produktionsmittel besitzen. Aber auch um den Ausbau betriebsbezogener Sondervereinbarungen zwischen Management und Betriebsrat (betriebliche Lohnsysteme, Gewinnbeteiligungen, Pensionssysteme, Sozialpläne usw.) und der Rücksichtnahme auf gesamtwirtschaftliche Erfordernisse (Konjunktur- und Strukturpolitik) entgegenzuwirken.
Eine arbeitsorientierte Gestaltung der gesellschaftlichen Beziehungen muß die qualitative Ausgestaltung der gesamten Lebenslage der abhängig Beschäftigten und ihrer Familien anstreben. Die Verfolgung individueller Vorteile einzelner um den Preis der Verschlechterung der Lebenslage anderer muß ausgeschlossen werden. Dazu ist es erforderlich, daß geklärt wird, welche Interessen geschützt werden müssen, um dem einzelnen überhaupt die Möglichkeiten zur Selbstentfaltung zu gewährleisten.
Ursula Engelen-Kefer, auf deren Überlegungen wir hier zurückgegriffen haben, hat in den Mitteilungen des Wirtschafts- und Sozialwissenschaftlichen Instituts der Gewerkschaften »Ansätze zur Entwicklung eines emanzipatorischen Gesellschaftsmodells« (21) entwickelt. Die von ihr auch in ein Schaubild gebrachten Überlegungen könnten als Grundlage einer arbeitsorientierten Umgestaltung der Gesellschaft dienen.

I. QUALITATIVES STATT QUANTITATIVES WACHSTUM

Eine »arbeitsorientierte« Gesellschaftspolitik hätte sich – das wäre ihre Voraussetzung – an anderen Zielen zu orientieren.
Nach dem »Gesetz zur Förderung der Stabilität und des Wachstums der Wirtschaft« werden vier Ziele genannt, die im Gesetz als miteinander konkurrierend erscheinen und die von Bund und Ländern »bei ihren wirtschafts- und finanzpolitischen Maßnahmen« zu beachten sind. Die Maßnahmen sollen so getroffen werden, »daß sie im Rahmen der marktwirtschaftlichen Ordnung gleichzeitig zur Stabilität des Preisniveaus, zu einem hohen Beschäftigungsstand und außenwirtschaftlichem Gleichgewicht bei stetigem und angemessenem Wirtschaftswachstum beitragen«. Neben drei anderen Zielen wird »Wirtschaftswachstum« als eines genannt, das von der jeweiligen Bundesregierung anzustreben ist. Es wird damit der Eindruck erweckt und der Bevölkerung eingeredet, es gäbe einen wirtschaftspolitischen Zielfindungsprozeß und damit gesellschaftspolitische Entscheidungen über Art, Inhalt und Rangfolge der Ziele. In Wirklichkeit findet dieser Entscheidungsprozeß gar nicht statt. Wachstum kann in einem kapitalistischen System kein zur Disposition (Entscheidung) stehendes Ziel sein, denn es ist eine unabdingbare Voraussetzung für die Funktionsfähigkeit und Entwicklung des Systems.

»Da Wachstum im Kapitalismus wesentlich durch das Wachstum des Kapitals bestimmt wird, bedeutet ›Nullwachstum‹ langfristig also auch ›Nullwachstum‹ des Kapitals. Die Triebkraft für den Einsatz von Kapital, also auch für Investitionen, ist die Aussicht auf Verwertung dieses Einsatzes. Unter den Bedingungen des Privateigentums an Produktionsmitteln ist Produktion nur dann denkbar, wenn das Kapital sich verwerten kann. Die Verwertungsmöglichkeiten des Einzelkapitals sind zunächst dort am größten, wo es seine Größe erlaubt, die fortgeschrittenste Technologie anzuwenden. Die Konkurrenz der Eigenkapitale zwingt also zur Akkumulation, d.h. in den Kategorien der Volkswirtschaftslehre: zur Re-Investition der Gewinne. ›Je mehr der Kapitalist akkumuliert hat, desto mehr kann er akkumulieren.‹ Die Vorstellung eines ›Nullwachstums‹ des Kapitals ist also ein Widerspruch in sich. Denn: ›Der kapitalistische Produktionsprozeß ist wesentlich zugleich Akkumulationsprozeß.‹ Ist sie das schon bezogen auf das klassische Modell des Konkurrenzkapitalismus, so mutet sie vor dem Hintergrund der Machtkämpfe, die heute große Unternehmensgruppen gegeneinander ausfechten, vollends utopisch an. ›Profite sind die Nerven und Muskeln der Stärke, die wiederum die Geldquellen außerhalb des Unternehmens zum Fließen bringt, sobald man darauf angewiesen ist. Innere Expansion, Aufkauf und Zusammenschluß, das ist die Art, auf die die Unternehmen wachsen, und Wachstum ist der Weg zur Größe.‹ Das System zwingt die Konzerne zum Wachstum.« (Jörg Goldberg, zitiert nach 2, S. 61)

Soll	Ist	Gesellschaftspolitische Ziele
Optimale Gestaltung der Arbeit (Erhöhung der Qualität der Arbeit: Grad der Arbeitsteilung, Überschaubarkeit über Produktionsprozeß, Beteiligung an der Arbeitsgestaltung sowie allen Entscheidungen, welche die eigene Tätigkeit beeinflussen, Kontakte zu Kollegen und Vorgesetzten, hierarchische Strukturen, berufliche Entfaltungsmöglichkeiten, Informations- und Kommunikationsmöglichkeiten; Erhöhung der Lernfähigkeit: beruflich, sozial, kulturell, politisch)	– hoher Grad der Arbeitsteilung – geringe Beteiligung an der unmittelbaren Arbeitsgestaltung – wenig Einflußnahme auf unternehmerische Entscheidungen – Perpetuierung restriktiver Arbeitsbedingungen durch technisch-wirtschaftlich-organisatorischen Fortschritt vorrangig orientiert an Kapitalnutzungsinteressen (Polarisierungsthese) – Verstärkung der hierarchischen Strukturen durch Konzentrationstendenzen – enge Grenzen beruflicher Entfaltungsmöglichkeiten – unzureichende Information und Kommunikation – lediglich berufliche Qualifizierungsmaßnahmen meist orientiert am kurzfristigen Interesse der Unternehmen	– Nach Möglichkeit: Verringerung der Arbeitsteilung und Beseitigung restriktiver Arbeitsbedingungen (evtl. durch Gruppenkonzept) – Beteiligung an allen Entscheidungen, welche die eigene Arbeit betreffen – Abbau funktionsloser Hierarchien – Verbesserung der Informations- und Kommunikationsmöglichkeiten – Bereitstellung systematischer Bildungs- und Qualifizierungsmaßnahmen

Verbesserung der Arbeitsbedingungen (klimatische und räumliche Bedingungen, Umwelteinflüsse, Arbeitstempo, Arbeitszeit, Schichtregelung, physische und psychische Leistungsforderungen, betriebliche Sozialleistungen, Arbeitsschutz)	– Versuche von seiten des Managements, die Arbeitszufriedenheit und damit die Produktivität durch eine Verbesserung der ergonomisch-technisch-sozialen Arbeitsbedingungen zu erhöhen – unzureichende ergonomische Gestaltung der Arbeitsplätze für Frauen, Ältere, Behinderte – unzureichende Beachtung der Arbeitsschutzgesetze – Mängel des werksärztlichen Dienstes – Mängel an Eignungsuntersuchungen – Mangel an Stellenbeschreibungen – Mangel an Personaldaten – mangelnde Flexibilität bei Arbeitszeit- und Schichtregelung – mobilitätshemmende Wirkung betrieblicher Sozialleistungen	– Anpassung der Arbeitsplätze an besondere Erfordernisse der Arbeitnehmer – Einführung detaillierter Stellenbeschreibungen – Durchführung von Eignungsuntersuchungen – Einführung aussagefähiger Personalinformationssysteme – Beachtung der Arbeitsschutzgesetze – Verbesserung des werksärztlichen Dienstes – Flexible Arbeitszeit- und Schichtregelung – Aufhebung des mobilitätshemmenden Charakters betrieblicher Sozialleistungen

Quelle: WSI-Mitteilungen 4/1973 S. 150 – 152

Insofern kann »Wirtschaftswachstum« kein Ziel einer autonomen (selbständigen) Wirtschaftspolitik sein, das sich die politischen Instanzen der Gesellschaft in freier Entscheidung selbst in Abwägung gegen andere Ziele setzen. Im Gegenteil, alle gesellschafts- und wirtschaftspolitischen Ziele und Maßnahmen müssen sich, um erreicht werden zu können, dem »Wirtschaftswachstum« unterordnen. Solange diese gesellschaftlichen Verhältnisse über das Wirtschaften unter kapitalistischen Produktionsbedingungen vorherrschen, lassen sich andere wirtschafts- und gesellschaftspolitische Ziele nur schwer durchsetzen. Die freie gesellschaftliche Entscheidung darüber, ob und in welcher Höhe Wachstum erwünscht und notwendig ist, wird erst dann möglich sein, wenn die gesellschaftliche Produktion wirkungsvoll beeinflußt werden kann und Wachstum nicht mehr als Ergebnis unkontrollierbarer privater Entscheidungen entsteht.
Unter Wachstum wurde bisher die Steigerung des realen Bruttosozialproduktes verstanden, und diese Steigerung wurde gleichgesetzt mit Wohlstandssteigerung. Diese Gleichsetzung wird zunehmend mehr in Frage gestellt. Begriffe wie Lebensqualität, qualitatives Wachstum, Umweltschutz und Sozialkosten beherrschen mehr und mehr die öffentliche und wissenschaftliche Diskussion. Nicht nur Staat und Parteien haben sich in die Diskussion um mehr »Lebensqualität« eingeschaltet, auch für die Gewerkschaften und andere Verbände wurde dieses Problem zum Zentralthema.

1. Das Sozialprodukt – ein Wohlstandsindikator?

In der Beurteilung des Bruttosozialprodukts (statistischer Wert für alle Güter und Leistungen, die in einer Volkswirtschaft in einer bestimmten Periode erwirtschaftet wurden) als Wohlstandsindikator (Wohlstandsmesser) hat sich innerhalb weniger Jahre ein tiefgreifender Umschwung vollzogen.
Noch vor wenigen Jahren ist die Feststellung, daß das Bruttosozialprodukt den richtigen Gradmesser für die Wohlstandsmehrung einer Volkswirtschaft darstellt, kaum ersthaft angezweifelt worden. Im Gegenteil – das Land, das die höchste Bruttosozialprodukt-Zuwachsrate vorweisen konnte, hatte am erfolgreichsten gewirtschaftet. Wachstum des Bruttosozialprodukts wurde an vorrangiger Stelle in die wirtschaftspolitischen Zielkataloge aller Nationen aufgenommen. Mittlerweile herrscht Zweifel darüber, ob das Bruttosozialprodukt als alleiniger Wohlstandsindikator (Wohlstandsmesser) brauchbar ist.

Bei der Kritik an der Aussagefähigkeit des Bruttosozialprodukts als Wohlstandsindikator geht es nicht um statistisch-technische Beanstandungen einzelner Posten, sondern um die Inhalte, d.h., was in die Berechnung des Sozialprodukts eingehen soll. Unter dem Aspekt der Wohlstandsmessung werden folgende Hauptargumente gegen die heutigen Konzepte der Sozialproduktsberechnung in den Vordergrund gerückt: Einmal weist die herkömmliche Berechnung des Sozialproduktes den Mangel auf, der zeitliche und internationale Vergleiche auch erschwert und für den Wirtschaftswissenschaftler und Statistiker noch keine Abhilfe gefunden haben, daß real gleiche Leistungen rechnerisch nicht immer gleich behandelt werden. Um nicht willkürlichen Schätzungen Tür und Tor zu öffnen, berücksichtigt deswegen die volkswirtschaftliche Gesamtrechnung nur bezahlte Leistungen. Das hat zur Folge, daß beispielsweise die Arbeit einer Putzfrau und eine von einem regulär arbeitenden Handwerker ausgeführte Reparatur als Beiträge zum Sozialprodukt bewertet werden, während das bei den gleichen Arbeiten nicht der Fall ist, wenn sie von Mitgliedern der Familie selbst erledigt werden.

Ein weiteres Problem ist die Nichtberücksichtigung der sozialen Kosten im weitesten Sinne. Umweltschäden, die als Nebenwirkung industrieller und landwirtschaftlicher Produktion, des Verkehrs oder aus sonstigen Ursachen auftreten, ohne in irgendeiner Gewinn- und Verlustrechnung verbucht zu werden, finden in der Berechnung des Sozialproduktes keinen Niederschlag, obwohl sie eigentlich abgezogen werden müßten.

Ähnlich ist es mit Schädigungen der Umwelt durch den Verbrauch von bestimmten Konsumgütern. Sicherlich lassen sich diese sozialen Kosten praktisch sehr schwer exakt beziffern, nur sollte man sich dieser Unzulänglichkeit und Lückenhaftigkeit bewußt sein.

Die Wohlfahrt einer Volkswirtschaft wird nicht nur durch materielle, sondern auch durch immaterielle Güter repräsentiert. Sozialproduktssteigerungen können nur dann als Wohlfahrtssteigerungen betrachtet werden, wenn sie nicht gleichzeitig Wohlfahrtsverluste bewirken. Neben dem Sozialprodukt müssen also auch immaterielle Werte, z.B. Freizeit als Wohlstandsindikator, berücksichtigt werden. Ein Zuwachs an Freizeit, an arbeitsfreier Zeit, kann sicherlich als Wohlstandssteigerung angesehen werden, spielt jedoch bei der Berechnung des Bruttosozialprodukts keine Rolle. Bezieht man das mit ein, kann nicht jede Steigerung des realen Bruttosozialprodukts pro Kopf als echter Wohlfahrtsgewinn angesehen werden. So ließe sich z.B. das Bruttosozialprodukt pro Kopf auch dadurch vermehren, daß die durchschnittliche Arbeitszeit der Erwerbstätigen erhöht würde. In diesem Fall wäre es fraglich, ob der Zuwachs zum Bruttosozialprodukt pro Kopf stets als Wohlfahrtssteigerung aufgefaßt werden könnte. Dem partiellen (teilweisen) Wohlfahrtsgewinn aufgrund eines höheren Pro-Kopf-Einkommens stünde nämlich ein Wohlfahrtsverlust gegenüber, der durch die Reduzierung der Freizeit bewirkt würde. In diesem Zusammenhang ist auch die Verminderung der Arbeitszeit zu nennen, die durch Ausweitung der durchschnittlichen Schulzeit und durch Einführung von Bildungsurlaub entsteht. Die Freizeit wird hier durchaus »produktiv verwendet«, und der augenblicklichen Verminderung des Sozialprodukts aufgrund des Rückganges der Arbeitsstundenzahl kann seine zukünftige Vermehrung aufgrund der Verbesserung der Arbeitsqualität gegenüberstehen. Wird Bildung nicht nur unter dem Blickwinkel der wirtschaftlichen Verwertbarkeit gesehen, sondern bei Berücksichtigung anderer Lerninhalte als Horizonterweiterung ist das sicherlich eine entscheidende Wohlstandsmehrung.

So gesehen könnte eine Verlängerung der Schulzeit, verbunden mit einem Rückgang der Erwerbstätigkeit und somit weniger Produktion und niedrigerer Sozialproduktssteigerung, es trotzdem rechtfertigen, aufgrund der Zunahme der immateriellen Werte von Wohlstandssteigerung zu sprechen; denn Freizeit im Sinne von Muße kann dem einzelnen unabhängig von dem zur Verfügung stehenden Güterangebot eine Wohlfahrtssteigerung bringen. Ein größerer Entscheidungsspielraum am Arbeitsplatz, verbunden mit verbesserter Arbeitsorganisation, weniger Monotonie, weniger Streß, ein Rückgang der Schichtarbeit, kann für den einzelnen Arbeitnehmer mehr Freude und Verhinderung von Frühinvalidität, d.h. höhere Lebenserwartung, bedeuten. Das wäre jedoch vermutlich nur zu erreichen bei weniger Produktivität, und auch hier wieder kann dieses Weniger an Gütern und Leistungen ein Mehr an Wohlstandssteigerung bedeuten.

Wurde bisher nur aufgeführt, welche Faktoren bei der Berechnung des Bruttosozialprodukts nicht erfaßt werden, so ist umgekehrt auch darauf hinzuweisen, welche Güter und Leistungen heute berücksichtigt und als Steigerung des Bruttosozialsprodukts und somit als Wohlstandssteigerung ausgewiesen werden. Eine Verdoppelung des Zigaretten-, Alkohol- und Rauschmittelkonsums würde nach dieser Berechnung als Wohlstandssteigerung ausgewiesen. Sogar eine Verdoppelung der Produktion und des Absatzes von Kopfschmerztabletten würde als Wohlstandssteigerung gefeiert, selbst wenn die inhumanen Arbeitsbedingungen ihre Einnahme erforderlich machten. Ein Verkehrsunfall mit Toten und Verletzten würde, gemessen an den Behandlungskosten für Unfallopfer, an Reparaturen oder Anschaffungen von neuen Fahrzeugen, an Kosten für Beerdigungsinstitute, als Wohlstandssteigerung angesehen, weil sie als Produkte und Leistungen bei ihrer Erfassung dem Sozialprodukt zugerechnet werden.

Ein weiteres Problem stellt die falsche oder die Nichtbewertung öffentlicher Güter dar, seien es Konsum- oder Investitionsgüter. Hier geht es nicht um die Tätigkeit von Unternehmen, die sich ganz oder teilweise in staatlichem Besitz befinden, da sich deren Produktionstätigkeiten von denen privater Unternehmen nicht grundsätzlich unterscheiden, sondern um »die Staatstätigkeit im engeren Sinne«, deren Produkte, wie z.B. Bildung, Verkehr, Sicherheit, nicht auf Märkten angeboten werden. Da auch meist keine vergleichbaren Marktpreise existieren, steht man vor dem Problem, entweder ganz auf die Einbeziehung dieser Leistungen in die Bruttosozialproduktsrechnung zu verzichten oder von dem Prinzip abzugehen, alle auftretenden Güter und Dienstleistungen zu Marktpreisen zu bewerten. Gerade aber die Qualität und Quantität staatlicher Leistungen stellen einen unverzichtbaren Bestandteil gesamtwirtschaftlicher Wohlstandsüberlegungen dar. Wenn das Bruttosozialprodukt als Wohlstandsindikator fungieren soll, müßte man sich also zwangsläufig für die zweite Alternative entscheiden. Dies geschieht aber nicht; die Staatsleistungen werden in der Bruttosozialproduktsrechnung zwar als Endnachfrage einbezogen, allerdings bewertet zu ihren effektiven Kosten, das sind vor allem Löhne und Gehälter der Staatsbediensteten, aber auch Materialkosten. Man mißt hier also den Beitrag des staatlichen Bereichs zum »Wohlstand«. Das beinhaltet u.a. die Unterstellung, daß die in diesem Bereich Beschäftigten ihrem produktiven Beitrag gemäß entlohnt werden. Wenn also die für den staatlichen Sektor aufgewendeten Kosten ansteigen, bedeutet das nach diesem befolgten Konzept, daß der Bruttosozialproduktsanteil des Staates und damit die Wohlstandsmehrung im staatlichen Sektor ebenfalls ansteigen. Diese direkte Verknüpfung von steigenden Kosten für den Staatsaufwand mit steigender Wohlfahrt für die Allgemeinheit ist aber zumindest recht problematisch.

In die Wertschöpfungsrechnung des Bruttosozialprodukts sollen nur Konsum, Investitionen und Exporte (als Endnachfrage) eingehen, Vorleistungen der inländischen Unternehmen untereinander, die zu unerwünschten Doppelzählungen führen, werden vermieden. Nun steht aber außer Zweifel, daß ein beträchtlicher Teil der Produktion des Staates aus Vorleistungen für den Unternehmenssektor besteht. Es müßte also gemäß der Logik der Bruttosozialprodukts-Errechnung jeder einzelne Posten daraufhin untersucht werden, ob er als Vorleistung dem Unternehmenssektor zugute kommt oder ob er als Endnachfrage von den Haushalten konsumiert wird. Vorleistungen müßten – statistisch gesehen – ausgeschaltet werden. Es lassen sich zwar staatliche Bereiche finden, für die eine solche Ausschaltung grundsätzlich durchgeführt werden könnte, so z.B. im Sektor Vekehr, bei dem Großteil der staatlichen Leistungen hingegen müßte man sie willkürlich vornehmen; z.B. im Sektor Bildung, der durch raschen technischen Wandel teilweise Voraussetzung für den industriellen Produktionsprozeß ist und damit Vorleistungscharakter hat, teilweise aber im Rahmen des »Bürgerrechts auf Bildung« Konsumcharakter besitzt. Da man sich außerstande sieht, die geforderte Ausschaltung des staatlichen Produktes vorzunehmen, bleibt nur die Alternative, entweder die staatlichen Leistungen ganz als Vorleistungen oder ganz als Endnachfrage zu behandeln. Man entschied sich in unserer Bruttosozialproduktsrechnung für die zweite Möglichkeit.

Die in diesem Abschnitt vorgebrachte Kritik richtet sich zunächst einmal gegen den Sozialproduktsbegriff als Wohlstandsindikator, nicht aber gegen das Ziel »Wirtschaftswachstum«. Auf dieses Problem soll noch eingegangen werden. Zunächst aber wäre zu untersuchen, ob es Möglichkeiten gibt, die Wohlfahrt einer Gesellschaft mit anderen Instrumenten zu messen.

2. Wohlfahrtsmessung durch soziale Indikatoren

Um zu vermeiden, daß ein Anwachsen des Bruttosozialprodukts gleichgesetzt wird mit Wohlstandssteigerung, versuchen in jüngster Zeit Wissenschaftler und internationale Organisationen, andere Indikatoren (Wertmesser) dafür zu finden. Diese sozialen Indikatoren – wie sie genannt werden – können ganz allgemein als Kennziffern definiert werden, die Urteile über den Zustand und die Veränderungen wichtiger sozialökonomischer Problembereiche der Gesellschaft erleichtern oder erst ermöglichen. Soziale Indikatoren sollen vor allem jene Problembereiche und Veränderungen einer Gesellschaft sichtbar machen, die von den diskutierten ökonomischen Indikatoren (Wertmessern) nicht oder nicht hinreichend erfaßt werden. Sie sollen »objektive Bedingungen der Gesellschaft« bzw. von Individuen (Ausbildung, Freizeit, Gesundheit, Wohnbedingungen, physische Umwelt, soziale Mobilität usw.) und »subjektive Orientierungen« (Zufriedenheit, Wünsche, Einstellungen, Erwartungen, Befriedigungen usw.) messen.

Beispielhaft für die Erarbeitung eines Systems sozialer Indikatoren ist das OECD-Indikatoren-Programm (OECD = Organisation für wirtschaftliche Zusammenarbeit und Entwicklung). Es befindet sich noch in der Entwicklung und soll eine Informationsbasis für die Mitgliedsländer liefern, um damit die Hauptzielbereiche der OECD-Länder, die einen direkten Einfluß auf die Qualität des Lebens der Gesellschaftsmitglieder haben, zu bestimmen; um ferner eine umfassende wissenschaftlich angeleitete Diskussion gesellschaftspolitischer Prioritäten (Rangfolge) und eine auf breiter Informationsbasis aufbauende Politik staatlicher Instanzen zu fundieren und um die Messung, ob und in welchem Umfang die Ziele erreicht werden konnten, zu erleichtern. Auf folgende Hauptzielbereiche, für die eine Konstruktion von Indikatoren vorgesehen ist, konnte man sich einigen (Stand Ende 1972):

1. Gesundheit, 2. Persönlichkeitsentwicklung und intellektuelle sowie kulturelle Entfaltung durch Lernen, 3. Arbeit und Qualität des Arbeitslebens, 4. Zeitbudget und Freizeit, 5. Verfügung über Güter und Dienstleistungen, 6. Physische Umwelt, 7. Persönliche Freiheitsrechte und Rechtswesen, 8. Qualität des Lebens in der Gemeinde.

Welche sozialen Indikatoren im einzelnen herangezogen werden können, veranschaulicht die Aufstellung der 25 Indikatoren, die in den USA im Ausschuß für Arbeit und öffentliche Wohlfahrt des Senats diskutiert wurden.

Indikator

1. Kindersterblichkeit (pro 1000 Lebendgeburten)
2. Müttersterblichkeit (pro 100 000 Lebendgeburten)
3. Familienplanungsdienste für Frauen mit niedrigem Einkommen von 15 bis 44
4. Unfälle mit tödlichem Ausgang (pro 100 000 Einwohner)
5. Patienten in staatlichen Heil- und Pflegeanstalten
6. Erwartung für Lebensjahre in Gesundheit
7. 3 bis 5 Jahre alte Kinder in Schule und Vorschule
8. Personen mit High-school-Abschluß (25 Jahre und älter)
9. Personen mit College-Abschluß (25 Jahre und älter)
10. Teilnehmer an weiterbildenden Lehrveranstaltungen
11. Prozentsatz der Großstädte mit öffentlichen Colleges
12. Zahl der Studenten im ersten Studienjahr in Medical schools
13. Rehabilitierte Personen mit körperlichen und geistigen Behinderungen
14. Wöchentliche Arbeitszeit (Industrie)
15. Frauen im Arbeitsprozeß (im Alter von 35 bis 64 Jahren)
16. Bezahlter Jahresurlaub (Industrie)
17. Wohnungseinheiten mit Bad oder Dusche
18. Prozentsatz der Analphabeten
19. Wähler (bezogen auf die Bevölkerungszahl im Wahlalter)
20. Private Wohltätigkeit (bezogen auf das Bruttosozialprodukt)

21. Öffentliche und private Ausgaben für Gesundheit, Bildung und Wohlfahrt (bezogen auf das Bruttosozialprodukt)
22. Prozentsatz der Bevölkerung unter dem Existenzminimum lebend
23. Anzahl der ganzjährig Beschäftigten
24. Einkommen des einkommenschwächsten Fünftels der Bevölkerung
25. Lebenserwartung

Quelle: Reinhart C. Bartholomäi, Soziale Indikatoren, in: Neue Gesellschaft 12/1972, S. 945

In der Bundesrepublik hat das Gremium der Planungsbeauftragten der Bundesregierung einen Arbeitskreis »Soziale Indikatoren« gebildet; er befaßt sich u.a. mit den deutschen Beiträgen zur OECD-Arbeit und gab vor kurzem eine Übersicht über »Gesellschaftliche Daten 1973« heraus, die im Vorfeld der Indikatorbildung sehr nützlich ist. Hiermit soll erstmals versucht werden, die in der Bundesrepublik vorhandenen Statistiken, die einer zunächst noch großzügig gehandhabten Definition von sozialen Indikatoren genügen, zusammenzutragen und zu veröffentlichen. Wie sich diese Daten in eine Sozialberichterstattung einbauen lassen, muß im einzelnen noch geklärt werden.
Bei der Entwicklung und Anwendung von sozialen Indikatoren tauchten eine Reihe von Problemen auf. Sie sind komplizierter zu beurteilen als die bisherige Wirtschaftsstatistik. Es handelt sich dabei um nichts weniger als den Versuch, qualitative Begriffe zu quantifizieren. Diese sozialen Indikatoren sollen den Zustand der Gesellschaft außerhalb des ökonomischen Bereichs messen, sie sollen als Meßinstrumente für den Gesellschaftspolitiker das gleiche leisten, wie die ökonomischen Indikatoren in ihrem Bereich. Wenn »Qualität des Lebens« mehr sein soll als ein Modewort und von gleicher Bedeutung und praktischer Wirkung wie »Wachstum des Bruttosozialprodukts«, muß dieser Begriff konkretisiert werden. Konkretisiert jedoch nicht nur in dem Sinne, daß man ihn qualitativ mit Inhalt füllt. Das hat beispielsweise Erhard Eppler in seiner Rede vor der Katholischen Akademie in München am 30. September 1972 versucht. Er sagte dort: »Lebensqualität meint Freiheit, Freiheit zur Selbstentfaltung und Selbstverwirklichung, Freiheit von materieller Not und – soweit dies unter Menschen möglich ist – auch Freiheit von Angst. Lebensqualität meint Sicherheit durch menschliche Solidarität, Bewährung der eigenen Kräfte in der Arbeit, aber auch im Spiel und in der Kommunikation (Verbindung, Mitteilung, K.N.). Lebensqualität

meint teilhaben an der Kultur, aber auch an einer unzerstörten Natur, die optimale Chance psychischer und physischer Gesundheit.«

Diese inhaltliche Konkretisierung kann nur ein erster Schritt sein, sie braucht ihre zahlenmäßige quantitative Ergänzung. Es gilt darum zunächst, politische Zielvorstellungen, die meist unverbindlich und vage sind, zu präzisieren. Lebensqualität darf kein verschwommener Begriff bleiben; damit er mehr als ein Slogan wird, muß dieser Begriff wissenschaftlich meßbar werden. Erst dann wird er auch politisch operationabel (umsetzbar, anwendbar).

Soziale Indikatoren können als Frühwarnsystem dienen; sie müssen für den politischen Planungsprozeß möglichst rechtzeitig feststellen, welche gesellschaftlichen Probleme sich in nächster Zukunft ergeben können. Das wichtigste Instrument ist dabei die regelmäßige Meinungsumfrage zu sorgfältig ausgewählten, gesellschaftlich bedeutsamen Themen. Hier können sich Meinungsverschiebungen relativ früh ankündigen, und damit wird verhindert, daß Probleme politisch erst dann sichtbar werden, wenn sie sich mit den herkömmlichen Mitteln und im normalen Tempo demokratischer Politik nur schwer lösen lassen.

Die Entwicklung und Interpretation (Auslegung) von sozialen Indikatoren wirft viele methodische Probleme auf. Auf eine dieser Fragen soll besonders hingewiesen werden: auf den gesellschaftlichen Gesamtindikator. Eine solche Zahl würde ähnlich wie das Bruttosozialprodukt darüber Auskunft geben, wie es um die Qualität des Lebens in der Gesellschaft bestellt ist. Gleichzeitig muß jedoch auf die ungeheuren Schwierigkeiten hingewiesen werden, die der Bildung eines solchen Indikators entgegenstehen.

Da die Erarbeitung gesellschaftlicher Kennziffern viele Daten, die Einstellungen, Verhalten und Erwartungen der Menschen betreffen, voraussetzt, sind umfangreiche Meinungsumfragen erforderlich. Ein erster Schritt hierzu ist die vom Bundesministerium für Arbeit und Sozialordnung in Auftrag gegebene Meinungsumfrage zur Entwicklung von Indikatoren über Arbeitszufriedenheit.

Da die Einstellung der Menschen zur Qualität ihres Lebens in verschiedenen Bereichen festgestellt und beobachtet werden soll, darf eine Gefahr nicht übersehen werden: daß nämlich die Versuchung besteht, im Konfliktfall nicht die realen Lebensumstände zu verändern, sondern die Meinungen der Menschen über vorhandene Zustände zu manipulieren. Um von Anfang an zu verhindern, daß sich die sozialen Indikatoren nicht gegen die Menschen richten, sondern ihnen dienen, ist es wichtig, daß sich viele Institutionen an der Konstruktion und Kontrolle dieses neuen Instrumentes beteiligen.

Die Entwicklung neuer Indikatoren (Wertmesser), d.h. die Ergänzung wirtschaftlicher durch soziale Indikatoren, und die Lösung von der etablierten (eingerichteten, fest gegründeten) Wachstumsideologie (Ideologie: hier Rechtfertigungslehre) ermöglicht es, neue wirtschaftliche und gesellschaftspolitische Ziele vorzugeben, entsprechende Mittel einzusetzen und ihre Wirksamkeit zu überprüfen und gegebenenfalls den Kurs zu korrigieren. Mit Hilfe aussagefähiger sozialer Indikatoren könnten Fehlentscheidungen in der öffentlichen und privaten Planung verringert werden, denn über Art, Richtung und Tempo des sozialen Wandels könnten dann hinreichend sichere Informationen ermittelt werden.

3. Wirtschaftliches Wachstum – wozu?

Unter diesem gesellschaftlichen und gesellschaftspolitischem Blickwinkel verändert sich die Einstellung zu dem Ziel »wirtschaftliches Wachstum«, und es drängt sich die Frage auf: »Wozu überhaupt wirtschaftliches Wachstum?« Hierauf bekommt man gegenwärtig folgende Antworten:

– Wachstum sei notwendig zur ständigen Verbesserung der materiellen Lebensbedingungen (das elementare Streben nach höherem Lebensstandard).

– Wachstum sei die Voraussetzung für die Erfüllung der großen und wachsenden öffentlichen Aufgaben (Verkehr, Gesundheit, Bildung, Städtebau u.a.). Sie seien bei wachsendem Sozialprodukt sehr viel leichter zu erfüllen, als wenn sie aus einem stagnierenden oder rückläufigen finanziert werden müßten. Gerade dann, so wird argumentiert, wenn der öffentliche Bedarf stärker steigt, ist ein kräftiges Wachstum des Bruttosozialprodukts unerläßlich. Dazu der amerikanische Ökonom Henry C. Wallich, der feststellt: »Eine wesentliche Erhöhung jeder spezifischen Ausgabe bedingt eine Erhöhung auf der ganzen Linie. Wir müssen allgemein expandieren... Größere öffentliche Ausgaben setzen größere private voraus.

Wenn mehr für Erziehung und Verteidigung ausgegeben werden soll, müssen wir auch – viele von uns werden es mit wenig Begeisterung tun – mehr Luxusautos und mehr Fernsehapparate akzeptieren.« (Zitiert bei 16, S. 105)

– In gleicher Weise gelte dies auch, so wird argumentiert, für eine anzustrebende gerechtere Einkommens- und Vermögensverteilung, die bei einer Steigerung des Sozialprodukts konfliktfreier bei der Austragung der Verteilungskämpfe zu realisieren sei als in Phasen schwachen wirtschaftlichen Wachstums oder gar bei Stagnation (gesamtwirtschaftliche Stokkung).

– Ähnliches gelte schließlich für die wirtschaftlichen Strukturwandlungen. Sie seien in einer dynamischen Wirtschaft im Regelfall zwar heftiger als bei gedrosseltem Wachstum, trotzdem scheine es, als werde man in expandierenden (wachsenden) Wirtschaften mit solchen Wandlungen leichter fertig.

Diese Argumentationskette, die sich verlängern ließe, zeigt, daß nicht nur das Streben nach größerem individuellen Wohlstand, der Wunsch nach steigendem privaten Konsum, »wirtschaftliches Wachstum« erforderlich erscheinen läßt. Diese Begründungen sind jedoch nicht stichhaltig, weil ein wachsendes Sozialprodukt je nach seiner Zusammensetzung unterschiedlichen Zwecken dienen kann. Es kommt nicht auf abstrakte Wachstumsraten an, sondern darauf, wie steigende Gesamtleistungen genutzt werden, um den Katalog von Aufgaben und Bedürfnissen zu erfüllen oder wenigstens der Erfüllung näherzubringen. Für wie wichtig die einzelnen Zwecke gehalten und welche Anstrengungen und Nachteile ihretwegen jeweils hingenommen werden sollen, hängt von den Interessen und Meinungen ab und ist politisch immer wieder neu zu entscheiden. Denn mit dem Wandel der wirtschaftlichen und gesellschaftlichen Situation eines Landes verändern sich die Prioritäten (Rangfolge). Für ein hochentwickeltes Industrieland werden im Gegensatz zu einem dünnbesiedelten, wirtschaftlich unterentwickelten Land manche Bedürfnisse an Gewicht verlieren und andere an Dringlichkeit zunehmen.

Geht man von dieser Argumentation aus, so kann wirtschaftliches Wachstum von zwei Positionen aus in Frage gestellt werden: Einmal sind es die alarmierenden Thesen, zu denen die Studie über »Die Grenzen des Wachstums« (57) gelangt, die vor den Folgen eines ungehemmten wirtschaftlichen Wachstums warnt und zu dem Ergebnis kommt: Wenn nicht das Industriewachstum gestoppt, das Bevölkerungswachstum gebremst und der Verbrauch von Rohstoffen mit technologischen Verfahren auf ein Viertel des heutigen Umfangs gedrosselt wird, ersticken wir im Wohlstandsmüll, ist die Ernährung der Menschheit nicht mehr gesichert und sind unsere Rohstoffe verbraucht. Die andere Position besagt: Nachdem ein gewisser Versorgungsstand erreicht ist, sollten neben materiellen Bedürfnissen andere in den Vordergrund gerückt werden. Hier geht es um Fragen, wieviel reale Freiheit und Entfaltungsmöglichkeiten die Bürger besitzen sollen, welches Maß an sozialer Gerechtigkeit und Sicherheit, an Chancengleichheit, Meinungsfreiheit, Rechtsstaatlichkeit und Demokratie noch verwirklicht werden kann. Wie es um die Pflege der Landschaft und um die Strukturen der Städte bestellt sein soll, wie Kultur bewahrt und weiterentwickelt werden kann und was man zur Verhinderung von Hunger und Not in der Welt und zum friedlichen Zusammenleben der Völker beizutragen bereit ist.

Es geht ganz konkret um die Frage: Ob weiter nach dem Prinzip einer unkontrollierten Expansion (Ausweitung) ausschließlich mit dem Ziel einer nur quantitativ faßbaren Gütermenge gewirtschaftet oder ob eine »qualitative Wachstumskonzeption« entworfen werden soll, die sich an gesellschaftspolitischen Zielen zu orientieren hätte. Der erste Schritt hierzu wäre, daß die privatwirtschaftlich getragene Kapazitäts- und Produktivitätssteigerung nicht mehr Selbstzweck bliebe. Berührt hiervon würde weiter der privatwirtschaftlich getragene Investitionsprozeß, der bis jetzt privatwirtschaftlichen Rentabilitätserwägungen unterliegt und systematisch die Kapazitäten erweitert, gleichzeitig Rohstoffe verbraucht, die Umwelt gefährdet und die Lösung sozialer Konflikte erschwert.

»Die – *zielbedingte* – Hauptaufgabe einer qualitativen Wachstumspolitik wird es sein müssen, den bestehenden Wachstums- und Investitionsprozeß zwar nicht einfach abzuwürgen, aber so zu steuern, daß die Ressourcen in Bereiche gelenkt werden, wo das Auslastungsproblem entschärft, die Gefahr der physischen Grenzüberschreitung vermindert und schließlich die Realisierung echter sozialer Aufgaben ermöglicht wird. »Wachstum im Gleichgewicht« setzt insofern neue Wertmaßstäbe, die das Ziel der Gütervermehrung inhaltlich anreichern. Dies mag durchaus zur Folge haben, daß der bisherige Investitionsprozeß an Dynamik verliert und an seine Stelle verstärkt öffentliche Investitionen treten, die nicht ausschließlich Renditeüberlegungen, sondern gesellschaftlichen Notwendigkeiten verpflichtet sind.« (Werner Glastetter, 38, S. 22)

Anders ausgedrückt: Nicht Wachstum an sich sollte Gegenstand der Kritik sein, sondern Wachstum um des Wachstums willen. Stärker zu diskutieren und politisch zu bestimmen wäre, auf welche wirtschaftlichen und gesellschaftlichen Ziele zukünftig die wirtschaftlichen Ressourcen (Mittel) gelenkt werden sollen.
Im nächsten Abschnitt geht es von diesem Hintergrund aus darum, Notwendigkeiten sowie Grundlagen für eine an Arbeitnehmerinteresen ausgerichtete Gesellschaftspolitik aufzuzeigen.

II. HUMANISIERUNG UND DEMOKRATISIERUNG DER ARBEIT

Im ersten Abschnitt hatten wir bei der Darstellung des »Technischen Fortschritts« detaillierter seine Wirkungen auf Beschäftigung und Arbeitsbedingungen beschrieben. In Anlehnung an jüngste wissenschaftliche Ergebnisse kamen wir zu dem Ergebnis, daß bei den herrschenden Arbeitsbedingungen in der Bundesrepublik »Technischer Fortschritt«

nicht mit sozialem Fortschritt gleichgesetzt werden kann. Die in den 60er Jahren in der politischen und wissenschaftlichen Diskussion vertretene Auffassung, der »Technische Fortschritt« habe im Bereich der Produktion verbesserte Arbeitsplatzstrukturen und die Überwindung restriktiver (einschränkender) Formen industrieller Arbeit geschaffen, ist nicht aufrechtzuerhalten.

Gerade die Einführung hochmechanisierter und automatisierter Verfahren in wichtigen Produktionsbereichen hat zu Qualifikations- und Belastungsverlagerungen geführt, so daß breite Qualifikationsanforderungen an bestimmten Arbeitsplätzen auf spezialisierte, sensorische (Arbeiten, die auf Wahrnehmung beruhen) Fertigkeiten reduziert wurden, die kurzfristig anzulernen und auf eingeschränkte Wahrnehmungs- und Handlungsleistungen und denkbegrenzte Tätigkeitsbereiche zugeschnitten sind und deren Ausübung extreme muskuläre und nervliche Belastung mit sich bringt. Beispielhaft hierfür sind: Maschinenbedienung, Fließband- und Taktarbeit sowie Mehrstellenarbeit, bei denen die muskuläre Belastung zumeist durch die hohe Arbeitsgeschwindigkeit und gesteigerte Leistungsnormen extrem einseitig ist und in diesem Sinne ihre Bedeutung für die Gesamtbelastung der meisten Arbeiter nicht nur behalten, sondern in vielen Fällen sogar noch verstärkt hat. Hinzu kommt für eine zunehmende Zahl von Industriearbeitern die nervliche Belastung durch Wechsel- und Nachtschichtarbeit, durch Lärm und Monotonie. Langfristig führen die nervlichen Belastungen zu Kreislaufstörungen, Schlaflosigkeit sowie Herz- und Magenerkrankungen.

Auch die Verwaltungs- und Dienstleistungsbereiche waren bzw. sind einschneidenden Veränderungen unterworfen. Diese Veränderungen werden wesentlich durch Maßnahmen zur Arbeitsintensivierung bzw. zur Produktivitätssteigerung der Angestelltenarbeit und zur Verbesserung der Kontrolle der Organisationsprozesse bestimmt. Gerade für die Verwaltungstätigkeiten gilt in den letzten Jahren das Prinzip, mit möglichst geringen Kosten einen möglichst hohen Ertrag zu erzielen. Diesen Grundsätzen kann sich auch der Staat bei seinen Dienstleistungen nicht entziehen. Als umfassende Strategien zur Erhöhung der Arbeitsintensität hatten wir genannt: Einsatz neuer Techniken (z.B. Computer, Sortierer und Sichtgeräte), durchgreifende Rationalisierung der Arbeitsorganisationen (z.B. Zusammenfassung von Abteilungen, stärkere Arbeitszerlegung in eine Arbeitsgruppe oder Planung in überwiegend planende und überwiegend ausführende Arbeit); die zunehmende Normierung der Arbeitsgegenstände (Lochkarten, Lochvorlagen, Codesysteme) vor allem im Zusammenhang mit dem Einsatz technischer Mittel und die stärkere Planung und Kontrolle der Arbeitsvorgänge und Arbeitsleistung (durch

Arbeits- und Leistungsbewertungssysteme). Die Konsequenzen für die Angestellten aber auch für die Beschäftigten des Öffentlichen Dienstes sind Intensivierung der Arbeitsleistung, stärkere Kontrolle der eigenen Arbeitsleistung durch die Unternehmens- bzw. Verwaltungsleitung, Gefahr der Dequalifizierung (Rückqualifizierung), der Zunahme von Routinearbeiten, des Arbeitsplatzverlustes und der Einkommensänderung.

Bisher gibt es also keinen wissenschaftlichen Beleg dafür, daß sich durch die Entwicklung und Anwendung des »Technischen Fortschritts« und die Zunahme der Automatisierung größere Freiheitsräume in der Arbeit ergeben haben. Die Mehrzahl der Beschäftigten steht in einseitig belastenden und sich wiederholenden (repetierenden) Arbeitssituationen. Nur wenige abhängig Beschäftigte üben Tätigkeiten mit hoher Autonomie (Selbständigkeit) und Qualifikation aus.

1. Humanisierung der Arbeit

Die Arbeitswelt ist immer noch der entscheidende Bestimmungsfaktor für die menschliche Existenz. Sie bietet Voraussetzungen und Möglichkeiten zur Unabhängigkeit, zur Bewährung, zur Selbstentfaltung und zu gesellschaftlichem Leben. Deshalb müßten Freiheits- und Wahlmöglichkeiten in die Arbeit selbst hineingebracht werden.

Der Betrieb (die Verwaltung oder das Büro) prägt Lebensformen und Verhaltensweisen, bestimmt Einkommen, Status und Prestige. Aber der Betrieb als der Ort, an dem Güter und Dienste erbracht werden, ist nicht auf menschliche Bedürfnisse ausgerichtet. Seine Strukturen werden durch die Eigentümer und ihre Beauftragten festgelegt, wobei Technik und Organisation für die Zwecke der Gewinnerzielung eingesetzt werden. Der Arbeitnehmer hat sich den Prinzipien der Rentabilität unterzuordnen und sich der durch die Kapitalverwertung vorgegebenen Technik und Organisation anzupassen. Diese Struktur wird durch Schutzrechte für die Beschäftigten – vom Arbeitsschutz über Kündigungsschutz oder durch das Betriebsverfassungsgesetz – nicht grundsätzlich in Frage gestellt. Solche Maßnahmen sichern nur Mindestbedingungen und betreffen lediglich die Konsequenzen beziehungsweise die negativen Auswirkungen der betrieblichen Politik.

Der Gesetzgeber und insbesondere die Gewerkschaften haben Mindestnormen und Schutzvorschriften durchsetzen können. Jedoch stand bei der Arbeitsgestaltung bisher der quantitativ finanzielle Aspekt im Mittelpunkt, denn die Verbesserung der materiellen Existenz war und ist die

Voraussetzung aller weiteren qualitativen Änderungen der Arbeitsinhalte selbst. Die Arbeitssituation hat sich jedoch nicht qualitativ in dem Sinne geändert, daß nunmehr die Unterordnung der Arbeit unter die vom Kapital gelenkten Interessen bzw. die davon abgeleitete Technik und Organisation aufgehoben worden wäre. Auch die Illusion, daß die Probleme der Arbeit sich durch die Verkürzung der Arbeitszeit lösen ließen, d.h., daß die abhängig Beschäftigten über mehr freie Zeit verfügen und sich in einer Freizeitgesellschaft verwirklichen könnten, ist zerstört. Denn höhere Belastungen in der Arbeit selbst, Überstunden, Schichtarbeit, verlängerte Zu- und Abfahrtswege reduzieren die freie Zeit. Entscheidender aber ist, daß entfremdete Arbeit zu einer entfremdeten, nicht mehr selbst bestimmten Freizeit führt.

Wie gesagt, die Probleme der gegenwärtigen Organisation industrieller Arbeit mit ihrem hohen Maß an Entfremdung lassen sich durch Arbeitszeitverkürzungen nicht lösen. Entfremdete Arbeit kann nicht durch Freizeit kompensiert (ausgeglichen) werden. Wer im Arbeitsleben nur monotone, belastende und abstumpfende Tätigkeiten verrichtet, kann sich in der Freizeit nicht aktiv, kritisch und gestaltend verhalten. Erst sinnvolle Arbeit eröffnet ein entsprechendes Verhalten in anderen Lebensbereichen. Die Menschen sind abhängig von den Bedingungen ihrer Umwelt und nicht Produkte irgendwelcher natürlicher Voraussetzungen. Weder mehr Freizeit noch ein finanzieller Ausgleich können die Forderungen nach einer humaneren Struktur der Arbeit ersetzen.

Wenn die zentrale Forderung eine inhaltliche Umgestaltung der menschlichen Arbeit im Sinne von mehr Autonomie für alle Arbeiten ist, meint Gerhard Leminsky (54), dessen Überlegungen wir in diesem Abschnitt weitgehend folgen, dann muß die Gesamtheit der Bedingungen, die die industrielle Arbeit bestimmen, entsprechend beeinflußt werden. Es geht also nicht nur um Schutzmaßnahmen, um Gegenmacht oder um neue Institutionen (Einrichtungen), erforderlich ist vielmehr ein realisierbares Konzept zur Gestaltung der konkreten Arbeit selbst.

Nach diesem Konzept zur Humanisierung der Arbeit muß jede Tätigkeit mit einem Mindestmaß an Abwechslung, Lernfähigkeit, Entscheidungsspielraum und sozialen Kontakten verbunden sein. Der einzelne sollte in seiner Arbeit berufliche Entwicklungsmöglichkeiten sehen und sie als nützlich für die Gesellschaft betrachten können.

Technik, Organisation sowie auch das Lohnsystem sind, folgt man solch einem Konzept, die veränderlichen Größen, um eine sinnvolle Arbeit zu gestalten. Wichtig ist, daß die Betroffenen an einer solchen Umstrukturierung voll zu beteiligen sind; da es sich um einen neuartigen Ansatz handelt, sollte man mit Experimenten beginnen und über die einsetzenden Lernprozesse bei den Betroffenen voranschreiten.

Da es dabei um die gesamte betriebliche bzw. unternehmensbezogene Struktur und um politische wie auch technische Prozesse geht, werden neben Wissenschaftlern vor allem Arbeitnehmer und Manager betroffen.
Hier eröffnet sich ein Aktionsfeld von zentraler Bedeutung für die Gewerkschaften, das bislang in seiner Tragweite noch kaum erkannt ist. Die bisherige Gewerkschaftspolitik war überwiegend quantitativ und defensiv (abwehrend) ausgerichtet: Schutz gegen Arbeitslosigkeit, Krankheit, Unfall; materielle Absicherung im Fall von Rationalisierung oder Freisetzung. All dies war und ist notwendig, jedoch nicht mehr ausreichend. Arbeitslosigkeit etwa ist nur das letzte Glied einer Kette, das häufig mit Umsetzung oder Lohnminderung im Betrieb beginnt.

»Der vielleicht wichtigste Einzelansatz zur Gestaltung der Arbeit liegt in der Veränderung der Tätigkeit selbst. Bislang gilt es noch weitgehend als selbstverständlich, daß Technik und Organisation »Sachzwänge« darstellen, denen sich der Mensch anzupassen hat. Finanz-, Investitions- und Produktplanung werden sorgfältig ausgearbeitet und legen die Struktur des Betriebes fest. Die Personalplanung, soweit überhaupt entwickelt, dient dann im wesentlichen der Anpassung der Beschäftigten an die so geschaffenen Tatsachen. Einseitige Belastungen, abstumpfende Tätigkeit und früher Verschleiß sind häufig die Folge dieser Entwicklung. Hohe Leistungsanforderungen bei weitgehender Arbeitsteilung töten Kreativität und eigene Initiative. Diese Tendenz wird durch hierarchische Formen der Zusammenarbeit und eine entsprechende Arbeitsorganisation noch verstärkt.
Aber muß denn ein Kranführer immer eine isolierte Tätigkeit ausüben, ein Fließbandarbeiter ständig die gleichen, einseitig belastenden Handgriffe verrichten und das Bedienungspersonal automatischer Anlagen stets dem abrupten Wechsel zwischen scheinbarem Nichtstun und höchster konzentrierter Aktivität im Störungsfall ausgesetzt sein, ein Sachbearbeiter nur einen winzigen Aspekt eines Vorganges behandeln? Der subalterne Beamte, der mit 50 Jahren alte, weil verbrauchte Arbeiter und der nicht mehr lernwillige Arbeitnehmer sind Produkte dieser »Umwelt« und der vorgegebenen Bedingungen.« (54, S. 23)

Diese Tätigkeiten sind beispielsweise im Zeitablauf so zu gestalten, daß sie den besonderen Fertigkeiten und Fähigkeiten älterer Menschen entsprechen. Es geht um die Möglichkeit zu sinnvoller Arbeit, deren Verlust nicht finanziell ersetzt werden kann.
Solche Aufgaben sind nicht in einem Zug zu bewältigen; zunächst aber gilt es, das Problem zu erkennen und die Aktivitäten der Arbeitnehmer in diese Richtung zu lenken. Arbeitsbewertung, Arbeitsorganisation, Technik sowie innerbetriebliche Ausbildung und Personalplanung müssen aufeinander abgestimmt werden, um solche Aufgaben zu lösen. Aber nur dann, wenn die Beschäftigten über neue Strukturen der Arbeit umfassend mitentscheiden können, ist die Gewähr für größere Selbst-

bestimmung in der Arbeit gegeben. Sonst besteht die Gefahr, daß unter dem Deckmantel einer neuen Arbeitsgestaltung lediglich ein zusätzliches Mittel entwickelt wird, um Produktivitätssteigerungen durchzusetzen.

Vorstellungen einer echten Humanisierung der Arbeitswelt sind keineswegs utopisch, wenn auch die Ansätze vorerst noch kümmerlich sind: Bildungs- und Ausbildungspläne werden reformiert; die Bedeutung der Personalplanung wird erkannt, aber in der Praxis höchst unzulänglich angewendet; die Zusammenhänge zwischen Technik, Arbeitsorganisation und Tätigkeit sind kaum erforscht. Zu Recht wird darauf hingewiesen, daß die Absatzmöglichkeiten von Konsumgütern mit riesigem materiellen Aufwand und entsprechenden wissenschaftlichen Kapazitäten ermittelt werden. Über sinnvolle Einsatzmöglichkeiten menschlicher Arbeit wissen wir dagegen nur wenig. Die Bewertung der Arbeit erfolgt nach Maßstäben, die dem Stand der Entwicklung nicht angemessen sind, weil sie wichtige und für die Tätigkeit entscheidende Faktoren nicht erfassen.

»Job Enlargement«*, »Job Rotation«** und »autonome Arbeitsgruppen« – in Schweden u.a. bei VOLVO eingeführt – bilden Ansätze, bestimmte einseitige Belastungen zu verhindern. In der Bundesrepublik spielen diese Änderungen der Arbeitsorganisation keine wesentliche Rolle; was aber entscheidender ist, es handelt sich dabei um ein Kurieren an Symptomen. Immerhin gibt es Experimente und Versuche zur inhaltlichen Veränderung der Arbeit, die überwiegend positiv verlaufen sind – für die Beschäftigten und auch für die Effizienz der Betriebe.

Solche Zielsetzungen mögen das »Wachstum« zunächst mindern, was, langfristig gesehen übrigens keineswegs feststeht. Darüber hinaus werden viele Maßnahmen zur Humanisierung der Arbeitswelt kosten- und gewinneutral sein. Es kommt darauf an, die Entfaltung in der Arbeit selbst zu finden, neue Tätigkeiten zu schaffen, Hierarchien abzubauen und fremdbestimmten Leistungsdruck auszuschalten. Dafür müssen die Gewerkschaften ihre Kampfmittel einsetzen und neue Instrumente entwickeln. Der Streik der IG Metall in Baden/Württemberg hat auch gezeigt, daß die Arbeitnehmer nicht nur für die Sicherung ihrer materiellen Existenz, sondern mindestens in gleicher Weise für menschenwürdigere Arbeitsbedingungen zu mobilisieren sind.

Die Humanisierung der Arbeit muß in einem engen Zusammenhang mit der Organisation und den Inhalten des Bildungssystems gesehen werden. Denn dies ist einerseits die Voraussetzung für eine Humanisierung

* Teilarbeiten, die vorher von mehreren Arbeitern erledigt wurden, werden zusammengelegt und nur noch von einem verrichtet.

** Arbeitsmonotonie soll durch häufigen innerbetrieblichen Arbeitsplatzwechsel verringert werden.

und Demokratisierung der Arbeit, und andererseits wirken Arbeitsorganisation und Qualifikationsanforderungen auf das Bildungssystem zurück. Damit fällt dem Bildungssystem eine Schlüsselrolle zu, die im nächsten Abschnitt behandelt wird.

2. Bildung und Demokratisierung

Bestandteil einer Emanzipation (Befreiung, Selbstbestimmung) der abhängig Beschäftigten abzielenden Gesellschaftspolitik wäre eine Bildungspolitik, die jedem Jugendlichen und Erwachsenen die bestmögliche Entfaltung seiner Person und den Zugang zu allen Bereichen und Stufen des Ausbildungs- und Wissenschaftssystems gestattet. Die bisherige Bildungsreform hat dies nicht geschafft und auch kaum Voraussetzungen dafür entwickelt.
Die bisherige Bildungspolitik kann den Kriterien »Chancengleichheit«, »Öffnung« und »Durchlässigkeit« nicht genügen. Sicher wäre es auch vermessen, zu sagen, daß die Formen und Inhalte unseres Bildungssystems über die Vorbereitung und Vermittlung von Kenntnissen und Fertigkeiten der beruflichen Tätigkeiten hinaus Urteils- und Kritikvermögen so geschärft hätten, daß die eigenen Interessen optimal durchgesetzt werden könnten und Voraussetzungen zur Mitgestaltung in Wirtschaft und Gesellschaft geschaffen würden.
Die Ursachen dieses Stillstandes im Bildungswesen sind in Zusammenhang mit dem im ersten Teil des Arbeitsheftes beschriebenen Verhältnis zwischen ökonomisch-technischen Wandel und den Veränderungen in der Qualifikationsstruktur zu suchen. Unter den Bedingungen einer privatwirtschaftlichen Produktion zeigt sich, daß »Technischer Fortschritt« keineswegs mit einer eindeutigen Tendenz zu mehr und höheren Qualifikationen zusammengeht.
Der eigentliche Grund für den Stillstand der Bildungsreform ist in den Tendenzen der Qualifikationsentwicklung zu sehen. Die unmittelbare Verfügung über den Einsatz der Arbeitskräfte ist den privaten Unternehmen vorbehalten, und damit bestimmen sie auch deren Ausbildung. Obwohl die Bildung weitgehend öffentlich kontrolliert wird, macht das – so meint Martin Baethge (5) – die staatliche Bildungspolitik gegenüber dem sie fundierenden Bereich der gesellschaftlichen Arbeit, der von Unternehmen bestimmt wird, machtlos und zwingt ihr letztendlich deren Prinzipien als Richtlinien ihrer Politik auf. Dies geschieht nicht so sehr durch unmittelbaren personellen Einfluß von Vertretern der Unternehmer auf die staatliche Kultusadministration und Kultur-

politiker als vielmehr durch die langfristig in bezug auf das Lernen demotivierenden Wirkungen einer Arbeitsorganisation, die die Mehrheit der Arbeiter und Angestellten intellektuell eher unter- als überfordert und so zur Brachlegung und Verkümmerung geistiger Potenzen führt, die dann im Bildungsverhalten der Arbeitnehmer ihren Ausdruck als Bildungsabstinenz (Enthaltung) findet. Die Beziehungen zwischen Bildungssystem und Qualifikationsstruktur sind die entscheidenden Ursachen dafür.

Die Schlußfolgerung hieraus kann nur sein, daß es eine Gleichgerichtetheit des ökonomischen Bedarfs und der vom Demokratisierungsanspruch bestimmten Anforderungen an Bildung nicht geben darf. Politisch zu entscheiden ist, an wessen Interessen sich Bildungspolitik orientieren soll; das heißt, ob im Interesse eines weitgehend von den Unternehmern bestimmten ökonomischen Bedarfs oder an den Bedürfnissen der abhängig Beschäftigten entschieden wird. Damit allerdings ist auch schon angedeutet, wie breit eine bildungspolitische Strategie einer weiterführenden Demokratisierung angelegt sein müßte. Mit Bildungspolitik allein ist das nicht zu erreichen. Diese Politik müßte vielmehr auf die dem System innewohnenden Entscheidungen über den Einsatz von Arbeit abzielen und sie zu verändern suchen.

Die Gewerkschaften müßten sich über die verschiedenen voneinander isolierten politischen Ansätze hinaus zu einem gesellschaftspolitischen Ansatz entschließen. Bildungspolitik, Tarifpolitik und Mitbestimmung, ja die gesamte Gewerkschaftspolitik müßte Bestandteil einer neuen gewerkschaftlichen Strategie zur Verbesserung der Arbeits- und Lebensbedingungen der abhängig Beschäftigten werden. Dies scheint die einzige Gewähr für Demokratisierungsbemühungen zu sein, gleich in welchem Sektor. Auch die Überlegungen, die gegenwärtig im gewerkschaftlichen Bereich unter dem Stichwort »Humanisierung der Arbeit« angestellt werden, wären hier einzuordnen.

Zunächst sollten in diesem Zusammenhang einige wesentliche Ansätze für eine Demokratisierung des Bildungswesens aufgezeigt werden. Eine enge Beziehung zwischen bildungspolitischen Forderungen und Veränderungen in der Arbeitssituation der Mehrzahl der abhängig Beschäftigten ist die wohl wichtigste und zentrale Forderung nach Gleichwertigkeit und Integration von beruflicher und allgemeiner Bildung. Die gegenwärtige Arbeitssituation verlangt von den Beschäftigten weder Aktivierung ihres Denkvermögens noch Förderung ihrer Vorstellungskraft zur Mitgestaltung ihrer eigenen Situation. Im Gegenteil, prämiert wird die Unterordnung unter gesetzte »Betriebszwänge«. Erst durch eine Veränderung dieser Form von Organisation der Produktion könnte der Weg für eine breite Verbesserung der Bildungsgänge freigemacht werden. Denn Integration (Zusammenfassung) von beruflicher und allgemeiner Bildung kann nicht heißen, Arbeitern und Angestellten ein Mehr an Allgemeinbildung zu verschaffen, das sie als »Kulturballast« mit sich herumschleppen und nach kürzester Zeit in Produktion oder Verwaltungsarbeit vergessen haben. Fähigkeiten und Wissen, die man nicht aktivieren kann und brachliegen läßt, verlieren ihren Wert.

In dem hochdifferenzierten, komplizierten Gesellschafts- und Wirtschaftssystem eröffnet aber erst die Fähigkeit zum abstrakten, rationalen Denken die Möglichkeit zur Mitbestimmung und Mitgestaltung. Deshalb prägt eine auf bloße Anpassung ausgerichtete Ausbildung auch zugleich das politisch-soziale Verhalten: Nur wenn die Arbeiter gesellschaftliche und soziale Fähigkeiten und Fertigkeiten einüben, werden sie ihre konkreten Interessen selber verfolgen können. Erst wenn das Bildungssystem in dieser Richtung strukturiert wird, werden sich auch mehr Arbeitnehmer aktiv und dauerhaft in politischen Fragen – von der Mitbestimmung im Betrieb über kommunale Belange bis zur Parteipolitik – engagieren.

»Eine auf Entfaltung angelegte Bildung drängt auf Mitbestimmung im Arbeitsleben und ist ohne die angegebenen bildungsmäßigen Voraussetzungen nicht denkbar. Mehr Mitbestimmung wird wiederum die Bildungsbereitschaft erhöhen, weil die Bedeutung bestimmter Wissensinhalte konkret einsehbar wird. Gleiches gilt für den Bildungsurlaub und das ganze Fortbildungssystem im Sinne des lebenslangen Lernens. Auch hier wird sich – von den technischen Voraussetzungen abgesehen – ein Erfolg erst einstellen, wenn Arbeit in der Produktion und Weiterlernen als gleich wichtig angesehen werden. Die traditionelle Alternative von Arbeitszeit und Freizeit wird damit ebenso hinfällig wie das übliche Phasenschema von der Schule über die Ausbildung, vom Betrieb zur Pensionierung. Lernen und Arbeiten werden ineinander übergehen und einander ablösen.« (54, S. 21)

Erst unter den Voraussetzungen dieses veränderten Bildungsbegriffs gewinnt die Mitbestimmung an Gewicht und bekommt die Bildung ihren Sinn.

Mitbestimmung ist als die Form der Freiheit der sozialen Beziehungen zu verstehen, das heißt, daß im Prinzip diejenigen, die von Entscheidungen betroffen werden, am Zustandekommen dieser Entscheidungen zu beteiligen sind, und zwar nicht nur im politischen, sondern auch im Bereich der Arbeitswelt und aller gesellschaftlichen Institutionen (Einrichtungen). Damit soll die Demokratie als Prinzip der Willensbildung und Entscheidung in alle Bereiche von Wirtschaft und Gesellschaft eingeführt werden. So gesehen ist die Mitbestimmung am Arbeitsplatz und im

Betrieb ganz zentral eine Humanisierung der Arbeit, weil die Betroffenen über die Arbeitsbedingungen mitentscheiden und somit ihre Situation beeinflussen können.

3. *Investitionslenkung und -kontrolle*

Die gesamtwirtschaftliche Orientierung an neuen Zielen, das heißt die Lösung vom nur quantitativen Wachstumsbegriff und die Hinwendung zu neuen Aufgaben wie humanere Arbeitsbedingungen, mehr Demokratie in der Wirtschaft, aber auch eine größere Chance, über die staatliche Wirtschaftspolitik diese Ziele zu erreichen, setzt bedingt auch andere Lenkungsinstrumente voraus. Entscheidend ist jedoch dieses Instrumentarium qualitativ anders einzusetzen: nämlich im Sinne einer demokratischen Wohlfahrtsplanung.

Aus der Einsicht in die gesellschaftliche Problemlage folgen die Überlegungen, wie die gegebene Situation zu ändern ist, um die vorgestellten Ziele zu erreichen. Daraus ergibt sich die Frage nach der Entscheidungsgewalt über das Wie, Wo und Was der Produktion, denn damit werden Gestaltung und Inhalt des Produktionsprozesses und davon abhängig auch die anderer gesellschaftlicher Bereiche bestimmt. Als Ansatz zur Neuorganisation der Verfügung über das Wie, Wo und Was der Produktion bietet sich der Einfluß auf die Investitionsentscheidungen an.

Norbert Wieczorek beschreibt dies insbesondere für unseren Zusammenhang sehr treffend:

»Die Entscheidung über die Investitionen trifft sowohl die Gestaltung des Arbeitsprozesses wie die Ausrichtung der Quantität und Qualität der Produktion. In der Entscheidung ob investiert wird, ist die Entscheidung enthalten, ob die Beschäftigung langfristig gesichert werden kann, in der Entscheidung, in welchem Produktionssektor investiert wird, ist die Entscheidung enthalten, was produziert wird und damit welches Bedürfnis befriedigt werden kann, in der Entscheidung, welche Produktionstechnik durch die Investition bestimmt wird, ist die Entscheidung enthalten, wie der einzelne Arbeitsplatz und sein Verhältnis zu anderen organisiert wird. In der Investitionsentscheidung ist der Angelpunkt für die Gestaltung der wirtschaftlichen und damit der gesellschaftlichen Verhältnisse zu sehen. In der kapitalistischen Wirtschaft liegt die Entscheidungsgewalt über die Investitionen im Produktionsbereich im wesentlichen bei den Eigentümern der Produktionsmittel bzw. deren Bevollmächtigten.« (80, S. 754/755)

Hiermit stellt sich die Frage nach der Möglichkeit, unsere Wirtschaftsordnung durch »systemüberwindende Reformen« umzubauen. Politische Kräfte müßten mobilisiert werden, um der Vorherrschaft privatwirtschaft-

licher Rentabilitätsüberlegungen und dem Vorrang privatwirtschaftlicher Planung entgegenzuwirken. Wie schon ausgeführt, war die Globalsteuerung (Gesetz zur Förderung der Stabilität und des Wachstums der Wirtschaft) und auch die Strukturpolitik auf die Vorherrschaft (Priorität) der Privatwirtschaft abgestellt, deren Veränderung sich die staatliche Wirtschaft zur Aushilfe dienend anzupassen hatte.
»Gibt man umgekehrt den gesellschaftlichen Aufgaben Priorität, dann kann die Regierung gar nicht umhin, auch die Wirtschaft in ihr Programm einzubeziehen«, bemerkt Thomas Ellwein. »Die Folge ist nicht Planwirtschaft, wohl aber eine politische Planung, nach der sich auch die Wirtschaft richten muß.« (Zitiert bei 46)
Es geht hier also um eine politische Planung des Wirtschaftsprozesses, die nicht von der Regierung verordnet werden darf, sondern in einem demokratisch strukturierten Planungsprozeß unter Beteiligung der gesellschaftlichen Kräfte zustande kommen muß.
Die Konzeption einer politischen Planung, zu der sich die Gewerkschaften bekannt haben, geht nicht davon aus, daß eine staatliche Bürokratie das wirtschaftliche Leben bevormundet. Dies mag der Grund dafür sein, daß bei der Forderung nach einem volkswirtschaftlichen Rahmenplan die Frage der imperativen (verbindlichen) gesamtwirtschaftlichen Lenkung der privaten Investitionen nicht aufgegriffen wurde. In den wirtschaftspolitischen Forderungen des gewerkschaftlichen Grundsatzprogramms wird die Bedeutung der Investitionstätigkeit für die gesellschaftliche Entwicklung aber klar erkannt und eine Beeinflussung der privatwirtschaftlichen Investitionen im Rahmen der volkswirtschaftlichen Planung auf indirektem Wege gefordert.

Vor dem Hintergrund unserer Forderung nach mehr Lebensqualität, einem veränderten »Wachstum«, stellt sich jedoch die Frage, ob nicht für einen solchen demokratisch strukturierten Planungsprozeß neue gesellschaftliche Institutionen (Einrichtungen) nötig sind.

»Von dieser Sicht aus ergibt sich die Notwendigkeit einer gesamtwirtschaftlichen Planung, die die Ausfüllung der gesamtwirtschaftlichen Zielentscheidung dezentraler Planung überläßt. Eine solche Planung auf gesamtwirtschaftlicher Ebene kann jedoch nicht nur indikativ sein, sie bedarf der Vollstreckungsmöglichkeit durch Setzung allgemeiner Rahmenbedingungen – z.B. verbindliche Anforderungen an die Gestaltung der Arbeitsverhältnisse – und auch direkter Einflußnahme etwa über Finanzierungsmöglichkeiten und die Verweigerung von Aktivitäten, die gesamtwirtschaftlicher Zielsetzung widerstreben.
Eine solche Vollstreckungsgewalt bedarf der demokratischen Legitimation. Die Festlegung der gesamtwirtschaftlichen Ziele muß in einem demokratischen Prozeß erfolgen und ihre Revidierbarkeit muß ebenso in demokratischen Entscheidungen gesichert werden können. Diese demokratische Zielfestlegung ist sowohl für

Kontrolle, als nachträgliche Überprüfung dezentraler Entscheidung im Hinblick auf Zielverträglichkeit, wie für Lenkung, als vorherige Überprüfung dezentraler Entscheidung und direkter Tätigkeit bei Verweigerung oder Unmöglichkeit dezentraler Entscheidung, notwendig. Der demokratische Prozeß zur Zielfindung und -revision ist notwendig. um Investitionskontrolle und -lenkung nicht zu Instrumenten von privater Gewinnsicherung (z.B. über Investitionskartelle oder bessere Planung staatlicher Komplementärinvestitionen zu privaten Investitionsentscheidungen) oder von Planungsbürokratien privater (Konzernplanungsstäbe) oder staatlicher (nicht kontrollierbare Planungsbehörden) Art werden zu lassen.

Der Inhalt solcher Zielsetzungen ist gerade erst Ergebnis des demokratischen Willensbildungsprozesses und daher nicht im vorhinein zu bestimmen, will man sich nicht den Vorwurf der Bevormundung zuziehen. Er kann jedoch insoweit bestimmt werden, als gesellschaftlicher Konsens über Art und Inhalt des Produktionsprozesses bei einer Mehrheit deutlich erkennbar ist. Solche Ziele sind:

– Aufhebung der Möglichkeit private wirtschaftliche Macht als politische Macht auszuüben – z.B. durch Sicherung von Arbeitsmöglichkeit gleicher oder zumindest gleichwertiger Art und damit Wegnahme der Drohung mit dem Verlust des Arbeitsplatzes.

– Festlegung der Bedingung des Produktionsprozesses – z.B. Humanisierung der Arbeitswelt.

– Festlegung des Inhaltes der Produktion – z.B. reale Einkommensverbesserung durch Ausdehnung der Produktion kollektiv nutzbarer Güter zu Lasten nur von wenigen einzelnen nutzbaren Luxusgütern.« (80, S. 755/756)

Will man künftig den Interessen der abhängig Beschäftigten mehr Geltung verschaffen, um die aus dem kapitalistischen Wirtschaftsprozeß resultierenden sozialen und ökonomischen Benachteiligungen zu beseitigen und ihre Lebens- und Arbeitsbedingungen zu verbessern, muß die gewerkschaftliche Forderung nach Demokratisierung der Wirtschaft und nach Einflußnahme auf den gesamtwirtschaftlichen Prozeß durchgesetzt werden. Erst eine demokratische Investitionslenkung und -kontrolle, die an gesellschaftspolitischen Zielen orientiert ist, kann eine Durchsetzung der gesamten Interessen der abhängig Beschäftigten ermöglichen.

Die hier vorgestellten Gesichtspunkte einer »arbeitsorientierten Gesellschaftspolitik« sind Bestandteil gewerkschaftlicher Beschlüsse und Kern des DGB-Grundsatzprogramms in deren Mittelpunkt die demokratische Gestaltung und Kontrolle von Wirtschaft und Gesellschaft stehen. Einer »arbeitsorientierten Gesellschaftspolitik« kann es dabei nicht nur – das wäre eine zu verengte Ansicht – um ein besseres »Funktionieren der Wirtschaft« gehen. Sie wäre der bisher praktizierten Wirtschafts- und Sozialpolitik deswegen überlegen, weil sie nicht nur weitaus rationaler funktionieren, sondern auch – und vor allem auf Dauer – eine freiheitlichere und menschenwürdigere Ordnung ermöglichen könnte. Eine »arbeitsorientierte Gesellschaftspolitik« würde die für die abhängig Beschäftigten wesentlichen Ziele stärker in den Vordergrund rücken. Diese Ziele sind an anderer Stelle schon ausgebreitet worden und können hier zusammengefaßt mit »Verbesserung der Lebenslagen« (Erhöhung des Spielraums zur Selbstentfaltung für alle abhängig Beschäftigten und ihrer Familien) und Verbesserung der Arbeitssituation (Erhöhung des Spielraums zur Selbstentfaltung der Arbeit) umschrieben werden. Wenn das wirtschafts- und sozialpolitische Handeln auf diese Ziele gerichtet wäre, würden die gegenwärtig angestrebten Ziele der Wirtschafts- und Sozialpolitik zu Bedingungen oder Nebenzielen. Wirtschaftliches Wachstum, Vollbeschäftigung, Preisniveaustabilität und Zahlungsbilanzausgleich wären zwar Voraussetzung zur Erreichung der gesellschaftspolitischen Ziele, hätten in diesem Zusammenhang jedoch mehr Mittel- als Zielcharakter.

Jedoch nicht allein auf der Zielebene ist die Forderung nach »arbeitsorientierter Gesellschaftspolitik« zu begründen. Die praktizierte Wirtschafts- und Sozialpolitik ist arbeitsteilig geprägt, das heißt, ihre Ziele und Maßnahmen werden nicht aufeinander abgestimmt. Konjunktur-, Struktur- und Verteilungspolitik werden auf ihre jeweiligen Bereiche bezogen eingesetzt ohne ihre Wirkung auf die Gesellschaft zu berücksichtigen. Hierbei ist die Wirtschaftspolitik vorwiegend ökonomisch und nicht sozial orientiert und die Sozialpolitik andererseits setzt vorrangig sozial und nicht ökonomisch an. Die Wirtschafts- und Sozialpolitik hat somit nur begrenzte Gestaltungsmöglichkeiten und stellt sich meist dar als bloße Reaktion auf Fehlentwicklungen.

Eine »arbeitsorientierte Gesellschaftspolitik« hätte sich insofern auch nicht an den Symptomen und den Folgen wirtschaftlicher und gesellschaftlicher Prozesse zu orientieren, sondern sie hätte von den Ursachen auszugehen und somit stärker einen gestalterischen Ansatz. Sie hätte die traditionelle Arbeitsteilung im politischen Handeln zu überwinden, indem sie ihre Ziele in eine gesamtgesellschaftliche Planung einbringt und Institutionen zur Regelung der Planungs- und Steuerungsinstrumente einsetzt, um diese Ziele durchzusetzen. Erst eine so vorgehende umfassende »Gesellschaftspolitik« böte die Chance, Gesellschaft und Wirtschaft zu demokratisieren und humanere Arbeits- und Lebensbedingungen durchzusetzen. Ihre inhaltliche und institutionelle Ausgestaltung hätte sich aus den politischen Handlungssituationen der Betroffenen und ihrer Organisationen selbst zu entwickeln.

Verarbeitete Literatur
(* weiterführende Lektüre)

1. Ahlfeldt, Heik, Infrastrukturbedarf bis 1980, prognos studien 2, Stuttgart – Berlin – Köln – Mainz 1967.
2. Arbeit und Leben Niedersachsen, Bildungsvereinigung e.V., Hrsg., Qualität des Lebens. Wirtschaftswachstum heute – Garant des Wohlstandes oder Kosten der Zukunft?, Leitfaden für Referenten und Leiter von Politischen Arbeitskreisen, Hannover 1974.
3. Arbeit und Leben Niedersachsen, Bildungsvereinigung e.V., Hrsg., Qualität des Lebens. Humanisierung der Arbeit – neue Inhalte gewerkschaftlicher Politik, Leitfaden für Referenten und Leiter von Politischen Arbeitskreisen, Hannover 1974.
4. *Axmacher, Dirk, Erwachsenenbildung im Kapitalismus. Zur politischen Ökonomie des Ausbildungssektors in der BRD, Fischer Taschenbuch, Bd. 6519, Frankfurt a.M. 1974.
5. Baethge, Martin, Öffnung und Durchlässigkeit, in: Gewerkschaftliche Bildungspolitik, Referate und Berichte der Bildungspolitischen Konferenz 1973 des DGB.
6. *Bahrdt, Hans Paul, u.a., Zwischen Drehbank und Computer. Industriearbeit im Wandel der Technik, rororo tele, Bd. 33, Reinbek bei Hamburg 1970.
7. Balduin, Siegfried, u.a., Gewerkschaften und Betriebsverfassung, Arbeitsheft, Hrsg. Industriegewerkschaft Chemie, Papier, Keramik, Hannover 1973.
8. Bartholomäi, Reinhart C., Soziale Indikatoren, in: Neue Gesellschaft, H. 12/1972.
9. Bartholomäi, Reinhart C., Soziale Indikatoren, in: Arbeits- und sozialstatistische Mitteilungen, H. 1/1973.
10. *Bolte, K.M., u.a., Arbeitnehmer in der industriellen Gesellschaft. Berufssoziologische Aspekte, Aufgaben und Praxis der Bundesanstalt für Arbeit, H. 5, Hrsg., Siebrecht Valentin, und Kohl, Alfred; Stuttgart, Berlin, Köln, Mainz 1974.
11. Brede, Helmut, und Siebel, Walter, Entwicklungslinien und Probleme regionaler Strukturpolitik in der Bundesrepublik Deutschland, in: Gewerkschaftliche Monatshefte, H. 1/1975, S. 11 ff.
12. Brösse, Ulrich, Dritter Rahmenplan zur Verbesserung der regionalen Wirtschaftsstruktur, in: Wirtschaftsdienst, H. 7/1974.
13. Cassel, Dieter, und Kruber, Klaus-Peter, Sektoraler Strukturwandel der Wirtschaft, in: Wirtschaftswissenschaftliches Studium, H. 7/1974.
14. *Conert, Hansgeorg, Einführung in die politische Ökonomie der Bundes-

republik. Teil 2: Konjunktur und Krise – Instrumente staatlicher Wirtschaftspolitik, Modelle für den politischen und sozialwissenschaftlichen Unterricht, Modell 28, Frankfurt a.M. – Köln 1974.
15. *Dörge, Friedrich-Wilhelm, Strukturpolitik wohin? Erhalten – Anpassen – Gestalten?, Modellanalyse, Opladen 1968.
16. *Dörge, Friedrich-Wilhelm, Hrsg., Qualität des Lebens. Ziele und Konflikte sozialer Reformpolitik didaktisch aufbereitet, Analysen, Bd. 13, Opladen 1973.
17. Edding, Friedrich, Grundprobleme der Bildungsökonomie, in: Der Arbeitgeber, Nr. 11/12–1964.
18. Ehrenberg, Herbert, Von der naiven zur aufgeklärten Marktwirtschaft. Strukturpolitik sichert Wachstum und Stabilität, in: Neue Gesellschaft, H. 2/1969.
19. *Ehrenberg, Herbert, Zwischen Marx und Markt, Konturen einer infrastrukturorientierten und verteilungswirksamen Wirtschaftspolitik, Frankfurt a.M. 1974.
20. Ehrlicher, Werner, u.a., Kompendium der Volkswirtschaftslehre, Bd. 2, 4. überarbeitete und erweiterte Auflage, Göttingen 1975.
21. Engelen-Kefer, Ursula, Arbeitsorientierte Interessen als Grundlegung gewerkschaftlicher Strategien im Rahmen einer emanzipatorischen Gesellschaftspolitik, in: WSI-Mitteilungen, H. 4/1973.
22. Engelen-Kefer, Ursula, Regionale Strukturpolitik – eine kritische Betrachtung aus gewerkschaftlicher Sicht, in: WSI-Mitteilungen, H. 4/1974.
23. Engelen-Kefer, Ursula, Humane Gestaltung des Arbeitslebens. Herausforderung für die Beschäftigungspolitik, in: aus politik und zeitgeschichte, beilage zur wochenzeitung das parlament, B 19/74, 11.5.1974.
24. Engelen-Kefer, Ursula, Gewerkschaftliche Ansätze regionaler Strukturpolitik, in: Gewerkschaftliche Monatshefte, H. 1/1975.
25. Ermrich, Roland, Basisdaten. Zahlen zur sozio-ökonomischen Entwicklung der Bundesrepublik Deutschland, Bonn-Bad Godesberg 1974.
26. *Fourastié, Jean, Die große Hoffnung des zwanzigsten Jahrhunderts, 2. Auflg., Köln 1969.
27. Friedrichs, Günter (Redaktion), Automation und technischer Fortschritt in Deutschland und den USA, Sammlung »res novea«, Bd. 24, Frankfurt a.M. 1963.
28. Friedrichs, Günter (Redaktion), Automation – Risiko und Chance, Bd. 1 und Bd. 2, Frankfurt a.M. 1965.
29. *Friedrichs, Günter (Redaktion), Qualität des Lebens, Aufgabe Zukunft: Qualität des Lebens Bd. 1, Frankfurt a.M. 1973.
30. * Friedrichs, Günter (Redaktion), Qualitatives Wachstum, Aufgabe Zukunft: Qualität des Lebens, Bd. 7, Frankfurt a.M. 1973.
31. Funke, Hajo, u.a. (Redaktion), Industriearbeit und Gesundheitsverschleiß. Diskussion und Ergebnisse der Tagung: Sicherheit am Arbeitsplatz und Unfallschutz, Frankfurt a,M. – Köln 1974.
32. *Gahlen, Bernhard, u.a., Volkswirtschaftslehre. Eine problemorientierte Einführung, Augsburger Volkswirtschaftliche Studientexte, Bd. 1, 2. Auflg., München 1971.
33. Gewerkschaftliche Monatshefte, Humanisierung der Arbeit als gesellschaftspolitische Aufgabe, mehrere Aufsätze, H. 1/1973.

34. Gewerkschaftliche Monatshefte, Investitionslenkung zwischen Markt und Marx, mehrere Aufsätze, H. 12/1973.
35. Gewerkschaftliche Monatshefte, Regionale Strukturpolitik – Arbeitnehmer kommen zu kurz, H. 1/1975.
36. Giersch, Herbert, Aufgaben der Strukturpolitik, in: Hamburger Jahrbuch für Wirtschafts- und Gesellschaftspolitik, Hrsg. Heinz-Dietrich Ortlieb, 9. Jahr, Tübingen 1964.
37. Glastetter, Werner, Grundsatzfragen einer zukunftsorientierten Wachstumspolitik, in: aus politik und zeitgeschichte, beilage zur wochenzeitung das parlament, B 19/72, 6.5.72.
38. Glastetter, Werner, Quantitatives oder qualitatives Wachstum?, in: Dörge, Friedrich-Wilhelm, Hrsg., Qualität des Lebens, Opladen 1973.
39. Gülden, Klaus, u.a., Neue Formen der Arbeitsorganisation, in: Frankfurter Hefte, H. 11/1973.
40. Helfert, Mario, Ziele und Durchsetzung der Humanisierung der Arbeit. Zusammenfassung gewerkschaftlicher Forderungen in: WSI-Mitteilungen, H. 5/1975.
41. Industriegewerkschaft Chemie, Papier, Keramik, Hrsg., Verbraucherinteressen und Unternehmermacht im Wirtschaftssystem der BRD, Hannover 1974.
42. Jochimsen, R., u.a., Gebietsreform und regionale Strukturpolitik. Das Beispiel Schleswig-Holstein, Analysen, Bd. 8, Hrsg., Dörge, Friedrich-Wilhelm, Opladen 1971.
43. Jochimsen, Reimut, Aktive Strukturpolitik – Ansatzpunkt zur Modernisierung unserer Volkswirtschaft, in: aus politik und zeitgeschichte, beilage zur wochenzeitung das parlament, B 40/74, 5.10.74.
44. Jürgensen, Harald, Regionalpolitik, in: Kompendium der Volkswirtschaftslehre, Bd. 2., Hrsg. Ehrlicher, Werner, u.a., 4. Auflg., Göttingen 1975
45. Karr, Werner, u.a., Die Verteilung der Erwerbstätigen auf Wirtschaftszweige und Berufe in den Jahren 1950, 1961 und 1970, in: Mitteilungen aus der Arbeitsmarkt- und Berufsforschung, H. 4/1974.
46. Katterle, Siegfried, Die Finanzierung der Ausgaben für die Infrastruktur, besonders für die Reform des Bildungswesens, in: WWI-Mitteilungen, H. 2/3 1971.
47. Katterle, Siegfried, und Mertes, Ulrike, Forschungspolitik nach dem Forschungsbericht IV, in: WSI-Mitteilungen, H. 5/1974.
48. Katterle, Siegfried, Ökonomische und politische Aspekte zunehmender Staatstätigkeit, in: WSI-Mitteilungen, H. 5/1975.
49. Kohl, Heribert, Mehr Arbeitsplatzsicherheit durch mehr Bildung? Plädoyer für eine integrierte Arbeitskräfte- und Bildungsplanung, in: WSI-Mitteilungen, H. 2/1975.
50. Kohl, Heribert, Gewerkschaftliche Vorstellungen und Forderungen zur Regionalpolitik. Ziele, Instrumente und Durchsetzungsmöglichkeiten, in: WSI-Mitteilungen, H. 5/1975.
51. Kohler, Hans, und Reyher, Lutz, Zu den Auswirkungen von Förderungsmaßnahmen auf regionale Arbeitsmärkte. Ein Beitrag zur Erfolgskontrolle in der Regionalpolitik, in: Mitteilungen aus der Arbeitsmarkt- und Berufsforschung, H. 1/1975.

52. *Külp, Reinhard, Grundfragen der Wirtschaft, Eine Einführung in die Sozialökonomie, Köln 1967.
53. Kunze, Jürgen, Sozialgerechte Bildungsfinanzierung, in: Gewerkschaftliche Bildungspolitik, Referate und Berichte der Bildungspolitischen Konferenz 1973 des DGB.
54. *Leminsky, Gerhard, Die Zukunft der Gewerkschaften in der Wohlstandsgesellschaft, in: Zukunft der Gewerkschaften, Aufgabe Zukunft: Qualität des Lebens, Bd. 9, Friedrichs, Günter (Redaktion), Frankfurt a.M. 1973.
55. Leminsky, Gerhard, Gewerkschaftliche Ansatzmöglichkeiten zur Humanisierung der Arbeit, WSI-Mitteilungen, H. 2/1974.
56. Leminsky, Gerhard, Schwerpunkte einer arbeitsorientierten Beschäftigungspolitik, in: WSI-Mitteilungen, H. 2/1975.
57. *Meadows, Dennis, u.a., Die Grenzen des Wachstums. Bericht des Club of Rome zur Lage der Menschheit, rororo, Bd. 6825, Reinbek bei Hamburg 1973.
58. Mehrländer, Horst, Weichenstellungen in der regionalen Wirtschaftspolitik, in: Wirtschaftsdienst, H. 1/1975.
59. *Molitor, Regina, Hrsg., Kontaktstudium-Ökonomie und Gesellschaft, Frankfurt a.M. 1972.
60. Noé, Claus A., Chancen und Bedingungen der Strukturpolitik aus einem Guß, in: Neue Gesellschaft, H. 6/1970.
61. Neue Heimat, Unternehmensgruppe, Städtebau- und Wohnungsgesellschaften, Jahresberichte.
62. *Osterland, Martin, u.a., Materialien zur Lebens- und Arbeitssituation der Industriearbeiter in der BRD, Ein Forschungsbericht in der Studienreihe des soziologischen Forschungsinstituts Göttingen (Sofi), 3. durchgesehene Auflg., Frankfurt a.M. 1973.
63. Peters, Hans-Rudolf, Strukturanpassungsgesetz gegen wuchernden Branchenprotektionismus, in: Wirtschaftsdienst, H. 12/1971.
64. Produktive Investitionen, Hrsg. vom Verein Deutscher Maschinenbauanstalten e.V. (VDMA), Frankfurt a.M. 1968.
65. *Rationalisierungs-Kuratorium der Deutschen Wirtschaft (RKW), Wirtschaftliche und soziale Aspekte des technischen Wandels in der Bundesrepublik Deutschland, Erster Band, Sieben Berichte (Kurzfassung der Ergebnisse), Forschungsprojekt des RKW, Frankfurt a.M. 1970.
66. Reyher, Lutz, Beschäftigungspolitische Alternativen zu hoher Arbeitslosigkeit – Vergleichende Kostenerwägungen zu unterschiedlichen Instrumenten der Arbeitsmarktsteuerung, in: WSI-Mitteilungen, H. 2/1975.
67. Rohde, M., Infrastruktur, in: Das Parlament, Nr. 13/28.3.1970.
68. Schlecht, Otto, Strukturpolitik in der Marktwirtschaft, FIW-Schriftenreihe, H. 46, 2. durchgesehene und ergänzte Auflg., Köln – Berlin – Bonn – München 1969.
69. *Schröder, Dieter, Wachstum und Gesellschaftspolitik, prognos studien 4, Stuttgart – Berlin – Köln – Mainz 1971.
70. Spiller, Jörg-Otto, Ende des Wirtschaftswachstums oder Wachstum um jeden Preis?. Politik kurz und aktuell, H. 12, Hrsg. Landeszentrale für Politische Bildungsarbeit Berlin, 1974.
71. Strukturprobleme und ihre wirtschaftspolitische Bewältigung, Beihefte der Konjunkturpolitik, H. 16, Berlin 1969.

72. Tebert, Walter, und Schmelzer, Horst, Die sozialen Voraussetzungen beruflicher Mobilität, Schriftenreihe des Bundesministeriums für Arbeit und Sozialordnung, H. 18, Stuttgart – Köln – Berlin – Mainz 1973.
73. Tholl, Gerhard, Strukturpolitik und Wirtschaftsordnung, Schriften zur Mittelstandsforschung, Bd. 55, Köln 1972.
74. *Überleben wir den Technischen Fortschritt? Analysen und Fakten zum Thema Qualität des Lebens, Herderbücherei, Bd. 449, Freiburg im Breisgau 1973.
75. Vetter, Heinz-Oskar, Humanisierung der Arbeitswelt als gewerkschaftliche Aufgabe, in: Gewerkschaftliche Monatshefte, H. 1/1973.
76. *Vetter, Heinz-Oskar, Hrsg., Humanisierung der Arbeit als gesellschaftspolitische Aufgabe, Protokoll der DGB-Konferenz vom 16. und 17. Mai 1974 in München, Frankfurt a.M. Köln 1974.
77. Vilmar, Fritz, Wirtschaftsdemokratie. Theoretische und praktische Ansätze, entwickelt auf der Basis des DGB-Grundsatzprogramms, in: aus politik und zeitgeschichte, beilage zur wochenzeitung das parlament, B 16/75, 19.4.1975.
78. *Waterkamp, Rainer, Interventionsstaat und Planung. Raumordnung, Regional- und Strukturpolitik, Köln 1973.
79. Werner, Josua, und Külp, Bernhard, Wachstumspolitik – Verteilungspolitik; Wirtschaftspolitik, Grundlagen und Hauptgebiete, Hrsg. Th. Pütz, Bd. 3, Stuttgart 1971.
80. Wieczorek, Norbert: Gewerkschaften und demokratische Investitionslenkung und -kontrolle, in: Gewerkschaftliche Monatshefte, H. 12/1973.
81. Wirtschaftlicher und sozialer Wandel durch technischen Fortschritt, Beihefte der Konjunkturpolitik, H. 18, Berlin 1971.
82. WSI-Mitteilungen, Schwerpunktthema: Investitionslenkung, mehrere Aufsätze, H. 8/1974.
83. WSI-Mitteilungen, Zur Investitionslenkungsdebatte, mehrere Aufsätze, H. 1/1975.
84. WSI-Mitteilungen, Reformpolitische Aspekte, mehrere Aufsätze, H. 5/1975.